THE MARKETING PLAN HANDBOOK

ALEXANDER CHERNEV

Kellogg School of Management
Northwestern University

SIXTH EDITION

Marketing Plan

Alexander Chernev

마케팅 플랜
핸드북

알렉산더 체르네프 지음 | **배노제** 옮김
노스웨스턴대학교, 켈로그 스쿨 오브 매니지먼트 | 한국마케팅교육

**세계 최고 권위의 마케팅 교재
「Kotler 마케팅 관리론」 공동 저자
알렉산더 체르네프의 대표작**

샘플 마케팅 플랜 포함

· 얼라인테크놀로지 ✳ invisalign 치아교정기
· 블랙앤데커 **DEWALT** 전동공구

한국마케팅교육

마케팅 플랜 핸드북

초판 1쇄 발행 2023년 8월28일

글   쓴   이   Alexander Chernev
옮   긴   이   배노제
펴   낸   이   배노제
디   자   인   배자은
펴   낸   곳   한국마케팅교육
등 록 번 호   제2021-000035호
주   소   서울 서초구 강남대로53길 8, 10층 24호
전 자 우 편   ilovemarketing@naver.com
홈 페 이 지   www.amapcm.kr
전   화   02-563-0717
팩   스   02-567-8040
I   S   B   N   979-11-93091-08-1

역자: 배노제

마케팅 교육 전문 기관 한국마케팅교육㈜ 대표이사. 마케팅 이러닝 사이트인 마이마케팅클래스를 운영하고 있으며, 미국마케팅협회(AMA)의 공인마케팅자격증 프로그램인 Professional Certified Marketer(PCM®)의 국내 보급을 위해 일하고 있다. 뉴욕주립대학교 스쿨 오브 매니지먼트 MBA를 졸업, LG CNS, KB손해보험 등에서 경력을 쌓았으며, 월스트리트 인스티튜트, 파고다교육그룹 등 교육 기관에서 마케팅 총괄 책임자로서 큰 성과를 거두었다. 제43회 중앙일보 광고대상과 2007 한경광고대상에서 최우수상을 수상했으며, 『한권으로 끝내는 AMA PCM Marketing Management』, 『SNS 광고 마케터 1급 7일 단기완성』 등 저서와 『Kotler 마케팅 관리론』, 『영업관리론』 등 역서를 냈다. "마케터배씨"라는 유튜브 채널을 운영하고 있다.

The Marketing Plan Handbook
Sixth Edition | January 2020
Copyright © 2020 by Alexander Chernev
Published by Cerebellum Press, USA.

책 값은 뒤 표지에 있습니다.

목차

저자 소개

알렉산더 체르네프는 미국 노스웨스턴대학교의 켈로그 스쿨 오브 매니지먼트에 재직 중인 마케팅 교수이다. 그는 불가리아의 소피아대학교에서 심리학 박사 학위를, 듀크대학교에서 경영학 박사 학위를 받았다.

체르네프 박사는 비즈니스 전략, 브랜드 관리, 소비자 행동, 그리고 시장 플래닝에 초점을 맞춘 수많은 논문을 썼다. 그의 연구 논문들은 최상위 마케팅 학술지에 다수 발표되었고 월스트리트 저널, 파이낸셜 타임즈, 뉴욕 타임즈, 워싱턴 포스트, 하버드 비즈니스 리뷰, 싸이언티픽 아메리칸, AP, 포브스, 그리고 비즈니스 위크를 포함한 비즈니스 및 대중 언론 매체에 자주 인용되었다. 그는 저널 오브 마케팅이 선정한 최상급 마케팅 학술지에 가장 많이 게재된 학자 TOP 10에 포함되었고 저널 오브 마케팅 에듀케이션에 의해 수행된 마케팅 교수진에 대한 글로벌 설문 조사에서 소비자 행동 분야 TOP 5에 포함되었다.

체르네프 박사는 전략적 마케팅 관리: 이론 및 실행, 전략적 브랜드 관리, 마케팅 플랜 핸드북, 그리고 비즈니스 모델: 신제품 개발, 시장가치 창출, 경쟁자 무력화의 방법 등 많은 저서를 집필했다. 그의 책들은 여러 언어로 번역되어 전 세계 최고의 비즈니스 스쿨에서 사용되고 있다. 그는 또한 필립 코틀러, 케빈 레인 켈러와 함께 마케팅 관리론 교재의 최신판을 공동 집필했다. 그는 미국마케팅협회(AMA)가 발행하는 저널 오브 마케팅의 지역 편집자로 일하고 있고, 저널 오브 마케팅 리서치, 저널 오브 컨수머 리서치, 저널 오브 컨수머 싸이콜로지, 저널 오브 디 아카데미 오브 마케팅 싸이언스, 인터내셔널 저널 오브 리서치 인 마케팅, 그리고 저널 오브 마케팅 비헤이비어를 포함한 선도적인 리서치 저널들의 편집위원으로도 일하고 있다.

체르네프 박사는 켈로그 스쿨에서 MBA, 박사과정, 그리고 최고경영자 교육 프로그램에서 마케팅 전략, 브랜드 관리, 그리고 행동 의사결정 이론을 가르치고 있다. 그는 또한 프랑스와 싱가포르의 인시아드, 스위스의 IMD, 그리고 홍콩의 HKUST에서 최고경영자 프로그램을 가르치고 있다. 그는 총 12회를 수상한 켈로그 최고경영자 MBA 프로그램의 최고 교수상을 비롯, 핵심 과정 지도상, 패컬티 임팩트상 등 수많은 수상 내역을 갖고 있다.

체르네프 박사는 연구와 강의 외에도 **마케팅 사이언스 인스티튜트(MSI)**가 임명한 학술위원으로서 마케팅 전략, 브랜드 관리, 소비자 행동, 전략적 플래닝, 그리고 신제품 개발 문제에 대해 전 세계 기업에게 자문을 제공한다. 그는 **포춘** 500대 기업과 함께 비즈니스 모델을 혁신하고, 새로운 제품을 개발하며, 경쟁 우위를 확보할 수 있는 방법을 모색해 왔다. 그는 또한 여러 스타트업 기업들이 시장 기회를 발굴하고, 새로운 비즈니스 모델을 발굴하고, 시장 전략을 수립하는 데 도움을 제공하고 있다.

감사의 말씀

이 책은 노스웨스턴대학교의 켈로그 스쿨 오브 매니지먼트에 재직 중인 많은 과거와 현재의 동료들의 지혜로부터 도움을 받았다. 특히, 필립 코틀러(노스웨스턴대학교), 안드레아 보네치(뉴욕대학교), 애런 브러프(유타주립대학교), 라이언 해밀턴(에모리대학교), 피에르 챈던(인시아드), 아키프 이르판(골드만삭스), 매튜 아이 작(시애틀대학교), 그리고 알렉산더 무어(시카고대학교) 등 많은 분들께 특별한 감사의 뜻을 표한다.

이 책을 아주 예리하고 도움되는 안목으로 훌륭하게 편집해 준 조앤 프리먼에게도 감사의 말씀을 드린다.

서문

마케팅 플랜 핸드북은 간결하면서도 풍부한 의미를 담은 마케팅 플랜을 작성하기 위한 군더더기 없는 접근 방식을 제시한다. 전략적으로 성공 가능한 마케팅 플랜을 수립하기 위한 포괄적이고 단계적인 방법을 제공함으로써, 이 책은 적합성 높은 정보를 간략하게 그리고 단도직입적으로 제공한다. 이 책은 마케팅 플랜 작성의 기본 원칙에 대해 다루고 그 플랜의 필수 구성 요소를 포함하는 포괄적인 프레임워크를 제시한다.

이 책의 차별화된 특징 중 하나는 가치 창출 프로세스로서의 마케팅을 강조한 것이다. 이 책은 고객 가치 관리, 협력자 가치 관리, 그리고 기업 가치 관리 등 가치 관리의 세 가지 측면을 통합하기 때문에, 이 책에서 다루는 마케팅 플랜은 B2C 시나리오뿐만 아니라 B2B 시나리오와도 관련이 있다. 이러한 B2C 및 B2B 플래닝의 통합은 오늘날의 네트워크화된 시장에서 성공을 보장하는 데 필수적이다.

이 책에서 다루는 마케팅 플랜은, 마케팅을 기업 비즈니스 모델의 핵심적인 측면을 정의하는 중심적인 비즈니스 분야로 보는 관점을 기반으로 한다. 마케팅에 대한 이러한 견해는 전략적인 비즈니스 플래닝에 대한 이 책의 교차기능적인(기업 내 다양한 기능을 통합하는) 접근 방식에 나타나 있다. 이 책 **마케팅 플랜 핸드북**은 비즈니스의 기술적, 재무적, 조직적, 그리고 운영적 측면을 모두 포함하는 마케팅 플랜을 작성하기 위해 통합적인 접근 방식을 제공한다. 이러한 접근 방식은 마케터뿐만 아니라 조직 전체를 위해 마케팅 플랜의 적합성을 높여 준다.

이 책에 소개된 마케팅 이론과 관리적 도구들은 다음과 같이 세 개의 부(part)로 구성된 7개의 장과 8개의 부록으로 기술되어 있다.

1부는 실행 가능한 마케팅 플랜의 개발을 가이드하는 이론을 제시한다. 특히, 1장은 비즈니스 문서로서 마케팅 플랜의 핵심을 정의하고, 마케팅 플랜을 작성하기 위한 주요 원칙을 제시하고, 마케팅 플랜 수립에 관련된 주요 의사결정사항을 다룬다. 2장은 이 책의 나머지 부분에 제시된 정보를 정리하는 원칙을 제공하는 마케팅 플래닝의 포괄적인 프레임워크를 제시한다. 3장은 실행 가능한(actionable) 마케팅 플랜의 정리된 형태를 제시하고, 핵심적인 구성 요소를 정의하며, 각 요소의 특징에 대해 다룬다. 4장은 마케팅 플래닝의 다이내믹한 측면에 대해 살펴보고, 마케팅 플랜을 업데이트하고 마케팅 감사를 수행하는 프로세스에 초점을 맞춘다.

2부는 마케팅 플랜을 작성하는 프로세스를 설명하기 위해 세 가지 양식화된 사례를 제시한다. 특히, 5장에서는 신규 제공물을 런칭하기 위한 마케팅 플랜을 제시하는데, 치아 오정렬(부정교합)을 치료하기 위한 고유의 방법을 가진 스타트업인 **얼라인 테크놀로지**의 사례가 사용된다. 그 다음 제6장에서는 기존 제공물을 관리하기 위한 마케팅 플랜을 제시한다. 이 플랜은 5장에 나와 있는 **얼라인 테크놀로지** 사례를 기반으로 하여, 신규 제공물을 개발하기 위한 마케팅 플랜과 기존 제품을 관리하기 위한 마케팅 플랜을 비교한다. 마지막으로 제7장은 기업이 제공물을 리포지셔닝함으로써 전략 상의 주된 변화를 만들고자 할 때, 기존 제공물을 관리하기 위한 마케팅 플랜을 제시한다. 이 마케팅 플랜은 세계에서 가장 큰 전동 공구 생산업체 중 하나인 **블랙앤데커**에 대해 다루며, 새로운 기업 **디월트 인더스트리얼 툴 컴퍼니**를 설립하기로 한 의사결정도 다룬다.

3부는 전략적 플래닝과 마케팅 플랜 개발의 프로세스를 촉진하기 위해 설계된 실용적인 도구들의 집합을 제시한다. 이 부분은 잘 구성된 실행가능한 마케팅 플랜을 개발하는 데 필요한 다양한 측면을 강조하는 8개의 부록을 포함하고 있다. 부록 A는 제공물이 시장 가치를 창출하는 방법을 나타내는 실용적인 도구인 시장 가치 맵의 구성, 핵심 원칙, 그리고 주요 요소에 대해 다룬다. 부록 B는 포지셔닝 선언문을 작성하는 주요 원칙을 설명한다. 부록 C와 D는 브랜드 관리 및 커뮤니케이션 플랜을 작성하기 위한 구성, 핵심 요소, 그리고 주요 원칙을 다룬다. 부록 E는 의미 있는 도표를 만드는 실무적인 접근법을 알려준다. 부록의 마지막 부분은 핵심 성과 측정치(부록 F), 적절한 마케팅 프레임워크(부록 G), 그리고 마케팅 플래닝과 분석에 일반적으로 사용되는 필수적인 마케팅 개념(부록 H)을 다룬다.

마케팅 플랜 핸드북은 모든 유형의 조직에서 매니저에게 혜택을 준다. 신규 제공물 출시를 고려하는 스타트업과 기업들을 위해, 이 책은 신제품 출시를 위한 마케팅 플랜을 개발하기 위한 프로세스를 다룬다. 기존 제품 포트폴리오를 보유하고 있는 기업의 경우, 이 책은 제공물 및 제품라인을 관리하기 위한 행동 플랜을 개발하기 위해 구조화된 접근 방식을 제시한다. 이 책에서 다루고 있는 프레임워크가 플래닝 프로세스를 체계적으로 정립하려는 소규모 비즈니스, 벤처캐피털 자금조달을 추구하는 스타트업, IPO (기업공개)를 고려하는 고속 성장 기업, 혹은 대규모 다국적 기업 등 어디에 적용되든, 이 프레임워크는 마케팅 플래닝 프로세스를 간략하게 정리해 주고, 이를 실행가능한 전략적 문서로 전환시켜 줌으로써 비즈니스 의사결정에 유용한 정보를 제공하고 값비싼 실수를 피할 수 있도록 도와준다.

마케팅 플랜 핸드북은 전략적 마케팅 관리의 기본에 이미 익숙하고 가시적인 결과를 창출하는 의미 있고 실행 지향적인 마케팅 플랜을 개발하고자 하는 매니저를 위해 집필되었다. 전략적 분석 및 플래닝에 대한 지식을 새롭게 하는 데 관심이 있는 독자들은 알렉산더 체르네프의 **전략적 마케팅 관리: 이론 및 실무**, 그리고 필립 코틀러, 케빈 레인 켈러, 그리고 알렉산더 체르네프가 공저한 Kotler **마케팅 관리론 16판** 같은 더욱 포괄적인 마케팅 교재를 참조하는 것을 추천한다.

역자 서문

이 책의 저자인 알렉산더 체르네프는 마케팅의 아버지라 불리는 필립 코틀러, 그리고 브랜드 전략 분야의 최고 권위자 케빈 레인 켈러와 함께 Kotler 마케팅 관리론의 최신판인 16판을 공동 집필한 학자이다. 1967년, 노스웨스턴대학교에 새롭게 부임한 필립 코틀러에 의해 초판이 쓰여진 그 책은, 분석적 접근법을 따른 첫 마케팅 교과서로서, 제품 판매를 위한 스킬 정도로 인식되고 있던 마케팅을 공식적인 학문의 반열에 올려 놓은 역사적인 책이 되었다. 20여년 전 미국 MBA 과정에서 그 책으로 마케팅을 처음 접한 나는 지금까지도 그 책을 마케팅 계획, 실행, 평가의 최고의 가이드 북으로 여기고 있으며, 실제 그 책의 가르침을 실전 마케팅 업무에 충실히 적용하여 큰 성과를 내기도 했다.

지난 해 그 책의 최근 판(16판) 역자 중 한 명으로 참여하게 되면서, 나는 알렉산더 체르네프가 그 책의 구조와 프로세스를 완전히 새롭게 개편했음을 발견했다. 1판(1967)부터 15판(2014)까지의 연속적인 변화와 구별되는 상당히 단절적인 변화였다. 그리고 그러한 변화가 이 책 마케팅 플랜 핸드북에 제시된 다양한 프레임워크에 기반한다는 사실도 함께 알게 되면서 자연스럽게 이 책에 관심을 갖게 되었다. 이 책은 세상에서 가장 권위 있는 마케팅 교과서의 근간을 제공하고 있는 것이다!

체르네프가 제시한 프레임워크의 구성 요소 중 가장 눈에 띈 것은 협력자의 존재였다. 1980년대 마이클 포터의 산업구조분석에서 공급자, 경쟁자, 고객 간의 역동성에 대한 논의는 있었지만, 협력자의 존재가 마케팅 이론서에서 본격적으로 다뤄진 경우는 이번이 처음인 듯하다. 기업의 목적 달성 대상인 '고객'과 그 목적 달성의 방해자인 '경쟁자'는 중요하게 고려하면서도, 목적 달성을 도와주는 협력자에 대해서는 그동안 제대로 다루지 못했던 것이다. 남의 도움을 전혀 받지 않고 혼자만의 힘으로 성공할 수 없는 것은 사람이나 기업이나 마찬가지일 것이다. 따라서, 협력자를 타겟 시장의 핵심 요소 중 하나로 포함시켜 그들에게 제공되는 혜택과 가치를 중시하는 관점은 매우 적절하다고 생각한다.

저자의 간결한 필체 덕분에 번역에 큰 어려움은 없었다. 다만 다른 마케팅 이론서에서 잘 쓰이지 않는 이 책만의 반복적인 표현의 번역에 대해서는 다음과 같이 미리 일러 두고자 한다. 먼저 offering이라는 단어는 제공물로 번역했다. 제품으로 번역하면 더 자연스러울 수 있지만, 이 단어는 제품 뿐만 아니라 서비스, 브랜드, 가격, 인센티브, 커뮤니케이션, 유통을 함께 포괄하는 개념이기 때문이다. 이 책에 자주 등장하는 viable이라는 용어는 일반적인 영한사전에 나온 '실행 가능한' 대신 단어의 숨은 의미를 살려 '효과적으로 실행가능한'으로 번역하였다. 실행 자체가 아니라 효과적이고 성공적인 실행과 관련된 표현이기 때문이다. 시장을 구성하는 요인 5C중 하나로 포함시킨 context는 마케팅이 수행되는 환경을 나타내는 말이지만 environment와의 혼동을 방지하고 5C 중 하나임을 쉽게 떠올릴 수 있도록 원어의 발음 대로 컨텍스트로 번역하였다. 이 외에도 플랜, 채널, 트렌드, 매니저, 니즈, 리서치, 패키징, 로열티, 트레이닝, 타겟, 섹션, 마진, 오디언스, 프라이싱, 커뮤니케이션 같이 우리말 번역이 부적합하거나 번역 없이도 충분히 이해가능한 경우 원어 발음 대로 표기하였다.

이 책은 수 많은 '협력자'들의 도움의 산물이다. 레스토닉코리아의 조광호님, 소니코리아의 김태형님, 제일약품의 윤지혜님, 블룸비스타호텔앤컨퍼런스의 최성욱님, 퍼스펙티브의 정호훈님, 말콤경영컨설팅의 최여명님은 이 책을 읽고 소중한 서평을 보내 주었다. 또한 KB금융지주의 장주영님과 부산테크노파크의 박현준님은 이 책의 표현상 문제점을 지적하고 개선된 표현을 제안해 주었다. 특히 장주영님은 매우 꼼꼼한 피드백을 제공하여 이 책의 완성도를 높이는 데 크게 도움을 주었다. 여기에 적지 못한 더 많은 분들의 도움에도 깊은 감사의 뜻을 표한다.

마지막으로, 병상에 계신 아버지와 그 곁에서 헌신적으로 간호하고 계신 어머니께 존경과 감사의 말씀을 드린다. 부모님께서는 병환에 맞서 함께 싸우는 힘든 환경 속에서도 이 책의 번역과 제작에 응원과 격려를 아끼지 않으셨다. 두 분의 몸과 마음에 건강과 평안이 오래도록 함께 하기를 기원 드린다.

2023년 8월
역자

제1부

마케팅 플랜

들어가며

마케팅 플랜은 기업의 목표를 정의하고, 이러한 목표를 달성하기 위한 행동 방안을 구체화하며, 그리고 이러한 목표를 향한 진척 상황을 평가하기 위한 가이드라인을 제공하는 문서이다. 마케팅 플랜의 성공은 조직이 직면한 특정 문제에 마케팅 이론과 프레임워크를 적용할 수 있는 능력에 달려 있다. 따라서, 이 책의 첫 부분은 비즈니스 관리의 핵심적인 측면인 마케팅 플랜 개요로 시작되며, 마케팅 관리를 위한 가치 기반 프레임워크가 나오고, 그리고 그 프레임워크가 실행가능한 마케팅 플랜을 개발하고 업데이트 하는 데 적용되는 순서로 이어진다. 이 1부는 4개의 장으로 구성되어 있다.

1장에서는 전략적 비즈니스 문서로서 마케팅 플랜의 역할에 대해 다루며, 다음과 같은 이슈에 초점을 맞춘다: 1) 마케팅 플랜의 목적, 2) 마케팅 플랜을 작성하는 데 관련되는 핵심적인 원칙과 관련된 실체들, 3) 마케팅 플랜을 위한 타겟 오디언스, 4) 마케팅 플랜의 초점, 내용, 그리고 시간 수평축(time horizon: 마케팅 플랜이 적용되는 기간), 그리고 5) 마케팅 플랜의 범위.

2장에서는 기업 가치 창출 모델의 두 가지 핵심 요소인 전략과 전술에 초점을 맞추어 마케팅 기초에 대한 큰 그림의 개요를 제공한다. 기업의 전략과 전술은 시장 가치 원칙이라는 맥락 내에서 논의된다. 여기서 시장 가치 원칙은 제공물의 주요 목표를 기업의 목표에 도달하는 방향으로 타겟 고객과 기업의 협력자를 위한 우수한 가치를 창출하는 것으로 정의하도록 해 준다. 여기서 전략과 전술은 마케팅 플래닝의 중추적 역할을 하는 G-STIC 프레임워크의 주춧돌이다.

3장은 G-STIC 프레임워크에 기반하여 마케팅 플랜의 구성을 다룬다. 이 장은 마케팅 플랜의 핵심 구성 요소(경영자 요약, 상황 개요, 목표, 전략, 전술, 실행, 통제, 그리고 도표)를 자세히 설명하고 각 개별 구성 요소를 개발하는 데 있어서의 핵심적인 원칙을 제시한다.

4장은 마케팅 플랜을 업데이트 하는 것과 관련된 이슈를 다룬다. 특히, 이 장에서는 1) 브랜드 관리 플랜 감사, 2) 제공물 실행 감사, 3) 고객 임팩트 감사, 그리고 4) 기업 가치 감사 등 4가지 핵심 요소에 초점을 맞추어, 마케팅 플랜의 업데이트를 필요하게 만드는 핵심적인 요인과 마케팅 감사 수행 프로세스를 살펴본다.

이 모두를 합쳐, 이 책의 1부를 구성하는 4개의 장(챕터)은 마케팅 플랜의 목적, 논리, 그리고 구성을 정의한다. 마케팅 플랜의 다양한 측면에 대한 개념적 논의는 이 책의 2부에 제시된 몇 가지 실무적인 사례들에 의해 보완된다.

제1장

비즈니스 문서로서의 마케팅 플랜

상당수의 기업 플래닝은 기우제와 같다. 기우제는 그 후의 날씨에 영향을 미치지 않는다.
심지어, 수많은 조언과 지침은 날씨를 좋게 하기 보다는 기우제를 좋게 하기 위해 사용된다.

제임스 브라이언 퀸
다트머스대학교 경영학 교수

비즈니스 관리 및 마케팅 플래닝

성장은 모든 비즈니스의 핵심이기 때문에 기업의 주요 기능은 성장을 성공적으로 관리하는 것이다. 성장 전략이 없다면, 기업은 시장 포지션을 잃고 경쟁자에 의해 압도당할 위험에 처하게 된다. 장기적인 시장 성공을 보장하기 위해, 기업은 현재의 시장을 성장시키고 새로운 시장을 개발해야 한다. 조직의 성장 전략 뒤편에서 가이드를 해 주는 분야는 마케팅이다.

마케팅은 새로운 기회를 탐색하고, 새로운 시장을 파악하며, 새로운 고객 니즈를 밝혀 냄으로써 성장을 촉진시킨다. 다른 비즈니스 기능들을 정의하는 중심적 비즈니스 분야로서의 마케팅의 역할이 피터 드러커의 다음과 같은 언급 속에 담겨 있다: 비즈니스의 목표는 고객을 창출하는 것이기 때문에 비즈니스 기업은 마케팅과 혁신이라는 두 가지 기본 기능만을 갖고 있다. 마케팅과 혁신은 결과를 만들어 낸다. 나머지는 모두 비용이다. 마케팅은 비즈니스 중에서 독특하고 유일한 기능인 것이다.

마케팅과 혁신은 그들 사이의 공생적 관계를 통해 성장을 촉진시킨다. 혁신은 시장 가치를 창출하는 방식으로 고객의 니즈를 해결하기 위한 참신한 방법을 찾아 줌으로써 마케팅을 가능하게 해 준다. 마케팅은 새로운 테크놀로지와 발명품을 만들어 내고 그것을 시장의 니즈에 맞게 조율함으로써 혁신에 힘을 불어넣는다. 마케팅과 혁신은 힘을 합쳐 지속 가능한 성장을 촉발시킨다.

지속가능한 성장은 우연히 발생하지 않는다. 그것은 기업의 마케팅 활동을 가이드 해 주는 전략적인 플래닝의 결과다. 전략적 플래닝 프로세스는 마케팅 플랜 작성과 혼동되는 경우가 많다. 전략적 플래닝이 부분적으로 마케팅 플랜 작성의 필요성에 의해 주도되기 때문이다. 전략적 플래닝과 마케팅 플랜 작성은 두 개의 별개 활동이다. 전략적 플래닝은 목표를 결정하고 이 목표를 달성하기 위한 행동 방안을 도출해 내는 프로세스다. 마케팅 플랜은 이미 정해진 목표와 그에 따라 결정된 행동 방안을 문서화한다. 마케팅 플랜은 기업의 전략적 플래닝 프로세스의 유형적인 결과물이다.

마케팅은 기업의 비즈니스 활동 중에서 한 측면만을 커버하기 때문에 마케팅 플랜은 비즈니스 플랜보다 범위가 좁다. 비즈니스 플랜은, 기업 활동 중 마케팅 측면에 초점을 맞추는 것 외에도, 연구 개발, 재무, 운영, 그리고 인적 자원 측면(그림1)을 두루 다룬다. 마케팅 플랜은 기업의 비즈니스 프로세스의 다양한 측면들에 대한 간략한 개요를 포함할 수 있지만, 그것은 마케팅 플랜과 연관된 경우에만 그렇다.

그림 1. 비즈니스 문서로서의 마케팅 플랜

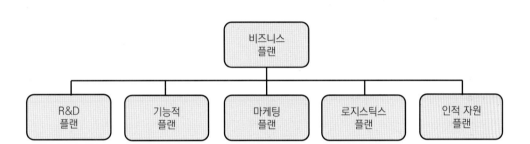

전반적인 마케팅 플랜을 개발하는 것 외에도, 기업들은 종종 더 전문화된 마케팅 플랜을 개발한다. 이러한 플랜에는 제품 개발 플랜, 서비스 관리 플랜, 브랜드 관리 플랜, 판매 촉진 플랜, 커뮤니케이션플랜, 그리고 유통 플랜 등이 포함된다. 이러한 플랜 중 일부는 다시 더 구체적인 플랜들을 포괄할 수 있다. 예를 들어, 기업의 커뮤니케이션 플랜은 광고 플랜, PR 플랜, 모바일 커뮤니케이션 플랜, 그리고 소셜 미디어 플랜과 같은 일련의 활동특화적인 플랜들로 구성될 수 있다. 이러한 개별 플랜들의 궁극적인 성공은 그들이 전체 마케팅 플랜과 얼마나 일관성이 높은가의 정도에 달려있다.

마케팅 플랜의 목적

마케팅 플랜의 주요 목적은 기업의 목표와 원하는 행동 방안을 명확히 하고, 이를 직원, 협력자, 그리고 이해관계자 등 관련 당사자들에게 효과적으로 알리는 것이다. 특히, 마케팅 플랜은 다음과 같은 세 가지 주요 기능을 수행할 수 있다.

- **제안된 행동 방안을 자세히 나타낸다.** 마케팅 플랜은 서면 문서이기 때문에, 매니저들은 분석을 구체화해야 하고 제안된 행동의 다양한 측면을 더 자세히 설명해 주어야 한다. 이러한 더 높은 수준의 구체성 덕분에, 마케팅 플랜은 제품 개발, 서비스 관리, 브랜딩, 프라이싱, 판매 촉진, 커뮤니케이션, 그리고 유통과 같은 전술적 의사결정을 위한 가이드 역할을 할 수 있다. 마케팅 플랜은 제안된 행동 방안을 구체적으로 설명하는 것 외에도, 제공물을 관리하는 팀의 구성, 그리고 팀원들 개개인의 책임이 어떻게 할당되는가에 대해서도 알려준다.
- **목표와 제안된 행동 방안을 관련된 이해관계자에게 알린다.** 모든 이해관계자들에게 일관된 정보를 제공함으로써, 마케팅 플랜은 모든 관련 당사자들이 제공물의 세부 사항에 대해 동일한 수준의 이해를 할 수 있도록 해 준다. 대부분의 제공물은 다양한 실체들과의 협력 하에 개발되고, 알려지고, 그리고 유통되기 때문에, 제공물의 성공을 위해서는 주요 목표와 그 목표를 달성하기 위해 제안된 행동 방안에 대한 공통적인 이해가 필수적이다.
- **제안된 목표와 행동 방안을 "판매"한다.** 마케팅 플랜 중에서 중요하지만 종종 간과되는 기능은 설정된 목표의 효과적 실행가능성과 정해진 행동 방안에 대해 관련 이해관계자들을 설득하는 것이다. 마케팅 플랜은 고위 경영진들이 제안된 조치를 계속 진행할지 결정하는 의사결정의 핵심 요인이 될 수 있으며, 기업의 제공물을 지원하기로 한 협력자들의 의사결정을 이끄는 주요 동인이 될 수 있다.

마케팅 플랜의 전반적인 목표는 1) 제안된 행동 방안을 설명하고, 2) 관련 이해관계자들에게 기업의 행동 플랜을 알리고, 그리고 3) 그들(이해관계자들)의 행동이 기업이 달성하고자 하는 궁극적 목표와 일치하도록 보장하는 것이다.

마케팅 플랜 개발의 핵심 원칙

대부분의 마케팅 플랜이 겪는 하나의 공통적 문제가 있다. 마케팅 플랜이, 명시된 목표를 달성하기 위해 기업의 행동을 조종하는 중요한 임무를 수행하기 위해서가 아니라, 단순히 기업의 서류보관소에 문서를 제출해야 하는 요구 사항을 충족하기 위해서 작성되는 경우가 많다는 것이다. 결과적으로, 마케팅 플랜이 의미 있는 행동 방안을 제시하지도 못하면서, 관련성이 미미한 이슈들을 쓸데 없이 꼼꼼하게 분석해 놓거나, 기업에 도움이 되는지 안되는지 그리고 얼마나 도움되는지 따져보지도 않은 활동들을 포함하는 경우가 있다. 이러한 내부적 논리 부재와 일관성 결여는 종종 기업의 궁극적 목표를 달성하는 데 도움이 안되는 무계획적인(haphazard) 행동으로 이어진다.

효과적인 마케팅 플랜을 수립하려면, 마케팅 플랜이 1) 올바른 목표를 제시하고, 2) 이 목표를 달성하기 위해 '효과적으로 실행가능한(viable)' 행동 플랜을 제안하며, 그리고 3) 이 목표와 행동 플랜을 타겟 오디언스에게 알려야 한다. 이를 위해 마케팅 플랜은 실행가능하고, 적절하고, 분명하고, 그리고 간결해야 한다.

● **실행가능해야.** 마케팅 플랜은 기업의 활동을 가이드 할 수 있을 정도로 구체적이어야 한다. 그것은 기업 제공물의 제품, 서비스, 브랜드, 가격, 인센티브, 커뮤니케이션, 그리고 유통의 측면에서 제안되는 변화에 대해 자세히 설명해 주어야 한다. 또한 마케팅 플랜은 이러한 변화를 이행하기 위한 구체적인 시간 프레임을 제시해야 하고 이를 이행할 책임이 있는 실체들을 명시해야 한다.
● **적절해야.** 마케팅 플랜은 기업의 목표(goal)와 구체적인 세부목표(objective)를 명확히 밝히고 명시된 목표와 세부목표를 달성하기 위한 행동 방안을 설명해야 한다. 이를 위해, 마케팅 플랜은 제안된 각 활동을 세부목표에 연결시켜야 하고 이 활동이 기업에게 어떤 혜택을 줄 것인지 명확하게 설명해야 한다. 기업의 행동을 목표와 세부목표에 연결시키지 않는다면, 마케팅 플랜은 기업의 목표 달성 능력에 거의 또는 아무런 도움도 되지 않는 쓸 데 없는 활동 목록이 될 수 있으며, 더 의미 있는 활동으로부터 자원을 빼앗아 옴으로써 심지어 역효과를 낼 수도 있다.

- **분명해야.** 마케팅 플랜은 기업의 행동 플랜을 관련된 이해관계자들에게 알리고, 제안된 행동의 효과적 실행가능성(viability)에 대해 확신을 갖도록 하는 것을 목표로 한다. 따라서 마케팅 플랜은 기업이 달성하고자 하는 목표를 분명히 밝히고, 제안된 실행의 핵심을 나타내 주어야 한다. 마케팅 플랜은 제안된 활동의 다양한 측면(목표, 전략, 전술, 실행, 그리고 성과 평가를 위한 통제 측정치)에 대한 정보를 포함하고 있기 때문에, 이 정보는 제안된 활동 방안의 논리를 강조하는 체계적인 방식으로 표현되어야 한다. 매니저의 사고 프로세스의 명료성은 마케팅 플랜의 구성을 보면 알 수 있다. 군더더기 없는 마케팅 플랜은 군더더기 없는 비즈니스 사고를 나타낸다.

- **간결해야.** 대부분의 마케팅 플랜에는 다음과 같은 공통적인 문제가 있다. 쓸데없이 길고 관련성 낮은 정보로 가득 차 있는 것이다. 그러한 플랜을 개발하는 매니저들은 종종 긴 마케팅 플랜이 짧은 플랜보다 본질적으로 실행에 더 유리하다는 잘못된 생각에 따라 움직인다. 마케팅 플랜이 길다는 것이 더 폭넓은 분석을 거쳤고 더 깊이 생각했다는 증거로 사용되는 것은 사실이지만, 긴 플랜보다 짧은 플랜이 더 유용한 경우도 많다. 군더더기 없는 마케팅 플랜은 제안된 행동 방안의 핵심적 측면을 강조함으로써 매니저들의 주목을 진정으로 중요한 것에 집중시키는 데 도움이 된다. 마케팅 플랜 작성에 있어서 만큼은, "적은 것이 더 많은(less is more)" 경우가 꽤 있다. 위의 네 가지 원칙 (실행가능성, 적절성, 명료성, 그리고 간결성)을 따르면, 마케팅 플랜이 시장 활동을 효과적으로 가이드하고 전략적 목표를 달성하도록 기업이 보장하는 것을 도와줄 수 있다.

마케팅 플랜의 개발에 누가 관여하는가

비즈니스 관리에서 마케팅이 중심적 역할을 한다는 것은 마케팅이 단일 부서에 의해 관리되는 활동이 아니라는 것을 의미한다. 마케팅은 모든 부서에 걸쳐 있다. 강력한 조직을 구축하려면 모든 부서의 매니저가 기본적인 마케팅 원칙을 이해하고 시장 가치를 창출하는 제공물을 개발하기 위해 활동들을 조정해야 한다. HP의 공동 설립자인 데이비드 패커드는 다음과 같이 말했다: 마케팅은 너무나도 중요해서, 마케팅 부서에만 맡겨 놓을 수 없다. 진정으로 훌륭한 마케팅 조직에서는 어떤 사람이 마케팅 부서에 속해 있는지 알 수 없다. 조직의 모든 사람들이 고객에게 미치는 임팩트에 따라 의사결정을 내려야 한다.

마케팅은 다양한 유형의 기업 활동을 포괄하기 때문에 마케팅 플랜의 개발과 실행은 일반적으로 하나의 실체에 의해 행해지지 않는다. 대신, 마케팅 플랜은 프로젝트 리더, 관리팀, 영향력 행사자, 그리고 게이트키퍼 등 다양한 역할을 수행하는 여러 실체들에게 플랜에 넣을 내용을 요청함으로써 만들어진다.

- **프로젝트 리더**는 제공물과 플래닝 프로세스를 관리하는 사람이다. 또한 프로젝트 리더는 궁극적으로 마케팅 플랜을 실행하고 바람직한 결과를 도출해 내야 하는 책임이 있다.
- **관리팀**은 프로젝트 리더와 협력하여 제공물을 개발하고 관리하는 사람이다. 관리팀은 연구 개발, 정보기술, 운영, 재무, 마케팅, 구매, 그리고 영업조직 등 다양한 분야의 전문가로 구성된 교차 기능적인(다양한 기능을 포괄하는) 업무를 수행한다.
- **영향력 행사자**는 관리팀 외부에 존재하며, 그들이 선호하는 것을 공유하고 추천을 제공함으로써 마케팅 플랜의 개발에 대해 임팩트를 갖는 실체이다. 예를 들어, 어떤 컨설팅 기업은 특정 제품, 서비스, 또는 공급업체를 추천함으로써, 제안된 행동 방안에 영향을 미칠 수 있다.
- **게이트키퍼**는 그 플랜을 실행에 옮기기 전에 승인을 내리는 실체이다. 예를 들어, 제공물의 프라이싱, 독점 계약, 그리고 커뮤니케이션 캠페인의 내용은 마케팅 플랜을 실행하기 전에 기업의 법무 부서의 승인을 받아야 하는 경우가 많다.

프로젝트 리더의 목표는 관리팀, 영향력 행사자, 게이트키퍼와 같은 관련된 실체로부터 통찰력을 수집하고 지지를 얻어, 마케팅 플랜이 실행 가능하도록, 그리고 핵심 이해 관계자들의 지원을 받을 수 있도록 보장해 주는 것이다.

조직 내에서 마케팅이 폭넓은 역할을 수행하기 때문에, 마케팅 부서는 마케팅 플랜을 설계하고 수행하기 위한 전략적 방향을 제공하기 위해 기업 내의 다른 조직 단위와 협력해야 한다. 마케팅 플래닝을 마케팅 부서 내에서만 활용하는 것은 역효과를 초래하며, 그것은 조직 내 마케팅의 역할에 대한 근시안적인 시각을 나타내는 행위이다. 성공을 위해, 기업은 마케팅 초점(마케팅을 중시하는 관점)이 모든 조직 단위에 스며들도록 해야 하며, 모든 관련 부서가 마케팅 플랜의 개발과 실행에 참여하도록 해야 한다.

타겟 오디언스

마케팅 플랜의 오디언스는 마케팅 부서를 넘어 플랜의 설계와 실행에 직간접적으로 관여하는 모든 실체를 포함하도록 확장된다. 특히, 대부분의 마케팅 플랜은 직원, 협력자, 이해관계자, 그리고 고위 경영진 등 4개의 주요 오디언스를 타겟으로 한다.

- **직원.** 마케팅 플랜의 주요 타겟 오디언스로 간주되는 회사 직원은 1) 제공물을 관리하는 팀의 구성원과 2) 제공물에 직접 관여하지 않는 회사 직원이라는 두 가지 그룹이 있다. 제공물에 대한 책임을 맡은 팀의 구성원들을 위해, 마케팅 플랜은 제안된 행동 플랜의 세부사항에 대한 정보를 제공하며, 취해야 할 특정한 조치, 그 순서, 그리고 시간 프레임(달성해야 할 시간)을 보여준다. 반면, 제공물과 직접 관련이 없는 직원들을 위해서, 마케팅 플랜은 제안된 행동 방안의 목표와 핵심적인 측면에 대한 개요를 제공한다.
- **협력자.** 마케팅 플랜의 중요한 기능은 그 플랜을 실행하기 위해 반드시 협력이 필요한 외부 실체가 누구인지 모두 알려주고 그들을 참여시키는 것이다. 이러한 실체들에는 제품 개발 파트너, 커뮤니케이션(예: 광고 및 PR) 대행사, 공급업체, 유통업체(예: 도매업체 및 소매업체), 그리고 마케팅 리서치 회사 등이 포함된다. 이러한 협력자들이 기업의 목표, 전략, 그리고 전술의 핵심적인 측면을 확실히 인지하도록 하는 것이 제공물의 성공을 위한 필수 조건이다.
- **이해관계자.** 기업의 제공물의 성공 여부는 기업의 이해관계자들로부터 얻어낼 수 있는 지원에 달려 있다. 이러한 이해관계자에는 기업에 대한 직간접적인 재무적 이해관계를 가진 실체(예: 주주, 채권 보유자, 그리고 채권자)뿐만 아니라 기업의 행동에 대해 보다 일반적인 이해관계를 가진 실체(예: 규제 기관, 업계 관련 협회, 그리고 소비자 활동가 단체)가 포함된다. 이러한 이해관계들로부터 동의와 지원을 보장받기 위해 마케팅 플랜은 기업의 제안된 행동을 그들에게 잘 알려야 한다.
- **고위 경영진.** 고위 경영진은 그 플랜을 실행에 옮기기 전에 최종 승인을 내린다. 고위 경영진은 회사 임직원(예: CMO 또는 CEO) 또는 경영권을 갖는 실체(예: 이사회)일 수 있다. 마케팅 플랜의 특정한 측면이 여러가지 정책들(예: 법적 규제, 기술적 스펙, 또는 재무적 요구 사항 등)의 집합에 잘 부합하는지를 보장하는 역할을 하는 게이트키퍼와 달리, 고위 경영진은 마케팅 플랜을 전체적으로 "추진"시킬 수 있는 파워(그리고 책임)을 갖는다.

기능적 전문지식과 관여도가 서로 다른 광범위한 오디언스들을 타겟으로 하기 때문에, 마케팅 플랜은 다양성 높은 오디언스 각각에게 1) 이해 가능하고, 2) 정보가 풍부하고, 그리고 3) 의미 있는 방식으로 작성되어야 한다.

마케팅 플랜의 내용

마케팅 플랜의 내용은 그 플랜의 근간이 되는 제공물의 세부 사항에 따라 달라진다. 다면적인 경제적, 사회문화적, 규제적, 기술적, 그리고 물리적 컨텍스트 내에서 운영되는 다수의 협력자들과 연관된 복잡하고 폭넓은 규모의 제공물에 대한 플랜은, 비교적 단순한 제공물에 대한 플랜에 비해 더 복잡한 경향이 있다.

플랜의 내용은 특정 제공물과 관련이 없는 다양한 외부적 요인의 함수이기도 하다. 예를 들어, 일부 기업은 매니저들이 기대하는 특정 길이의 마케팅 플랜을 작성하는 전통을 가지고 있다. 플랜의 길이에 대한 선입견이 없는 경우에도, 긴 플랜이 보다 꼼꼼하게 분석한 것이고 따라서 분량이 적은 플랜보다 본질적으로 우수하다는 공통된 믿음이 있다. 이러한 직관적인 호소력에도 불구하고, 이러한 믿음은 잘못된 경우가 많다. 긴 플랜은 단순히 여러 보고서들을 취합한 것으로 끝날 수 있으며 제안된 행동 방안, 플랜의 목표, 그리고 플랜의 근거(rationale)가 명확히 표현되지 못할 수 있다. 더욱이, 논리의 부족이 독자들에게 훤히 드러나는 짧은 플랜과는 달리, 긴 플랜은 모호한 추론을 숨기기 쉽게 해준다.

플랜의 분량이 많을 수록 플랜의 개발에 투여되는 노력의 양 또한 많을 것이라는 믿음 때문에, 더 긴 플랜에 대한 선호가 높아지는 면도 있다. 그러나 그러한 믿음은 잘못된 것이다. 짧고 의미 있는 플랜을 작성하는 것은 관련성 없는 일련의 보고서들을 모아 많은 페이지로 만드는 것보다 더 많은 생각, 노력, 그리고 시간이 필요하다.

마케팅 플랜을 개발할 때는 "알아야 할" 정보와 "알면 좋은" 정보를 분리하는 것도 고려해야 한다. 먼저, **알아야 할** 정보는 특정한 행동 방안의 성공적인 개발 및 실행에 매우 중요하다. 이름에서 알 수 있듯이, 알아야 할 정보는 매니저가 정보에 입각한 의사결정을 내리기 위해 갖춰야 하는 지식이다. 반면, **알면 좋은** 정보는 당면한 의사결정과 연관성이 적으며 특정한 행동 방안을 결정하는 데 있어서 필수적이지 않다. 알면 좋은 정보는 잠재적으로 흥미로운 면이 있지만 결국 실행할 수 있는 것이 아니므로 불필요하다.

"알아야 할" 정보는 일반적으로 그에 기반하여 실행될 수 있다. 즉, 이러한 정보의 본질은 후속 행동 방안을 결정하는 것일 가능성이 크다. 반면, "알면 좋은" 정보는 당면한 의사결정과 직접 관련이 없으므로 거의 실행 가능하지 않다. 예를 들어, 매니저는 더 많은 데이터가 항상 더 낫다는 일반적인 견해에 따라 다수의 리서치 서베이를 의뢰하는 경우가 많다. 그러나 그러한 매니저들 중 극소수만이 그들이 수집한 모든 데이터를 사용하게 된다. 보고서가 도착하면 매니저들은 데이터를 훑어보고 "잘 만든 보고서 네요"라고 말한 다음 바로 서가에 꽂아 버린다. 매니저가 이 보고서에 다시 손을 대는 때는 또 다른 "알면 좋은" 보고서를 꽂을 자리를 마련하기 위해 기존 보고서를 버릴 때이다.

또 다른 관련된 고려사항은 마케팅 플랜에 포함시킬 데이터의 양이다. 매니저는 여러 가지 이유로 데이터에 집착하는 경향이 있다. 첫째, 많은 조직에서, 유용한 정보가 포함되어 있을지도 모른다는 생각에, 관련 없는 다수의 보고서를 수집하는 관행이 남아있다. 또한, 온라인 공급망 관리, 전자상거래, 그리고 소셜 미디어의 발전과 더불어, 많은 기업들이 비즈니스 모델의 장단점에 대한 잠재적으로 소중한 통찰력을 제공할 수 있는 대량의 데이터를 축적해 왔다. 주어진 행동 방안에 일관된 데이터를 수집하는 것은 그 제안된 행동 방안의 논리를 정량적으로 뒷받침해 주고, 만일 실패했을 경우 방어를 준비하는 데 도움을 준다. 이러한 모든 이유에도 불구하고, 단순히 더 많은 데이터를 수집하는 것이 반드시 더 효과적인 마케팅 플랜을 만드는 것은 아니다. 효과성을 높이기 위해서, 마케팅 플랜은 제시된 분석과 제안된 행동 방안에 관련성 높은 "알아야 할" 정보만을 포함해야 한다.

플래닝의 수평축

마케팅 플랜은 시간 수평축(time horizon: 마케팅 플랜이 적용되는 기간)을 다양하게 할 수 있다: 어떤 플랜은 장기적인 초점을 갖는 반면, 다른 플랜은 단기적인 목표 달성을 목적으로 한다. 장기적인 플랜은 전반적인 전략적 방향을 제공하고 본질적으로 더 일반론적인 경향이 있다. 이와는 대조적으로, 단기적인 플랜은 보다 구체적이며 제공물을 관리하는 마케팅팀의 하루하루의 일상적인 활동에 대한 지침을 제공한다. 전형적인 장기적인 플랜은 3년에서 5년 사이의 수평축을 가질 수 있는 반면, 단기 플랜은 일주일, 한 달, 또는 한 분기의 시간 프레임을 가질 수 있다.

마케팅 플랜의 시간 수평축은 다양한 요인에 따라 달라진다. 주요 요인 중 하나는 특정 제공물과 관련된 불확실성의 정도다. 기업에게 첫 제공물이거나 빠르게 발전하는 산업에서 운영되는 제공물은 상대적으로 짧은 시간 수평축을 갖는 플랜을 만드는 경향이 있는 반면, 성숙한 산업 내에서 이미 자리를 잡은 제공물은 상대적으로 더 긴 시간 수평축을 갖는 플랜을 만드는 경향이 있다. 전략적 불확실성의 존재로 인해 세부적인 플랜 수립이 사실상 불가능하기 때문에, 장기적 마케팅 플랜은 본질적으로 더 전략적인 경향이 있다.

장기적인 마케팅 플랜은 다음과 같은 면에서 중요하다. 그러한 플랜들이 1) 브랜드 구축과 같은 활동에 미치는 영향, 2) 제공물의 성과 향상이 신뢰성 및 내구성 같은 속성에 미치는 영향, 그리고 3) 고객 서비스 개선에 미치는 영향 등을 (단기적인 플랜에 비해) 더 잘 나타내 주기 때문이다. 이 세 가지는 제공물의 성과에 대해 지연된 영향을 갖는다(제공물의 성과에 바로바로 반영되지 않고 시차를 두고 반영된다). 장기적인 플랜이 없다면, 매니저들은 즉각적인 영향을 미치는 활동에만 관심을 집중할 가능성이 높다. 예를 들어 분기별로 실적이 측정되는 매니저는 판매 촉진 등 단기적인 성과로 이어지는 활동을 할 가능성이 높고, 장기적인 보상이 있는 브랜드 구축 등의 활동에 투자할 가능성은 낮다.

마케팅 플랜의 범위

마케팅 플랜은 관련된 제공물의 유형에 따라 달라진다. 몇몇 플랜들은 **신규 제공물**의 출시에 초점을 맞추는 반면, 다른 플랜들은 이미 시장에서 제공되는 **기존 제공물**을 관리하는 데 중점을 둔다.

- **신규 제공물 플랜**은, 새로운 제품이나 새로운 서비스를 출시하는 것과 관련되어, 목표를 설정하고 그 목표를 달성하기 위한 행동 방안을 개발한다. 신규 제공물에 대한 마케팅 플랜은 기업이 알아낸 기회를 활용하고 임박한 위협을 낮추는 행동 방안을 개발하기 위해 기업이 경쟁하는 환경을 평가하는 데 초점을 맞춘다. 신규 제공물 플랜의 자세한 사례는 제5장에 제시되어 있다.
- **기존 제공물 플랜**은 기존 제공물의 목표 진척도를 평가하고, 필요한 경우 목표를 수정하고 현재의 행동 방안을 수정하는 데 초점을 맞춘다. 기존 제공물을 관리하기 위한 마케팅 플랜의 일반적인 예로는 기업의 분기별 및 연간 플랜이 있다. 이미 존재하는 제공물을 관리하기 위한 마케팅 플랜의 자세한 예는 6장과 7장에 나와 있다.

신규 제공물 플랜 그리고 기존 제공물을 관리하기 위한 플랜은 많은 유사점을 공유한다. 둘 다 동일한 구조를 따르고 경영자 요약, 상황 개요, 목표, 전략, 전술, 실행, 통제, 그리고 도표를 포함한다. 이 두 가지 유형의 마케팅 플랜 사이의 주요 차이점은 그들의 초점에 있다. 신규 제공물 플랜은 기업이 운영되는 **환경을 평가**하고 기업 목표를 달성하기 위한 행동 방안을 **개발하는** 데 초점을 맞추고 있는 반면, 기존 제공물을 관리하는 플랜은 기업이 운영되는 **환경의 변화를 평가**하고, 현재 행동 방안을 **수정하며**, 필요하다면 기업의 목표를 수정하는 데 초점을 맞추고 있다.

대부분, 기업의 마케팅 플랜을 수정해야 할 필요성은 기업이 운영되는 상황의 변화에서 비롯된다. 이러한 촉매(catalysts)는 기업이 원하는 성과와 실제 성과와의 차이, 그리고 기업에 새로운 기회나 위협을 주는 외부 환경의 변화와 관련된다. 결과적으로, 마케팅 플랜의 상황 개요 섹션에 명시된 상황의 변화로 인해 기업의 행동 방안이 직접적으로 변경된다. 예를 들어, 상황 개요에서 제품 품질 저하로 인한 기업의 시장 점유율 손실이 반영된 성과 갭(목표와 성과의 차이)이 확인되면, 행동 플랜에는 제품 품질을 개선할 수 있는 솔루션이 포함되어야 한다. 같은 맥락에서, 상황 개요 내에서 현재 니즈를 경쟁자들이 충족시켜 주지 못하는 새로운 세분 시장이라는 기회가 확인되면, 행동 플랜에는 이러한 고객을 타겟으로 하는 신규 제공물 출시가 포함되어야 한다. 기존 마케팅 플랜을 업데이트하는 프로세스는 4장에서 자세히 논의된다.

마케팅 플래닝의 프레임워크

행동 없는 비전은 백일몽이다.
비전 없는 행동은 악몽이다.

일본 속담

테크놀로지 혁신의 급속한 성장, 끊임없이 증대되는 글로벌화, 그리고 새로운 비즈니스 모델의 등장은 오늘날의 시장을 매우 역동적이고, 예측 불가능하며, 그리고 상호 의존적으로 만들었다. 기업이 운영되는 환경이 점점 복잡해지고 있기 때문에, 시장 분석, 플래닝, 그리고 관리에 대한 체계적인 접근 방식의 중요성이 강조되고 있다. 이러한 체계적인 접근은 이 장에서 제시된 프레임워크로 표현된다.

시장 가치 창출: 전략과 전술

기업의 성공은 선택한 시장에서 가치를 창출하는 능력에 의해 결정된다. 가치를 창출하기 위해, 기업은 1) 경쟁할 타겟 시장을 명확하게 파악해야 하고, 2) 타겟 고객, 협력자, 그리고 기업 이해관계자를 위한 의미 있는 일련의 혜택을 개발해야 하며, 그리고 3) 타겟 시장에 이러한 혜택을 제공할 수 있는 제공물을 설계해야 한다. 이러한 활동들을 통해 기업의 비즈니스 모델의 두 가지 핵심 요소인 전략과 전술이 정의된다.

- **전략**이라는 용어는 그리스어로 stratēgía에서 유래된 말인데, 이 용어는 전투 전의 부대 배치를 표현하는 데 쓰이는 영어단어 "generalship"과 같은 의미이다. 마케팅에서, 전략이란 기업이 경쟁할 **타겟 시장**과 그 시장에서 창출하고자 하는 **가치**를 선정하는 것을 나타낸다. 타겟 시장과 가치 제안을 선정하는 것은 기업의 비즈니스 모델의 근본이며, 기업의 제공물을 정의하는 전술적 의사결정을 내리는 데 있어서 지침이 되는 원칙을 제공한다.
- **전술**이라는 용어는 그리스어 $\kappa \alpha \sigma \tau o \varsigma$에서 유래된 말인데, 이 용어는 전쟁 중에 초기 전략적 포지션으로부터 부대의 전개를 나타내는 데 쓰이는 영어 단어 "arrangement"와 같은 의미이다. 마케팅에서 전술은 마케팅 믹스라고도 알려진 구체적인 활동들을 말하며, 주어진 전략을 실행하는 데에 적용된다. 시장 전술은 기업의 제공물이 창출하는 기업 제공물의 모든 측면을 정의한다. 즉 이 제공물이 창출하는 혜택이 무엇이고 비용이 얼마인지에서부터, 고객들이 이 제공물에 대해 어떻게 듣게 되고 어떻게 사게 될 것인가까지 모든 것이 포함된다. 전술은 기업의 전략을 따르며, 기업이 이러한 전략을 시장 현실로 만드는 방법을 나타낸다.

기업의 비즈니스 모델의 두 가지 구성 요소인 전략과 전술, 그리고 비즈니스 모델을 현실화하기 위한 행동 플랜의 개발에 대해서는, 다음 섹션에 자세히 설명된다.

2장. 마케팅 플래닝의 프레임워크

마케팅 전략: 타겟 시장

타겟 시장은 기업이 가치를 만들고(create value) 가치를 얻는(capture value) 것을 목표로 하는 시장이다. 타겟 시장의 선택은 기업의 마케팅 전략의 효과적 실행가능성을 결정할 수 있는 중요한 의사결정이다. 타겟 시장은 5가지 요소로 정의된다: 기업이 니즈를 충족시키는 것을 목표로 하는 **고객**(customers), 동일한 타겟 고객의 니즈를 충족시키는 것을 목표로 하는 **경쟁자**(competitors), 기업과 협력하여 고객의 니즈를 충족시키는 **협력자**(collaborators), 제공물을 관리하는 **기업**(company), 그리고 그 안에서 기업이 운영되는 **컨텍스트**(context)이다.

그림 1. 타겟 시장의 규명: 5-C 프레임워크

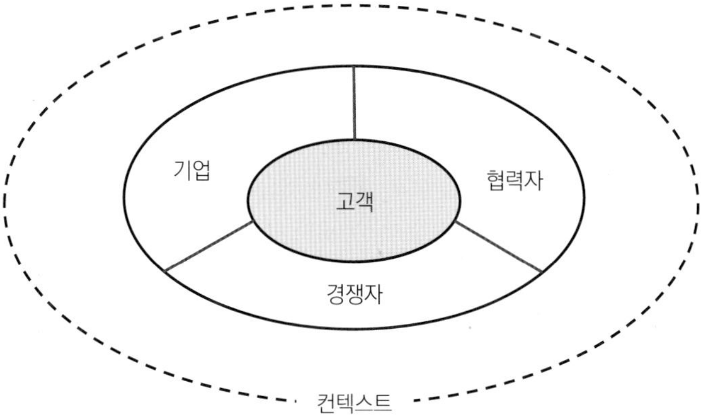

5가지 시장 요인은 종종 5C라고 불리며, 이 결과로 나오는 프레임워크를 **5C 프레임워크**라고 부른다. 이 프레임워크는 간단하지만 매우 강력한 시장 분석 도구를 제공한다. 5C 프레임워크는 타겟 고객을 중심으로, 협력자, 경쟁자, 그리고 기업을 가운데 두고, 그리고 외부의 컨텍스트 등이 시각적으로 표현된 것이다(그림 1). 타겟 고객을 중심부에 배치한 것은 시장을 정의하는 주체로서 고객의 중심적 역할을 반영한 것이다; 기업, 협력자, 그리고 경쟁자라는 나머지 세 개의 실체는 이러한 고객을 위해 가치를 창출하는 것을 목표로 한다. 컨텍스트는 바깥쪽 계층에 있다. 왜냐하면 컨텍스트는 고객, 기업, 협력자, 그리고 경쟁사가 운영되는 환경을 정의하기 때문이다. 5C와 그들 서로 간의 관계는 다음 절에서 더 자세히 논의된다.

타겟 고객

타겟 고객은 기업이 충족하고자 하는 니즈를 갖고 있는 실체(개인 또는 조직)이다. 기업 제공물의 핵심 목표는 고객 가치를 창출하는 것이므로, 올바른 고객이 누구인지 파악하는 것이 시장 성공을 위해 필수적이다. 기업 대 소비자(B2C) 시장에서 타겟 고객은 일반적으로 기업 제공물의 최종 사용자이다. 기업 간(B2B) 시장에서 타겟 고객은 기업의 제공물을 사용하는 또 다른 기업이다. 타겟 고객은 **니즈와 프로파일**이라는 두 가지 요인으로 정의된다.

- **고객의 니즈**는 고객이 직면한 특정한 문제 중 기업이 해결해 주고자 하는 것을 말한다. 니즈는 고객이 기업의 제공물을 통해 얻을 것이라고 기대하는 혜택을 결정한다. 기업이 고객의 가치를 창출하는 능력에 고객 니즈가 결정적인 중요성을 갖지만(고객 니즈가 무엇이냐에 따라 기업이 고객의 가치를 창출할 수 있는 능력이 결정되지만), 고객 니즈는 쉽게 관찰되지 않으며 고객의 인구통계적인 측면과 행동으로부터 추론되는 경우가 많다.
- **고객 프로파일**은 다음과 같은 고객의 관찰 가능한 특성을 나타낸다: 1) **인구통계적 특징**(demo-graphics): 나이, 성별, 소득, 직업, 교육, 종교, 인종, 국적, 고용, 사회적 계층, 가구 규모, 그리고 가족 생활 주기 등, 2) **지리적 특징**(geolocation): 고객의 영구 거주지와 특정 시점의 현재 거주지 등, 3) **심리도식적 특징**(psychographics): 도덕적 가치관, 태도, 관심사, 그리고 라이프 스타일을 포함한 고객의 개성 등, 4) **행동적 특징**(behavior): 쇼핑 습관, 구매 빈도, 구매 수량, 가격 민감도, 판촉 활동에 대한 민감도, 로열티, 그리고 사회적 및 레저 활동 등.

니즈와 프로파일이라는 두 가지 요소는 둘 다 타겟 고객을 정의하는 데 중요하다. 니즈는 기업이 고객을 위해 창출해야 하는 가치가 무엇이어야 하는지 결정해 주며, 고객 프로파일은 이러한 고객에게 제공물을 알리고 전달할 수 있는 효과적이고 비용 효율적인 방법을 결정해 준다.

예를 들어, 스타벅스의 타겟 고객에 대해 생각해보자. 스타벅스는 '집과 직장 사이에서 편안히 쉬고, 사람들을 만나고, 개인의 취향에 맞추어 직접 제조한 커피 음료를 즐길 수 있는 장소'에 대한 고객의 니즈를 충족시켜 준다. 이러한 니즈를 갖고 있는 고객의 프로파일은 다음과 같다: 이들 대부분은 상대적으로 높은 수입이 있고, 전문적인 직장 경력을 갖고 있으며, 그리고 사회적 책임에 대해 인식하는, 25~40세의 성인 도시 사람들이다. 두 번째로 큰 고객 세분시장은 16~24세의 젊은 성인들로, 이들 대부분은 대학생이나 젊은 전문직 종사자들이다. 타겟 고객의 선택은 다음 두 가지 주요 원칙에 따라 결정된다. 기업과 협력자는 경쟁자보다 타겟 고객에게 우수한 가치를 창출할 수 있어야 하며, 이러한 타겟 고객은 기업과 협력자에게 가치를 창출해 주어야 한다. 어떤 타겟 고객을 선택하느냐에 따라 1) 경쟁의 범위, 2) 잠재적 협력자, 3) 고객의 니즈를 충족시키는 데 필요한 기업 자원, 그리고 4) 기업의 시장 가치가 창출되는 컨텍스트 등 시장의 다른 모든 측면들이 결정된다. 타겟 고객의 변화는 일반적으로 1) 경쟁자와 협력자의 변화를 초래하고, 2) 다른 기업 자원을 요구하며, 그리고 3) 다른 컨텍스트에 의해 영향을 받는다. 올바른 타겟 고객을 선택하는 것은 성공적인 비즈니스 모델을 구축하는 열쇠인데, 그것이 전략적으로 매우 중요하기 때문이다.

경쟁자

경쟁자는 기업이 충족시켜 주고자 하는 것과 동일한 고객 니즈를 충족시키는 것을 목표로 하는 실체를 말한다. 기업 제공물의 성공은 더 나은 고객 가치를 창출하는 능력에 달려 있기 때문에, 고객이 구매 선택을 할 때 고려할 '경쟁자의 제공물'을 파악하는 것은 기업이 시장 포지션을 확보하고 지키는 능력에 있어서 필수적이다. 경쟁자가 누구인지, 그리고 경쟁자가 타켓 고객에게 어떤 혜택을 제공하는지 모른다면, 기업은 우수한 가치를 성공적으로 제공할 제공물을 설계하기 어렵다.

경쟁자는 그들이 속해 있는 산업이 아니라 고객의 니즈에 따라 정의된다. 예를 들어, 디지털 카메라 생산업체들은 자기들끼리만 경쟁하는 것이 아니다; 디지털 카메라와 스마트폰 모두 순간을 사진으로 담고 싶어 하는 동일한 고객 니즈를 충족할 수 있기 때문에 그들은 스마트폰 제조업체들과도 경쟁한다. 특정 카테고리에 기반해서가 아니라, 기업이 만족시켜주고자 하는 고객의 니즈에 기반하여 경쟁자를 정의함으로써 기업은 현재와 미래의 경쟁자가 될 가능성이 있는 누군가를 더 잘 이해할 수 있다.

예를 들어, 스타벅스는 던킨, 맥도날드, 코스타 커피, 그리고 피츠 커피를 포함한 드립과 에스프레소를 기반으로 한 커피 음료를 제공하는 다른 체인점의 제공물들과 경쟁한다. 스타벅스는 또한 수제 커피 음료를 제공하는 부티크 커피 매장 제공물들과도 경쟁한다. 또한, 스타벅스는 네스프레소와 큐리그와 같은 제공물들과도 경쟁하는데, 이러한 캡슐 기반 테크놀로지는 소비자들이 집에서 쉽게 드립과 에스프레소 커피 음료를 만들 수 있게 해준다. 마지막으로, 스타벅스는 폴저스, 맥스웰하우스, 그리고 에잇어클락 커피 등을 포함한 전통적인 (인스턴트) 커피 생산자들과도 경쟁한다.

경쟁은 고객이 누구냐에 따라 다르기 때문에, 한 시장에서 경쟁하는 기업들이 다른 시장에서는 협력할 수도 있다. 예를 들어, 애플은 개인용 컴퓨터 및 태블릿 시장에서 마이크로소프트와 경쟁하는 동시에, 워드 프로세싱 및 스프레드시트 프로그램을 포함한 생산성 소프트웨어를 개발하기 위해서는 마이크로소프트와 협력한다. 마찬가지로 삼성은 갤럭시 폰이 아이폰과 직접 경쟁하더라도 많은 아이폰 부품을 생산한다. 더욱이, 경쟁은 특정 고객 니즈를 충족시키는 제공물의 능력에 기초하여 정의되기 때문에, 한 기업의 제품 라인 내에서 서로 다른 제공물들끼리 경쟁할 수도 있다. 예를 들어, 센서 엑셀, 마하3, 그리고 퓨전 같은 질레트의 다른 세대의 면도기들은 남성들이 선호하는 면도기가 되기 위해 서로 경쟁한다.

협력자

협력자는 고객을 위한 가치를 창출하기 위해 기업과 협력하는 실체이다. 협력을 통한 가치 창출은, '기업이 가치를 창출한 후 고객에게 가치를 전달하는' 기존의 비즈니스 패러다임으로부터 '기업과 협력자가 공동으로 가치를 창출하는' 새로운 패러다임으로의 근본적인 전환을 의미한다. 이러한 가치 공동 창출 접근 방식은 타겟 고객을 위해 가치를 설계하고, 알리고, 그리고 전달하는 전체 프로세스에 협력자를 참여시킬 것을 요구한다.

협력자의 선택(협력자로 누구를 선택할 것인가)은 고객의 니즈를 충족하는 데 필요한 자원의 상호 보완성에 따라 달라진다. 협력이란 기업이 갖고 있지 않는 것 중, 타겟 고객의 니즈를 충족하기 위해 필요한 자원을 아웃소싱하는 것을 말한다. 따라서 기업은 부족한 자원을 직접 만들어 내거나 도입하는 위험성 높고 시간이 많이 걸리는 과정을 거치지 않고, 이러한 자원을 가지고 있는 실체와 파트너를 맺음으로써 그러한 자원을 빌릴 수 있고, 그것을 공유함으로써 혜택을 얻을 수 있다.

스타벅스의 협력자 네트워크를 생각해보자. 스타벅스는 고품질의 커피 원두를 공급하기 위해 전세계의 수많은 커피 재배자들과 협력한다. 스타벅스는 또한 생수, 페스츄리, 스낵, 그리고 브랜드 굿즈 같은 다양한 비커피 아이템을 제공하는 공급 업체들과 제휴하고 있다. 게다가, 스타벅스는 커피 원두, 인스턴트 커피, 그리고 스낵 등을 파는 식료품 체인점, 대형 할인점, 창고형 매장, 그리고 편의점 등 다양한 소매점들과 협력한다.

일반적인 협력자 유형에는 공급업체, 제조업체, 유통업체(딜러, 도매업자, 그리고 소매업자), 연구 개발 업체, 서비스 제공자, 외부 영업조직, 광고 대행사, 그리고 마케팅 리서치 회사 등이 포함된다. 예를 들어, 피앤지는 디자인 기업 IDEO와 협력하여 제품 일부를 개발하고, 다이아몬드패키징과 함께 패키징을 제공하며, 그리고 유통을 위해 거대 소매업체인 월마트와 협력하고 있다. 월마트는 피앤지와 협력하여 많은 제품을 조달하고, 소프트웨어 솔루션 공급업체인 오라클과 물류 효율을 증대하고, 그리고 해운 대기업인 몰러-머스크와 협력하여 제품을 운송한다.

기업

기업은 주어진 시장 제공물을 개발하고 관리하는 실체이다. 기업은 실제 판매되는 제공물을 생산하는 제조업체(피앤지), 서비스 제공 업체(아메리칸익스프레스), 브랜드 구축에 연관된 실체(라코스테), 미디어 기업(페이스북), 또는 소매업체(월마트)가 될 수 있다. 기업은 한 가지 역할에 국한되지 않고 여러 가지 기능을 수행할 수 있다. 예를 들어, 소매업체가 자체 생산 시설을 갖추고, 자체 브랜드 구축에 관여하며, 그리고 다양한 부가가치 서비스를 제공할 수도 있다.

기업이 추구하는 **목표**와 이러한 목표를 달성하기 위해 보유하고 있는 **자원**을 이해하는 것은 선택된 시장에서 성공적으로 경쟁할 수 있는 기업의 능력을 결정하는 데 중요하다. 기업이 시장 가치를 창출하고자 하는 동기와 그 능력은 목표와 자원이라는 두 가지 주요 요소로 정의될 수 있다.

- **목표**는 기업이 특정 제공물을 통해 달성하고자 하는 최종적인 결과를 나타낸다. 기업의 목표는 이윤 극대화 같이 금전적인 것일 수도 있으며, 다른 기업 제공물과의 시너지 효과를 만들고 사회 전반으로 가치를 창출하는 것 같이 전략적인 것일 수도 있다.
- **자원**은 기업의 특성을 반영한다. 자원은 기업의 시장 가치와 지속 가능한 경쟁 우위를 좌우하기도 한다. 기업의 자원에는 1) 비즈니스 시설, 공급업자, 직원, 그리고 노하우와 같은 자산과 역량도 있고, 2) 기존 제품, 서비스, 그리고 브랜드도 있으며, 3) 커뮤니케이션과 유통 채널도 있고, 그리고 4) 자본에 대한 접근 용이성도 있다.

예를 들어, 스타벅스의 주요 목표는 주주들을 위해 매출과 수익을 창출하는 것이다. 이 회사의 금전적 목표는 사회에 이익을 주고 사회적 책임을 증진시킨다는 전략적 목표와 함께한다. 스타벅스의 자원은 수많은 소매 매장, 커피 재배자와 유통업체와의 관계, 전문적인 교육을 받은 직원, 지적 재산권, 강력한 브랜드, 로열티 높은 고객 기반, 그리고 자본 시장으로의 접근 용이성 등이라고 정의된다.

다양화된 전략적 역량과 시장 제공물을 보유한 기업의 경우, '기업'이라는 용어는 특정 제공물을 관리하는 조직의 특정 비즈니스(이를 전략적 비즈니스 단위라고도 함)를 의미하기도 한다. 예를 들어, 애플은 아이폰, 아이팟, 아이패드, 애플워치, 아이튠즈, 그리고 애플TV를 포함한 여러 전략적 비즈니스 단위로 구성되어 있다. 같은 맥락에서, 듀폰, 알파벳(구글의 모회사), 그리고 페이스북은 여러 개의 비즈니스를 보유하고 있으며, 이들 각각은 자체 비즈니스 모델을 필요로 하는 별도의 기업으로 볼 수도 있다.

컨텍스트

컨텍스트란 기업이 운영되는 환경을 말한다. 시장 환경의 작은 변화도 기업의 비즈니스 모델에 큰 영향을 미칠 수 있기 때문에 컨텍스트의 이해가 중요하다. 컨텍스트는 다음과 같은 다섯 가지 요소로 정의된다.

- **사회문화적 컨텍스트**는 사회 및 인구통계적 트렌드, 가치 체계(가치관), 종교, 언어, 라이프스타일, 태도, 그리고 신념을 포함한다.
- **기술적 컨텍스트**는 시장 제공물을 설계하고, 생산하고, 알리고, 그리고 제공하기 위한 새로운 테크닉, 스킬, 방법, 그리고 프로세스가 포함한다.
- **규제적 컨텍스트**는 세금; 수입 관세; 금수조치(embargoes); 제품 스펙, 프라이싱, 그리고 커뮤니케이션 규제; 그리고 지적 재산권 법률 등을 포함한다.
- **경제적 컨텍스트**는 전반적인 경제 활동, 통화 공급, 인플레이션, 그리고 금리 같은 요소들을 포함한다.
- **물리적 컨텍스트**는 천연 자원, 기후, 지리적 위치, 지형(topography), 그리고 건강 관련 트렌드(예: 전염병의 창궐)를 포함한다.

예를 들어, 스타벅스의 컨텍스트는 다음과 같은 요인들에 의해 특화된다: 1) 수제 커피 음료의 인기와 사람들이 직접 만나 교류하고자 하는 욕구, 또한 온라인 커뮤니케이션의 인기의 꾸준한 상승; 2) 기업이 고객들을 더 잘 이해하고, 그들의 구매 행동을 잘 추적하고, 그리고 그들과 일대일 기반 하에 커뮤니케이션할 수 있도록 해 주는 테크놀로지 발전, 3) 커피 수입 관세에 영향을 미치는 유리한 무역 계약, 4) 각국 경제의 상태와 커피의 글로벌 가격, 그리고 5) 다양한 시리석 위치를 사로실러 나타나는 기후와 기상의 패턴.

가치 교환 프로세스에서 서로 다른 시장 참여자들을 나타내는 또다른 네 가지 C(고객, 경쟁자, 협력자, 그리고 기업)와는 달리, 컨텍스트는 가치 교환이 이루어지는 환경을 말한다. 결과적으로, 컨텍스트의 변화는 모든 시장 참여자들에게, 그리고 그들이 시장 가치를 창출하고 확보하는 방법에 영향을 미칠 수 있다. 사실, 새로운 테크놀로지의 출현, 새로운 사회 문화적 트렌드의 도래, 그리고 규제 환경의 변화와 같은 컨텍스트의 변화는 새로운 시장과 산업을 탄생시킨 많은 파괴적 혁신(disruptive innovation)의 원동력이 되었다. 기업이 운영되는 컨텍스트를 철저히 파악하지 않는다면, 시간의 시련을 견뎌낼(장기적으로 지속될 수 있는) 실행 가능한 비즈니스 모델을 만들 수 없다.

마케팅 전략: 가치 제안

가치 제안은 시장 참가자들을 위해 제공물이 포함하고자 하는 가치를 말하는데, 이는 혜택과 비용 측면에서 정의된다. 시장 교환에 참여하는 모든 관련 실체(타겟 고객, 협력자, 그리고 기업)를 위한 가치를 창출하는 것이 모든 기업 활동을 가이드하는 전반적인 원칙이다. 다음은 기업 가치 제안의 핵심을 나타내는 시장 가치 원칙이다.

제공물은 기업이 목표를 달성할 수 있는 방식으로, 타겟 고객과 협력자에게 탁월한 가치를 창출해야 한다.

시장 가치 원칙은 기업이 시장 제공물을 개발할 때 **고객 가치**, **협력자 가치**, 그리고 **기업 가치**라는 세 가지 가치 유형을 모두 고려해야 함을 의미한다.

- **고객 가치**는 고객에게 전달되는 제공물의 가치이며, 제공물이 고객의 니즈를 얼마나 잘 충족시켜 주는가에 대한 고객의 평가다. 제공물이 고객들을 위해 창출하는 가치는 1) 이러한 고객들의 니즈, 2) 기업 제공물의 혜택과 비용, 그리고 3) 타겟 고객이 자신의 니즈를 충족시키기 위해 사용할 수 있는 대안적 수단(경쟁자의 제공물)의 혜택과 비용이라는 세 가지 주요 요인에 의해 결정된다.
- **협력자 가치**는 기업의 협력자에게 제공되는 제공물의 가치이며, 이는 협력자를 위해 제공물이 창출하는 혜택과 비용의 합계이다. 협력자 가치는 협력자가 대안적 제공물(경쟁자의 제공물) 보다 목표를 더 잘 달성할 수 있도록 제공물이 도와주는 능력을 말한다.
- **기업 가치**는 기업에게 전달되는 제공물의 값어치(worth)이다; 즉, 제공물과 관련된 모든 혜택과 비용의 합계를 말한다. 제공물의 가치는 기업의 목표가 무엇이냐에 따라 그리고 기업에게 가용한 다른 기회가 존재하는가에 따라 상대적으로 정의된다.

시장 가치 원칙은 타겟 고객, 기업, 그리고 협력자라는 3대 핵심 실체에 대한 가치 창출의 중요성을 강조하기 때문에 3V 원칙이라고도 한다(3V는 세 가지 차원의 value를 의미한다). 시장 가치 원칙이란, 비즈니스 모델의 효과적 실행가능성(viability)이 고객, 협력자, 그리고 기업을 위한 제공물의 가치와 관련된 세 가지 질문에 대한 답변에 따라 정의된다는 것을 의미한다:

● 이 제공물은 타겟 고객에게 어떤 가치를 창출하는가? 타겟 고객이 대안적 옵션 대신 이 제공물을 선택하는 이유는 무엇인가?
● 이 제공물은 기업의 협력자들에게 어떤 가치를 창출하는가? 왜 잠재적인 협력자가 경쟁자 대신 이 기업과 협력해야 하는가?
● 이 제공물은 기업에 어떤 가치를 창출하는가? 기업이 대안적인 제공물보다 이 제공물에 자원을 투자해야 하는 이유는 무엇인가?

시장에서 성공을 거두기 위해서는, 기업이 이해관계자, 고객, 그리고 협력자 사이에서 가치의 균형을 잡아야 하고, 이를 통해 최적 가치 제안(optimal value proposition: OVP)을 만들어야 한다. 여기서 최적 가치라는 용어는 기업이 전략적 목표를 달성할 수 있는 방식으로 타겟 고객과 협력자를 위한 가치를 창출하도록 세 개의 실체 전체에 걸쳐 제공물의 가치가 균형을 이룬다는 것을 의미한다. 고객, 기업, 그리고 협력자의 가치를 최적화하는 것은 시장 가치 원칙에 내재되어 있으며, 이는 시장 성공의 기반이다(그림 2).

그림 2. 3-V 시장 가치 원칙

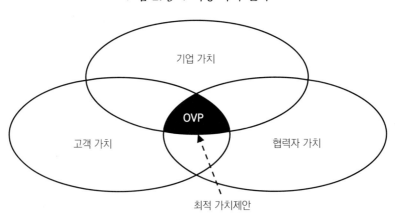

　　　　　　　　　　　　　　　　　　　　2장. 마케팅 플래닝의 프레임워크

시장 가치 원칙을 만족하는 제공물은 최적 가치 제안을 가지고 있다고 말할 수 있다. 세 개의 시장 주체 중 어느 하나에 대해서라도 우월한 가치를 창출하지 못하면 필연적으로 지속 불가능한 비즈니스 모델이 되고 결국 비즈니스 벤처의 실패로 이어진다. 거의 모든 비즈니스 실패의 근본 원인은 타겟 고객, 협력자 그리고/또는 기업에 탁월한 가치를 제공할 능력이 안되는 기업 제공물에서 찾을 수 있다. 실제로, 1) 타겟 고객은 대안적 옵션에 비해 우수한 가치를 제공하지 않는 한 그 제품을 구입하여 사용할 가능성이 낮다; 2) 기업의 협력자는 경쟁 제품보다 더 큰 혜택을 제공하지 않는 한 그 제공물을 도와주지 않는다; 3) 기업의(기업 내부의) 이해관계자들은 제공물이 대안적 옵션보다 그들에게 그들의 전략적 목표를 달성하도록 해 주지 않는 한 그 제공물에 투자하지 않는다. 따라서 가치 교환에 관련된 모든 참가자의 니즈를 충족시킬 수 있는 가치 제안을 개발하는 것이 마케팅 활동의 가장 중요한 원칙이다.

시장 가치의 원리는 스타벅스의 가치 제안을 살펴봄으로써 설명될 수 있다. 스타벅스의 **고객**들은 커피 음료의 다양성이라는 기능적 혜택뿐만 아니라 맞춤화된 음료의 선택을 통해 자신의 개성을 표현하는 심리적 혜택을 통해 가치를 얻으며, 이를 위해 고객은 기업에 금전적 보상을 전달한다. 스타벅스의 **협력자**(커피 재배자)들은 그들이 판매하는 커피 원두에서 나오는 금전적 수입과 그들의 제품 수요를 꾸준하게 유지하는 전략적 혜택을 얻으며, 이를 위해 협력자들은 스타벅스의 품질 기준에 맞는 커피 원두를 재배하는 데 자원을 투자한다. **기업**(스타벅스)은 자사 제품과 서비스를 개발하고 소비자에게 제공하는 데 자원을 투자함으로써, '금전적 혜택'(매출과 수익)을 얻고, 브랜드를 구축하고 시장 영향력을 증대시키는 '전략적 혜택'도 얻는다.

가치 제안은 이 제공물이 세 개의 핵심적인 시장 실체를 위해 창출할 가치에 대한 기업의 **기대**를 반영한다. 가치 제안은 기업이 시장에 내놓을 실제 제공물을 지칭하는 것이 아니다. 오히려 고객, 기업, 그리고 협력자를 위해 제공물이 만들어낼 것이라고 기대되는 가치이다. 이러한 시장 실체들을 위해 가치를 창출하는 제공물을 개발하는 핵심적인 측면은 다음 절에서 논의된다.

마케팅 전술: 시장 제공물

마케팅 전술은, 기업이 특정한 고객 니즈를 충족시키기 위해 전개하는 실제 제품을 설명하는 구체적인 속성을 나타냄으로써, 기업의 제공물을 정의한다. 기업의 전략이 '기업의 타겟 시장'과 '관련된 시장 참가자들에게 기업이 제공하고자 하는 가치'를 결정하는 반면, 전술은 전략 내에서 언급한 가치를 전달해 주는 특정한 제공물을 결정한다.

시장 제공물을 정의하는 일곱 가지 속성

기업의 제공물은 제품, 서비스, 브랜드, 가격, 인센티브, 커뮤니케이션, 그리고 유통이라는 7가지 속성으로 정의된다. 이 7가지 특성은 마케팅 믹스라고도 하며, 제공물 전략을 실행하기 위해 사용되는 특정한 활동들의 조합을 말한다. 이러한 전술들은 제공물을 정의하고 시장 가치를 창출하기 위해 매니저들이 재량껏 사용할 수 있는 도구이다(그림 3, 다음 장)

마케팅 전략을 정의하는 7가지 속성(제품, 서비스, 브랜드, 가격, 인센티브, 커뮤니케이션, 그리고 유통)을 7T(일곱 가지 전술)라고도 하며, 이 결과로서 나오는 프레임워크를 7T 프레임워크라고 한다. 이 일곱가지 속성들은 다음과 같이 정의된다.

● 제공물의 **제품** 측면은 기업이 시장 가치를 창출하는 것을 목표로 하는 제품의 혜택을 나타낸다. 제품은 유형적(예: 식품, 의류, 그리고 자동차)일 수도 있고 무형적(예: 소프트웨어, 음악, 그리고 동영상)일 수도 있다. 제품은 일반적으로 취득한 재화에 대한 영구적 권리를 고객에게 부여한다. 예를 들어, 자동차나 소프트웨어 프로그램을 구입하는 고객은 취득한 제품의 소유권을 갖게 된다.
● 제공물의 **서비스** 측면은 고객에게 이 제품의 영구적 소유권을 부여하지 않은 채 기업이 고객에게 가치를 창출하고자 하는 제품의 혜택을 나타낸다(예: 영화 대여, 가전제품 수리, 병원 진료, 그리고 세금 신고 등). 예를 들어, 영화를 대여(또는 스트리밍)하면 고객은 소유권의 혜택 없이도 제한된 시간 동안 영화를 볼 수 있다. 많은 제공물들이 제품 그리고 서비스 구성 요소 둘 다와 관련된다. 예를 들어, 휴대전화에는 제품 구성 요소인 물리적 장치와 무선 통신망 연결과 기기 수리를 포함하는 서비스 구성 요소가 함께 포함된다.

그림 3. 마케팅 전술: 시장 제공물을 정의하는 7가지 속성

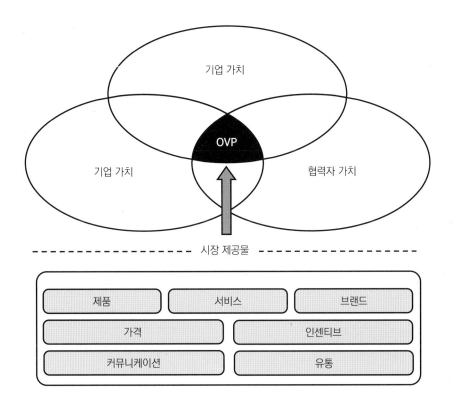

- **브랜드**는 그 브랜드와 관련된 제품 및 서비스의 원천을 고객에게 알리는 것을 목표로 하는 마케팅 도구이다. 브랜드는 1) 그 기업의 제품과 서비스 고유의 정체성을 규정해 주고, 2) 경쟁자의 제품과 차별화하며, 그리고 3) 제공물과 관련된 측면들을 뛰어넘는 고유한 가치를 창출하는 데 도움을 준다. 예를 들어 할리데이비슨이라는 브랜드는 1) 자사의 모터사이클임을 알아볼 수 있게 해 주고, 2) 이 모터사이클을 혼다, 스즈키, 그리고 야마하 등과 구별해 주며, 그리고 3) 자신과 그 브랜드를 동일시하는 고객들로부터 차별적인 감정적 반응을 이끌어낸다.
- **가격**은 기업이 제공물에 의해 전달되는 혜택에 대해 고객과 협력자에게 부과하는 금액을 말한다

- **인센티브**는 비용을 절감하고 혜택을 증대시킴으로써 제공물의 가치를 높이는 도구이다. 일반적인 인센티브에는 대량구매 할인, 가격 인하, 쿠폰, 리베이트(구입한 금액의 일부를 제조업자가 돌려주는 것), 특별 증정품(premiums), 보너스 제공물, 콘테스트, 그리고 리워드 등이 포함된다. 인센티브는 고객에게, 기업의 협력자(예: 채널 파트너)에게, 그리고 기업의 직원에게 제공될 수 있다.
- **커뮤니케이션**은 타겟 고객, 협력자, 기업의 직원, 그리고 이해관계자 등 관련된 시장 실체들에게 제공물의 구체적인 사항을 알려주는 역할을 한다.
- **유통**은 타겟 고객과 기업의 협력자에게 제공물을 전달하는 데 사용되는 채널을 말한다.

예를 들어 스타벅스의 제공물을 정의하는 7가지 속성을 생각해 보자. **제품**은 다양한 커피와 기타 음료들, 그리고 (비음료) 푸드를 말한다. **서비스**는 구매 전, 구매 중, 그리고 구매 후의 공간 및 편의 시설(와이파이, 충전 시설 등) 사용을 포함하여 고객에게 제공되는 지원을 말한다. **브랜드**는 스타벅스의 이름, 로고, 그리고 그것이 고객들의 마음에 불러일으키는 연상들이다. **가격**은 스타벅스가 제공물에 대해 고객들에게 부과하는 금액이다. **인센티브**는 고객에게 추가적인 혜택을 제공하는 프로모션 도구(로열티 프로그램, 쿠폰, 그리고 일시적인 가격 인하 등)이다. **커뮤니케이션**은 광고, 소셜 미디어, 그리고 PR 등 다양한 미디어 채널을 통해 전달되는 정보를 의미하며, 스타벅스의 제공물에 대해 대중에게 알리는 역할을 한다. **유통**은 스타벅스 제공물을 고객들에게 전달시켜주는 '스타벅스 본사 소유 매장들'과 '라이센스 소매 매장들'을 말한다.

가치를 설계하고, 알리고, 그리고 전달하는 프로세스로서의 마케팅 전술

7가지 마케팅 전술은 고객 가치를 설계하고, 알리고, 그리고 전달하는 프로세스로 볼 수 있다. 제품, 서비스, 브랜드, 가격, 그리고 인센티브는 제공물의 핵심 혜택과 비용을 정의함으로써 제공물의 가치를 설계하는(designing) 측면을 나타낸다. 커뮤니케이션이란 제품이 가치를 고객에게 알리는(informing) 프로세스이며, 유통은 제공물의 다양한 측면을 타겟 고객에게 전달하는(delivering) 프로세스이다(그림 4). 고객 가치는 가치 창출 프로세스 내에서 서로 다른 속성들이 고유의 역할을 수행하면서 세 가지 차원을 가로질러(세 가지 차원 모두에서) 창출된다.

그림 4. 고객 가치를 설계하고, 알리고, 전달하는 프로세스로서의 마케팅 전술

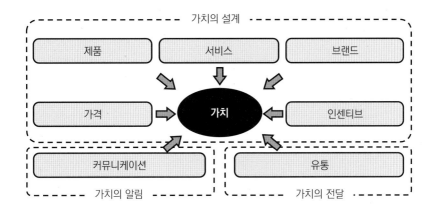

제품, 서비스, 브랜드, 가격, 그리고 인센티브가 핵심 혜택과 비용을 정의하기 때문에, 이들을 제공물의 **핵심 가치 동인**(key value drivers)이라고 한다. 특히, 제품, 서비스, 그리고 브랜드라는 앞의 세 가지 구성 요소는 제공물이 고객에게 제공하는 핵심 혜택을 정의한다. 가격은 제공물과 관련된 주요 비용이며 인센티브는 일반적으로 가격을 변경시켜 제공물의 비용을 절감시켜준다.

커뮤니케이션과 유통은 처음 5가지 속성으로 창출된 혜택이 타겟 고객에게 알려지고 전달되는 채널을 말한다. 따라서, 커뮤니케이션은 고객에게 제품이나 서비스의 기능을 알려주고, 브랜드 이미지를 구축하고, 가격을 공표하고, 구매자에게 판매 촉진에 대해 알려주며, 제공물이 시장에 판매 중임을 안내해 준다. 마찬가지로, 유통은 기업의 제품과 서비스를 전달하고, 고객의 지불액을 기업에게 전달하고, 그리고 고객과 협력자에게 제공물의 프로모션과 관련된 인센티브를 전달한다.

가치를 설계하고, 커뮤니케이션하고, 그리고 전달하는 프로세스는 스타벅스의 사례로 설명할 수 있다. 스타벅스 제공물의 **가치 설계** 측면에는 1) 에스프레소 음료부터 다양한 푸드, 심지어 와인에 이르는 다양한 제품 포트폴리오의 개발, 2) 서비스 경험의 정의, 3) 브랜드의 설계(스타벅스 브랜드가 고객에게 무엇을 의미해야 하는지 정의), 4) 다양한 음료의 가능한 모든 조합과 사이즈, 그리고 5) 세일즈 프로모션으로 무엇을, 언제, 그리고 얼마나 많이 제공할지(예: 1개 가격으로 2개 증정) 등이 포함된다. 스타벅스의 **가치 커뮤니케이션** 측면에는 1) 판매하는 다양한 음료와 푸드에 대해 고객에게 알리고 설명하고, 2) 스타벅스의 서비스 정책을 알리고, 3) 스타벅스 브랜드의 의미를 알리고, 4) 가격을 알리며, 그리고 5) 운영 중인 인센티브를 고객에게 알리는 것이 포함된다. 마지막으로, 스타벅스의 **가치 전달** 측면에는 1) 고객에게 제품과 서비스를 전달하고, 2) 브랜드 관련 정보를 전달하고, 3) 소비자 지불을 취합하고, 그리고 4) 적절한 채널(예: 신문에 끼워 넣는 광고물, 온라인 배너 광고, 그리고 고객 위치 기반 모바일 프로모션)을 사용하여 타겟 고객에게 인센티브를 전달하는 것이 포함된다.

기업의 비즈니스 모델을 설명하는 전략과 전술은 제공물이 타겟 고객, 협력자, 그리고 기업을 위해 가치를 창출하는 방법을 나타내는 가치 맵으로 표현될 수 있다. **시장 가치 맵**은, 기업의 전략과 전술의 핵심 측면을 매니저들이 명확하게 설명할 수 있도록 해 주는 비즈니스 모델을 시각적으로 구조화하여 나타낸 것이다. 가치 맵의 주요 목적은 비즈니스 모델의 핵심적 측면을 시각적으로 표현하고, 기업의 전략과 전술을 제시하는 가이드 역할을 하는 것이다. 시장 가치 맵을 개발하는 프로세스는 부록 A에서 더 자세히 논의된다.

행동 플랜의 수립

시장에서 성공하기 위해서는 기업이 효과적으로 실행가능한 비즈니스 모델뿐만 아니라 이 모델을 현실화할 수 있는 행동 플랜도 있어야 한다. 기업의 행동 플랜은 기업의 궁극적인 목표와 이 목표를 달성하기 위한 방법을 설명한다. 따라서, 행동 플랜은 기업의 비즈니스 모델 내 포함된 전략과 전술을 명확히 하는 것을 넘어, 기업이 이 비즈니스 모델을 실행하고, 설정된 목표를 향한 진척도를 측정하는 방법도 포함한다.

행동 플랜 개발은 **목표** 설정, **전략** 개발, **전술** 설계, **실행** 플랜 정의, 그리고 제안된 행동의 성공을 측정하기 위한 **통제** 측정치(metrics)들을 정해 주는 등 다섯 가지 핵심 활동에 의해 가이드된다. 이 다섯 가지 활동은 마케팅 플래닝 및 분석의 기반이 되는 G-STIC 프레임워크를 구성한다. 다음은 G-STIC 프레임워크의 개별 구성 요소인 목표(goal), 전략(strategy), 전술(tactics), 실행(implementation), 그리고 통제(control)에 대한 설명이다.

- **목표**는 성공의 궁극적인 기준을 정해준다. 그것은 기업이 달성하고자 하는 최종 결과다. 목표는 성공의 핵심적인 측정치를 정의하는 **초점**과, 달성해야 할 정량적 및 시간적 성과를 나타내는 **벤치마크**라는 두 가지 요소로 구성된다. 목표는 다음 세 가지 질문에 대한 답이다. 달성해야 할 것(초점), 달성해야 할 양(정량적 벤치마크), 그리고 달성해야 할 시기(시간적 벤치마크)가 그것이다.
- **전략**은 특정 시장에서 기업에 의해 창출되는 가치를 나타내며, 다음과 같은 두 가지 요인에 의해 정의된다. 먼저, **타겟 시장**은 5가지 요소(5C)를 포함한다. 즉, 1) 기업이 충족시켜주고자 하는 니즈를 갖고 있는 고객, 2) 동일한 타겟 고객의 동일한 니즈를 충족하는 것을 목표로 하는 경쟁자, 3) 고객의 니즈를 충족시키기 위해 기업과 협력하는 협력자, 4) 제공물을 관리하는 기업, 그리고 5) 기업이 운영되는 환경을 나타내는 컨텍스트이다. **가치 제안**은 기업이 타겟 고객, 협력자, 그리고 기업 이해관계자를 위해 창출하고자 하는 가치를 정의한다.
- **전술**은 기업이 특정 시장에서 출시하는 실제 제공물을 정의한다. 전술은 논리적으로 기업의 전략을 따르며, 기업이 이 전략을 실행 가능하게 만드는 방법을 나타낸다. 이 전술은 기업의 시장 제공물을 정의하는 7가지 속성, 즉 제품, 서비스, 브랜드, 가격, 인센티브, 커뮤니케이션, 그리고 유통을 설명한다. 이 7가지 전술은 기업이 선택한 시상에서 가치를 반들어 내기 위해 사봉하는 노구이나.

- **실행**은 기업의 전략과 전술을 현실로 만드는 것을 목표로 하는 활동이라고 정의한다. 즉, 실행은 제공물을 개발하고 타겟 시장에 제공물을 출시하는 일이다. 제공물 개발은 기업의 전략과 전술을 실행하는 데 필요한 자산(자원 및 역량)을 확보하는 것이다. 상업적 전개는 제공물을 시장에 출시하는 데 필요한 단계를 명확히 설명하기 위해 제공물 개발 프로세스를 따른다.

- **통제**는 기업에 1) 현재의 행동 방안을 그대로 진행할지, 2) 현재의 행동 방안을 재평가하고 재조정할지, 또는 3) 현재의 행동 방안을 포기할지 여부를 알려준다. 통제에는 두 가지 요소가 포함된다. 즉, 1) 기업의 목표 달성을 추적하는 성과 평가와, 2) 새롭게 부상하는 기회와 위협을 파악하기 위해 시장의 변화를 파악하는 것을 목표로 하는 컨텍스트 모니터링이다.

행동 플랜의 주요 구성요소와 개별 구성요소의 기초가 되는 주요 의사결정이 그림 5(다음 페이지)에 요약되어 있다.

그림 5. 마케팅 관리를 위한 G-STIC 프레임워크

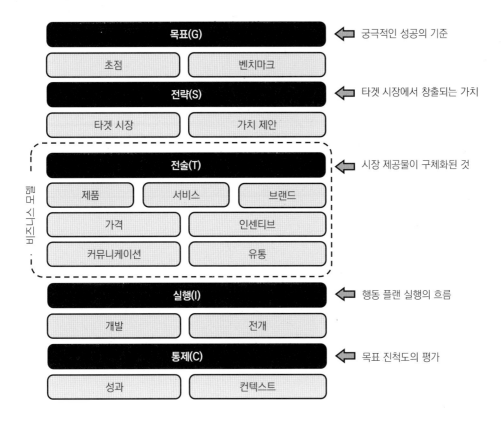

G-STIC 프레임워크는 정해진 목표를 달성하기 위해 설계된 일련의 활동을 설명하기 때문에 기업의 마케팅 플랜의 척추 역할을 하기도 한다. 마케팅 플랜을 개발하는 프로세스, 핵심 원칙, 그리고 핵심 구성요소는 다음 장에서 논의된다.

>>> 제3장 <<<

마케팅 플랜 개발

계획이 없는 목표는 그저 소망일 뿐이다.

앙투안 드 생텍쥐페리
프랑스 작가, 어린왕자의 저자

테크놀로지 혁신의 급속한 성장, 끊임없이 증대되는 글로벌화, 그리고 새로운 비즈니스 모델의 등장은 오늘날의 시장을 매우 역동적이고 예측 불가능하며 상호 의존적으로 만들었다. 기업이 운영되는 환경이 점점 복잡해지고 있기 때문에, 시장 분석, 플래닝, 그리고 관리에 대한 체계적인 접근 방식의 중요성이 강조되고 있다. 이러한 체계적인 접근은 이 장에서 제시된 프레임워크로 표현된다.

개요

마케팅 플랜의 내용은 각각 고유성이 있지만, 대부분의 마케팅 플랜은 공통적인 구조를 가지고 있다. 마케팅 플랜은 경영자 요약으로 시작하고 상황 개요로 이어진다. 그 다음 목표를 설정하고, 가치 창출 전략을 수립하고, 제공물의 전술적 측면을 설명하고, 제공물의 전략을 실행하기 위한 플랜을 명확히 설명하고, 제공물의 목표를 향한 진척도를 모니터링하기 위한 통제의 집합을 정의하고, 그리고 일련의 관련된 도표를 제공함으로써 마무리된다.

마케팅 플랜의 핵심은 G-STIC 프레임워크를 중심으로 구성된 행동 플랜이다. 행동 플랜의 출발점은 기업 목표 개요이다. 목표 개요 다음에는 기업의 전략에 대한 설명이 뒤따른다. 기업의 전략은 타겟 고객, 기업, 그리고 기업의 협력자라는 세 가지 실체를 위한 '타겟 시장'과 '제공물의 가치 제안'을 정의한다. 전략 다음에는 마케팅 전술에 대한 설명이 뒤따른다. 마케팅 전술은 제품, 서비스, 브랜드, 가격, 인센티브, 커뮤니케이션, 그리고 유통으로 이루어 진다. 전술 다음으로는 제안된 전략과 전술을 시장 현실로 바꾸는 프로세스를 설명하는 실행 플랜이 나온다. 마지막으로, 행동 플래닝의 통제 측면은 설정된 목표를 향해 올바른 길로 나아가는 것을 보장하기 위해 기업의 성과를 평가하고 환경을 분석하기 위한 정책을 다룬다.

마케팅 플랜의 구성, 그 플랜의 주요 요소, 그리고 각 개별 요소에 잠재되어 있는 주요 의사결정은 그림 1(다음 페이지)에 설명되어 있으며, 다음 절에서 더 자세히 논의된다.

그림 1. 마케팅 플랜의 구성

경영자 요약

이 기업의 마케팅 플랜의 핵심적인 측면은 무엇인가?

상황 개요

기업	시장
기업의 역사, 문화, 자원, 제공물, 그리고 지속되는 활동은 무엇인가	기업이 그 안에서 경쟁하는 시장의 핵심적인 측면은 무엇인가?

목표

초점	벤치마크
기업이 제공물과 함께 달성하고자 하는 핵심 성과 측정치는 무엇인가?	목표 달성을 위한 기준은 무엇인가? (시간적 및 정량적)

전략

타겟 시장	가치 제안
타겟 고객, 경쟁자, 그리고 협력자는 누구인가? 기업의 자원과 시장의 컨텍스트는 무엇인가?	타겟 고객, 협력자, 그리고 기업의 이해관계자를 위해 제공물은 어떠한 가치를 창출하는가?

전술

시장 제공물
제공물의 제품, 서비스, 브랜드, 가격, 인센티브, 커뮤니케이션, 그리고 유통 측면은 무엇인가?

실행

개발	전개
기업의 제공물은 어떻게 개발되는가?	제공물을 시장에 출시하기 위해 어떤 프로세스가 사용되는가?

통제

성과	환경
기업은 목표 대비 진척도를 어떻게 평가할 것인가?	새로운 기회와 위협을 파악하기 위해 기업은 환경을 어떻게 모니터링할 것인가?

도표

기업의 행동 플랜을 뒷받침하는 세부사항과 증빙 자료에는 무엇이 있는가?

- **경영자 요약**은 마케팅 플랜의 "엘리베이터 피치(짧은 시간에 주요 내용을 짧은 시간에 전달하는 행위)"로서, 기업의 목표와 제안된 행동 방안에 대한 군더더기 없고 간결한 개요이다. 일반적인 경영자 요약은 한 페이지 또는 두 페이지이며 행동 플랜의 구체적인 내용은 다루지 않는다.
- 마케팅 플랜의 **상황 개요** 섹션은 현재 경쟁하고 있거나 향후 경쟁할 시장에 대한 전반적인 평가를 제공한다. 따라서, 상황 개요에는 다음과 같은 두 가지 섹션이 포함된다: 1) 기업의 역사, 문화, 자원(역량과 자산), 그리고 제공물 포트폴리오를 다루는 기업 개요, 그리고 2) 기업이 운영하거나 잠재적으로 타겟팅 할 수 있는 시장을 다루는 시장 개요.
- 마케팅 플랜의 **목표** 섹션은 기업이 달성하고자 하는 원하는 결과를 나타내며, 또한 그 결과에 특화된 구체적, 정량적, 그리고 시간적 벤치마크를 나타낸다.
- 마케팅 플랜의 **전략** 섹션은 기업의 목표 달성을 위한 청사진을 다룬다. 이 섹션에는 다음과 같은 두 가지 핵심 요소가 포함된다: 1) 기업 제공물의 타겟 시장에 대한 설명, 그리고 2) 그 제공물의 가치 제안에 대한 정의.
- 마케팅 플랜의 **전술** 섹션은 원하는 전략이 일련의 구체적인 행동으로 어떻게 변환되는지에 대한 설명이 나와 있다. 이 섹션은 매니저가 시장 제공물과 관련하여 내려야 하는 다음과 같은 7가지 주요 의사결정을 정의한다: 제품, 서비스, 브랜드, 가격, 인센티브, 커뮤니케이션, 그리고 유통.
- 마케팅 플랜의 **실행** 섹션은 기업의 전략과 전술이 궁극적으로 시장에 출시되는 제공물로 전환되는 프로세스를 다룬다. 특히, 이 섹션은 기업의 전략과 전술을 실행하는 핵심적 측면, 즉 1) 인프라 개발, 2) 제공물 개발, 그리고 3) 제공물의 상업적 전개를 다룬다.
- 액션 플랜의 **통제** 섹션은 1) 기업의 성과를 평가하고, 2) 그것이 운영되는 환경을 분석하는, 두 가지 절차를 나타낸다.
- **도표**는 이 플랜의 덜 중요하고 테크니컬한 측면을 표, 차트, 그리고 부록의 형태로 구분하여 마케팅 플랜의 논리를 알기 쉽게 나타내는 데 도움을 준다.

마케팅 플랜의 궁극적인 목표는 기업의 행동을 가이드 하는 것이다. 따라서 마케팅 플랜의 핵심은, 기업의 목표와 제안된 행동 방안을 설명하는 G-STIC 프레임워크의 핵심 요소로 정의된다. 마케팅 플랜의 기타 요소인 경영자 요약, 상황 개요, 그리고 도표는 이 플랜 내에 깔려 있는 논리를 쉽게 이해할 수 있도록 돕고 제안된 행동 방안의 세부사항을 제공하는 것을 목표로 한다. 마케팅 플랜의 주요 요소는 다음 섹션에서 더 자세히 논의된다.

경영자 요약

경영자 요약은 제안된 행동 방안에 대한 간략한 개요이다. 경영자 요약은 목표뿐만 아니라 제안된 행동의 핵심적 측면을 이 플랜을 읽는 사람에게 투명하게 보여주는 방식으로 마케팅 플랜의 요점을 제시한다. 일반적인 경영자 요약은 1) 도입부, 2) 행동 개요, 그리고 3) 결론이라는 세 가지 주요 구성 요소로 구성된다.

- **도입부**는 일반적으로 기업이 해결하고자 하는 유망한 기회, 임박한 위협, 또는 성과 갭에 대해 알려준다. 경영자 요약의 도입부 요소는 제안된 행동 방안과 관련된 정보에 초점을 맞추어야 하고 간결해야 한다.
- 경영자 요약의 **행동 개요** 섹션은 제안된 행동 방안의 가장 중요한 측면들을 다룬다. 경영자 요약은 일반적으로 1) 기업이 달성하고자 하는 목표, 2) 전략의 핵심 구성요소, 그리고 3) 시장 제공물을 정의하는 전술에 대한 간략한 설명을 나타낸다.
- 경영자 요약의 **결론** 섹션은 마케팅 플랜의 핵심 사항을 나타낸다. 결론은 일반적으로 새로운 정보를 소개하지 않는다. 대신, 제안된 행동 방안을 재확인하기 위해 이미 나타낸 정보의 중요한 측면을 강조하여 나타낸다.

의미 있는 경영자 요약을 작성할 때 중요한 점은, 이 문서를 읽는 사람들에게 1) 기회 또는 문제의 중요성 그리고 2) 제안된 행동 방안의 본질이라는 두 가지를 파악할 수 있는 방식으로 정보를 제시하는 것이다. 마케팅 플랜의 복잡성에 따라, 경영자 요약은 반 페이지에서 두 세 페이지 정도의 분량이 될 수 있다.

상황 개요

상황 개요는 기업이 현재 경쟁하고 있으며 미래에 경쟁할 수도 있는 시장의 핵심적 측면을 설명한다. 상황 개요는 제안된 행동 방안의 근거를 이해하는 데 필요한 적합성 높은 배경 정보를 제공함으로써, 마케팅 플랜의 기초를 마련하는 것을 목표로 한다. 상황 개요 섹션은 일반적으로 **기업 개요**와 **시장 개요**의 두 부분으로 구성된다.

기업 개요

기업 개요는 1) 기업의 비전, 2) 전략적 목표, 3) 현재 성과, 4) 핵심 역량, 5) 전략적 자산, 6) 기회, 그리고 7) 위협을 포함하여 기업에 대한 정보를 제공한다. 이러한 개요는 전략적 비즈니스 단위(예: 기업의 사업부) 수준에서 수행될 수도 있고, 전사를 아우르는 보다 일반적인 수준에서 수행할 수도 있다.

- **목표 및 현재 성과.** 이 섹션은 1) 기업의 장기적인 비전 및 전략적 목표, 그리고 2) 이러한 목표를 향한 진척도를 다룬다. 경우에 따라, 주요 성과 갭이 여기 나타나기도 한다.
- **경쟁 분석.** 기업 개요의 중요한 부분은 경쟁 우위 및 열위를 평가하는 것이다. 이러한 분석을 수행하기 위한 일반적인 접근 방식에는 기업의 자원(핵심 역량과 전략적 자산)을 평가하여 기업의 장단점을 파악하는 것이 포함된다.

기업 개요는 그 기업에 대해 그리 익숙하지 않은 사람들에게 1) 기업, 2) 기업의 목표 및 자원, 그리고 3) 핵심 제공물에 대한 필요한 배경 정보를 제공해 줌으로써 제안된 행동 플랜의 효과적 실행가능성을 제대로 평가할 수 있도록 도와준다.

시장 개요

시장 개요는 기업이 운영되는 시장에 대한 평가를 제공한다. 시장 분석을 수행하는 일반적인 접근 방식은 고객, 협력자, 경쟁자, 그리고 컨텍스트의 네 가지 요소를 평가한다.

- **고객**(customers)은 기업과 경쟁자가 제공하는 제공물의 현재 및 잠재적 구매자를 말한다.
- **협력자**(collaborators)는 제공물을 만들고, 혜택을 전달하고, 고객에게 제공물을 전달하기 위해 기업과 협력하거나 잠재적으로 협력할 수 있는 실체이다.
- **경쟁자**(competitors)는 동일한 고객을 만족시키거나 기업이 충족시키고자 하는 것과 동일한 고객 니즈를 충족시키는 것을 목표로 하는 제공물을 갖고 있는 실체이다.
- **컨텍스트**(context)는 기업과 경쟁자들이 운영되는 환경을 정의한다. 이러한 환경은 다음과 같은 다섯 가지 요인으로 정의된다: 1) 경제적(경제 성장, 통화 공급, 인플레이션, 그리고 금리), 2) 기술적(기존 기술의 확산 및 신기술의 개발), 3) 사회문화적(인구통계학적 트렌드, 가치관, 그리고 특정 시장에 특화된 신념과 행동), 4) 규제적(수출 및 수입 관세, 세금, 제품 사양, 프라이싱 및 광고 정책, 그리고 특허 및 등록상표 보호), 그리고 5) 물리적(자연 자원, 기후, 그리고 전염병 창궐 등과 같은 건강 상태).

본 섹션에 쓰이는 "고객", "협력자", 그리고 "경쟁자"라는 용어는 이 마케팅 플랜의 뒤에 나오는 섹션에서 쓰이는 것보다 더 광범위한 의미를 갖는다는 사실에 주의하라. 따라서, 시장 개요 섹션에는 기업의 타겟 고객뿐만 아니라 기업이 공략하지 않기로 한 고객까지 모든 고객이 포함된다. 같은 맥락에서, 시장 개요 섹션에는 '기업의 실제 협력자 및 경쟁자' 뿐만 아니라 '기업이 제휴하지 않기로 선택한 협력자'와 '기업이 타겟팅 하지 않기로 한 고객을 타겟으로 하는 경쟁자'도 포함된다. 기업이 운영되는 시장에 대한 이러한 더욱 포괄적인 설명은 기업의 마케팅 전략을 평가하는 배경 지식을 제공한다.

상황 개요는 종종 SWOT 프레임워크에 의존한다. SWOT 프레임워크는 시장에서 기업의 경쟁적 위치를 정의하는 네 가지 핵심 요소(강점, 약점, 기회, 그리고 위협)에 대해 평가하는 것이다. 여기서 강점과 약점은 기업 내부 요인(예: 핵심 역량과 전략적 자산)의 유리함과 불리함을 나타내며, 기업 개요의 일부이다. 이와는 대조적으로 기회와 위협은 기업 외부 요인의 유리함과 불리함을 나타내며 기업이 운영되는 시장(고객, 협력사, 경쟁사, 그리고 컨텍스트)에 의해 설정한다. 따라서, 기회와 위협의 분석은 상황 개요의 시장 개요 섹션의 일부이다. SWOT 프레임워크는 부록 G에서 더 자세히 논의된다

목표

마케팅 플랜의 핵심은 기업이 달성하고자 하는 목표를 정의하는 것에서부터 시작한다. 이 목표는 모든 기업 활동을 안내하는 등대 역할을 한다. 명확한 목표가 없으면 기업은 의미 있는 행동 방안을 설계할 수 없고, 성공 여부를 제대로 평가할 수 없다. 목표 설정에는 두 가지 의사결정이 수반된다. 즉, 기업 행동의 초점을 알아내고, 달성해야 할 성과 벤치마크를 정의하는 것.

목표 초점 정의

초점은 성공을 위한 핵심 기준이 무엇인지 정해준다. 즉, 초점은 기업 행동의 원하는 결과를 정의하는 지표를 말하는 것이다. 그들의 초점에 따라, 목표는 금전적(monetary)일 수도 있고 전략적일 수도 있다.

- **금전적 목표**에는 순이익, 매출 총 이익률, 주당 순이익, 투자 대비 수익률과 같은 금전적 결과를 말한다. 금전적 목표는 영리 기업이 사용하는 주요 성과 지표이다.
- **전략적 목표**에는 기업에게 전략적으로 중요한 비금전적인 결과를 말한다. 공통적인 전략적 목표에는 판매량 증가, 브랜드 인지도 창출, 사회적 복리 증진, 기업 문화 개선, 그리고 직원 채용과 유지 등이 포함된다. 전략적 목표란 수익을 창출하는 다른 제공물을 지원하는 것을 주요 기능으로 하는 제공물을 위한 핵심 성과 지표가 될 수 있다. 예를 들어, 아마존은 킨들 장비를 만들고 프로모션하고 유통하는 데 있어 수익을 내지 못할 수도(심지어 손해를 볼 수도) 있지만, 이러한 킨들 장비를 소매 비즈니스를 위한 전략적으로 중요한 플랫폼으로 인식한다.

금전적 목표와 전략적 목표는 서로 배타적이지 않다. 기업은 수익을 내지 못하는 제공물로도 어떤 전략적 목표를 달성하는 것을 추구할 수 있으며, 전략적으로 중요한 제공물이 (그 자체로서는 수익성이 낮더라도) 기업의 (전체적인) 수익성에는 기여할 수도 있다. 사실, 장기적인 재무적 플래닝은 금전적 목표 설정과 더불어 항상 전략적 요소가 포함되어야 한다. 같은 맥락에서, 장기적인 전략적 플래닝에는 항상 재무적 요소가 포함되어야 하는데, 재무적 요소는 특정한 전략적 목표를 달성하는 것이 재무적 혜택으로 어떻게 전환되는 지를 설명해 준다.

성과 벤치마크 정의

성과 벤치마크는 목표에 도달하기 위한 정량적 및 시간적 기준을 나타낸다. 따라서 다음과 같은 두 가지 유형의 성과 벤치마크를 통해 기업의 목표를 정의할 수 있다.

● **정량적 벤치마크**는 제시된 목표와 관련하여 기업이 달성해야 할 특정한 목표점(milestone)을 정의한다. 예를 들어 '시장점유율 2% 증가', '유지율 12% 증가', '마케팅 비용 지출 효과성 15% 개선' 등의 목표는 정해진 목표를 정량화하는 벤치마크를 표현해 준다. 정량적 벤치마크는 상대적인 문구(예: 시장 점유율 20% 증가) 또는 절대적인 문구(예: 연간 100만대 판매 달성)으로 표현될 수 있다.
● **시간적 벤치마크**는 특정한 목표점을 달성하기 위해 필요한 시간 프레임을 나타낸다. 이러한 목표를 실행하기 위해 채택된 전략은 종종 시간 수평축에 따라 결정되기 때문에, 목표 달성을 위한 일정을 정하는 것은 중요한 의사결정이다. 바로 다음 분기의 수익 극대화 목표는 장기적인 수익성 극대화 목표와는 다른 전략과 전술이 필요할 것으로 보인다.

전반적으로, 기업의 목표는 1) 달성해야 할 것(목표 초점), 2) 달성해야 할 양(정량적 벤치마크), 그리고 3) 달성해야 할 시기(시간적 벤치마크)의 세 가지 주요 질문에 대응해야 한다. 예를 들어, 기업은 1년 내(시간적 벤치마크)에 5,000만 달러(정량적 벤치마크)의 순이익(목표 초점)을 창출하는 목표를 설정할 수 있다. 이러한 질문에 대한 답변은 기업 목표의 본질을 포착해내며, 기업의 전략과 전술을 안내하는 등대 역할을 한다.

시장 세부목표의 설정

목표(goal)는 어떤 초점을 갖느냐에 따라서 일반성의 수준이 달라질 수 있다. 즉, 어떤 목표들은 다른 목표들보다 더 근본적인 결과를 나타낸다. 따라서 기업의 목표는 기업의 궁극적 목표(ultimate goal)에 의해 주도되어 나아가는 하나의 계층으로 표현될 수 있으며, 이는 시장 세부목표(market objectives) 라고 불리는 보다 구체적인 목표들의 집합에 의해 지원된다.

일반적으로 기업에 초점을 맞춘 결과물이라는 측면에서 정의되는 궁극적 목표와 달리, 시장 세부목표는 기업이 궁극적 목표를 달성할 수 있도록 해 주는 관련된 시장 요인(고객, 기업, 협력자, 경쟁자, 그리고 컨텍스트)과 관련된 구체적인 변화를 설명한다. 다양한 유형의 시장 세부목표는 아래의 그림 2에 표현되어 있다.

그림 2. 시장의 '목표'와 '세부목표'

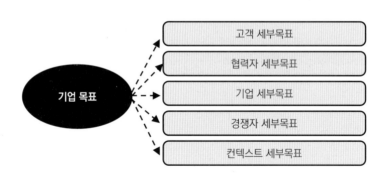

3장. 마케팅 플랜 개발

- **고객 세부목표**는 기업이 궁극적인 목표를 달성할 수 있도록 타겟 고객의 행동을 변화시키는 것을 목표로 한다. 예를 들어, 순매출(net revenue)을 증가시킨다는 기업의 목표는 고객이 제공물을 재구매하는 빈도를 증가시키고, 고객이 경쟁 제품으로부터 전환하도록 설득하거나, 새로운 고객을 이 제품 카테고리로 끌어들이는 보다 구체적인 세부목표와 연관될 수 있다. 고객은 기업의 매출과 수익의 주요 원천이기 때문에 기업의 궁극적 목표는 일반적으로 고객에 초점을 맞춘 세부목표를 포함한다.

- **협력자 세부목표**는 더 강력한 프로모션 지원, 더 나은 프라이싱 조건, 더 훌륭한 시스템 통합, 그리고 확장된 유통 범위 등과 같은 기업의 협력자 행동의 변화를 이끌어내는 것을 추구한다. 이를 설명하기 위해, 순매출을 증대시킨다는 기업의 목표는, 유통 채널에서 제공물을 위한 진열대 공간을 늘린다는 보다 구체적인 협력자 세부목표와 연관될 수 있다.

- **기업(내부) 세부목표**는 1) 제품 및 서비스의 품질 향상, 2) 매출 원가 절감, 3) 기업 마케팅 활동의 효율성 향상, 그리고, 4) 연구개발 비용 효율화 등 기업 자체의 행동 변화를 이끌어내는 것을 추구한다. 예를 들어, 순매출을 증가시킨다는 기업의 목표는 커뮤니케이션의 효과와 그 비용 효율성을 증가시킨다는 보다 구체적인 내부 세부목표와 연관될 수 있다.

- **경쟁자 세부목표**는 기업의 경쟁자들의 행동 변화를 목표로 한다. 그러한 행동에는 1) 진입 장벽을 만들고, 2) 희소 자원에 대한 자체적인 접근 경로를 확보하고, 그리고 3) 가격 전쟁을 회피하는 것 등이 있다. 예를 들어, 순매출을 증가시킨다는 기업의 목표는 이러한 시장에 서비스를 제공하는 소매업체들과 독점 유통 계약을 체결함으로써 경쟁자의 타겟 고객에 대한 접근을 제한하는 것과 연관시킬 수 있다.

- **컨텍스트 세부목표**는 흔히 사용되지는 않으며, 기업이 운영되는 경제적, 기술적, 사회문화적, 규제적, 또는 물리적 컨텍스트에 영향을 미칠 수 있는 자원을 가진 더 큰 규모의 기업들에 의해 일반적으로 실행된다. 예를 들어, 어떤 기업은 정부가 기업에게 세금 혜택과 보조금을 주고, 경쟁자의 제품에 수입 관세를 부과하는 등 기업에 유리하게 영향을 미칠 법안을 채택하도록 정부에 로비를 하기도 한다.

관련된 시장 실체들의 행동 변화가 없다면 기업의 궁극적 목표가 달성될 가능성이 낮아지기 때문에, 시장 세부목표를 정의하는 것은 중요하다. 실제로 다섯 가지의 시장 요인(5C) 중 하나라도 변화가 없다면 목표 달성을 위해 나아가기는 힘들 것이다. 예를 들어, 4분기 말까지 순이익을 1억 달러 증가시킨다는 기업의 궁극적 목표는 여러 가지 세부목표를 수반할 수 있다. 고객에 특화된 세부목표는 4분기 말까지 시장 점유율을 10% 늘리는 것일 수 있다. 협력자에 관련된 세부목표에는 4분기 말까지 유통 매장의 45%를 확보하는 것이 될 수 있다. 그리고 기업의 내부 세부목표는 4분기 말까지 매출원가를 25% 낮추는 것이 될 수 있다.

마케팅 세부목표를 정의하는 것은, 기업이 궁극적 목표를 달성하는 데 가장 도움이 될 수 있는 활동이 무엇인지 결정하기 위해 다양한 대안들의 우선순위를 정하는 것을 포함한다. 세부목표들 중에서 우선 순위를 정하는 것은 중요하다. 왜냐하면 그렇게 함으로써 기업이 궁극적 목표를 향한 기업의 진척을 가속화할 가능성이 가장 높은 활동에 초점을 맞추어 자원을 보다 효율적으로 관리할 수 있기 때문이다.

전략

마케팅 플랜의 전략 섹션에는 기업의 목표 달성을 위한 마스터 플랜이 요약되어 있다. 제공물의 전략을 설명하는 것은 1) 제공물의 타겟 시장을 정의하고 2) 제공물의 가치 제안을 정의하는, 두 가지 핵심 요소가 포함된다. 기업의 행동 플랜의 전략적 측면은 2장에서 자세히 논의 하였다.

1. 타겟 시장

타겟 시장은 기업이 가치를 창출하는 것을 목표로 하는 시장이라고 정의한다. 타겟 시장은 1) 타겟 고객(customers), 2) 제공물을 관리하는 기업(company), 3) 협력자(collaborators), 4) 경쟁자 (competitors), 그리고 이들이 운영되는 5) 컨텍스트(context)라는 다섯 가지 핵심 요소(5C)로 구성된다.

- **타겟 고객.** 마케팅 플랜의 타겟 고객 섹션은 기업이 제공물을 맞추어 줄 구매자가 누구인지 정의한다. 타겟 고객을 파악하는 것은 1) 기업이 충족시켜 주고자 하는 고객의 니즈에 초점을 맞추는 **고객 가치**를 파악하는 것과 2) 기업이 이러한 고객에게 효과적이고 비용 효율적으로 접근할 수 있도록 해 줄 가치 기반 고객 세그먼트의 관찰 가능한 인구 통계 및 행동 특성을 묘사하는 **고객 프로파일**을 파악하는 것을 말한다.
- **기업.** 마케팅 플랜의 기업 섹션은 제공물을 관리하는 실체(기업 전체 또는 기업 내의 전략적 비즈니스 단위)를 정의한다. 기업 개요는 기업의 핵심 역량과 전략적 자산에 대해 다룬다.
- **협력자.** 협력자 섹션은 기업과 협력하여 타겟 고객에게 가치를 설계하고, 전달하고, 그리고 제공하는 실체를 나타낸다. 협력은 제품 디자인, 서비스 개발, 브랜딩, 프라이싱, 인센티브 관리, 커뮤니케이션, 그리고 유통과 같은 영역을 포함할 수 있다.
- **경쟁자.** 경쟁자 섹션은 동일한 고객을 타겟으로 삼으면서, 기업의 제공물과 동일한 고객 니즈를 충족시키는 것을 목표로 하는 현재 및 잠재적 경쟁자(경쟁 제품)를 나타낸다.
- **컨텍스트.** 컨텍스트 섹션은 타겟 시장을 결정해 주는 다음과 같은 관련 측면들을 다룬다: 1) **경제적 환경**(경제 성장, 통화 공급, 인플레이션, 그리고 금리), 2) **기술적 환경**(기존 테크놀로지의 확산 및 새로운 테크놀로지의 전개), 3) **사회문화적 환경**(인구통계학적 트렌드, 가치관, 그리고 각 시장의 신념과 행동), 4) **규제적 환경**(수입/수출 관세, 세금, 세품 스펙, 프라이싱, 광고 정책, 그리고 특허 및 상표 보호), 그리고 5) **물리적 환경**(자연 자원, 기후, 그리고 건강 상태).

실행 가능한 마케팅 플랜을 수립하기 위해서는 타겟 시장을 명확히 파악하는 것이 필수적이다. 기업은 타겟 시장을 명확히 파악함으로써 가치 창출을 목표로 하는 핵심 실체(타겟 고객, 기업, 그리고 협력자)와 가치 창출에 대한 핵심 방해물(경쟁자), 그리고 기업이 운영되는 컨텍스트를 확실하게 이해할 수 있게 된다.

2. 가치 제안

가치 제안은 타겟 고객, 기업, 그리고 협력자를 위해 제공물이 창출하는 가치를 정의한다. 따라서, 가치 제안에는 1) 타겟 고객을 위한 가치를 정의하는 요소, 2) 기업 협력자를 위한 가치를 정의하는 요소, 그리고 3) 기업을 위한 가치를 정의하는 요소 등 세 가지가 있다.

- **고객 가치 제안**은 기업의 제공물이 타겟 고객을 위해 창출하려는 혜택과 관련 비용을 정의한다. 고객 가치 제안은 다음과 같은 질문에 답한다. 우리의 제공물이 경쟁자의 제공물에 비해 타겟 고객에게 어떻게 더 나은 가치를 창출하는가?
- **협력자 가치 제안**은 제공물이 기업 협력자에게 창출하고자 하는 혜택과 관련 비용을 정의한다. 협력자 가치 제안은 다음과 같은 질문에 답한다. 우리의 제공물이 경쟁자의 제공물에 비해 기업의 협력자들에게 어떻게 더 우수한 가치를 창출하는가?
- **기업 가치 제안**은 제공물이 기업을 위해 창출하는 것을 목표로 하는 혜택과 관련 비용을 정의한다. 기업 가치 제안은 다음과 같은 질문에 답한다. 우리의 제공물을 추진하기 위해 기업이 포기해야 하는 다른 옵션들에 비해, 우리의 제공물은 어떻게 기업에 더 나은 가치를 창출하는가?

대부분의 마케팅 플랜에는, 제공물의 가치 제안을 명확히 설명하는 것 외에도 포지셔닝 선언문(제공물 전략의 간결한 요약)이 포함되어 있다. 포지셔닝 선언문을 만드는 핵심 원칙은 부록 B에 나와 있다.

전술

마케팅 플랜의 전술 섹션은 원하는 전략을 특정한 행동 집합으로 변환하기 위해 사용되는 수단들을 다룬다. 마케팅 믹스라고도 하는 제공물의 전술적 측면에는 **제품, 서비스, 브랜드, 가격, 인센티브, 커뮤니케이션, 그리고 유통**이라는 7가지 속성이 포함된다. 기업의 행동 플랜의 전술적 구성요소는 제2장에서 자세히 논의하였다.

- **제품.** 마케팅 플랜의 제품 섹션은 성능, 일관성, 신뢰성, 내구성, 호환성, 사용 편의성, 디자인, 맞춤화의 정도, 형태, 스타일, 그리고 패키징을 포함한 제공물의 핵심 측면을 다룬다.
- **서비스.** 마케팅 플랜의 서비스 섹션에는 제품 지원, 고객 서비스, 그리고 판매상(예: 도매업자, 유통업자, 그리고 소매업자) 지원과 같은 제공물의 서비스 측면이 설명되어 있다.
- **브랜드.** 마케팅 플랜의 브랜드 섹션은 제공물 브랜드의 핵심적인 측면과 그것이 시장 가치를 창출하는 방법을 정의한다.
- **가격.** 마케팅 플랜의 가격 섹션은 타겟 고객 및 협력자에게 제공물을 판매하는 가격을 정의한다.
- **인센티브.** 마케팅 플랜의 인센티브 섹션은, 타겟 고객, 기업의 협력자, 그리고 기업의 직원을 위해 제공물의 가치를 향상시키기 위한 추가적인 혜택(할인, 가격 인하, 쿠폰, 리베이트, 프리미엄, 보너스 제공물, 콘테스트, 그리고 리워드)을 정의한다.
- **커뮤니케이션.** 마케팅 플랜의 커뮤니케이션 섹션은 타겟 고객에게 제공물을 알리는 것을 목표로 하는 활동을 설명한다.
- **유통.** 마케팅 플랜의 유통 섹션은, 제공물이 생산자나 서비스 제공자로부터 고객에게 전달되는 것과 관련되는 채널을 나타낸다.

개별적인 전술적 의사결정의 구체적인 측면은 종종 이 플랜의 마지막 절에 있는 관련 도표에서 더 자세히 기술되어 있으며 독자적인 행동 플랜으로 개발될 수도 있다. 브랜드 관리 플랜과 커뮤니케이션 플랜이라는 두 가지 플랜의 구성 사례는 부록 C와 D에 제시되어 있다.

실행

실행은 기업의 전략과 전술을 직접적으로 따르는 것을 말하며, 실행은 이들(전략과 전술)을 현실로 만드는 구체적인 활동을 정의함으로써 이루어진다. 실행 플랜에는 1) 기업 자원 개발, 2) 제공물 개발, 그리고 3) 제공물의 상업적 전개라는 세 가지 주요 활동이 설명되어 있다.

- **자원 개발**은 기업의 제공물을 실행하는 데 필요한 역량과 자산을 확보하는 것을 목표로 한다. 자원 개발이란 다음과 같은 것들을 포함한다: 1) 생산, 서비스, 그리고 테크놀로지 인프라 같은 비즈니스 시설(facilities)의 개발; 2) 신뢰할 수 있는 공급업체의 가용성 보장; 3) 채용, 트레이닝, 그리고 숙련 직원들의 재훈련; 4) 신규 제공물을 위한 플랫폼(기반) 역할을 할 수 있는 관련 제품, 서비스, 그리고 브랜드 개발; 5) 제공물을 개발하고, 생산하고, 그리고 관리하는 데 필요한 노하우 습득; 6) 제공물을 알리고 전달하기 위한 채널 개발; 그리고, 7) 이러한 자원을 개발하는 데 필요한 자본의 확보.
- **제공물 개발**에는 기업의 전략과 전술을 실제 제품으로 변환하여 기업의 타겟 고객에게 알리고 전달하는 프로세스가 포함된다. 제공물 개발은 기업이 시장에 전개할 제공물을 만들기 위해 정보, 원자재, 노동력, 그리고 돈의 흐름을 관리하는 것을 말한다. 따라서, 제공물 개발은 기업의 제공물을 설계하고, 알리고, 그리고 전달하는 일련의 절차를 말한다.
- **상업적 전개**는 1) 제공물 출시 시기 설정, 2) 출시와 관련된 자원 정의, 그리고 3) 출시의 규모에 대한 의사결정 같은 활동들이 포함된다. 상업적 전개는 선택적으로 이루어질 수 있다. 처음에는 제공물에 대한 시장 반응을 평가하기 위해 특정 시장에만 초점이 맞추어질 수도 있고, 모든 타겟 시장에 걸친 대규모 롤아웃(출시)이 이루어 질 수도 있다. 선택적인(전체 시장을 대상으로 하지 않는) 상업적 전개의 경우, 마케팅 플랜은 제공물이 처음 소개될 주요 시장을 정의하고 제공물 런칭과 관련된 주요 활동을 다룬다. 이 마케팅 플랜은 더 나아가 모든 타겟 고객에게 다가가서 완전한 시장 잠재력을 달성할 수 있도록, 주요 시장 이상으로 제공물을 확장하는 데 관련된 시기와 프로세스를 추가적으로 나타내 준다.

기업의 전략과 전술의 성공적인 구현을 보장하기 위해, 실행 플랜은 각각의 전략적이고 전술적인 의사결정이 그에 대응되는 행동 방안에 의해 도움 받을 수 있도록 보장해야 한다. 아무리 좋은 전략과 전술이라도 효과적이고 비용 효율적인 실행이 뒷받침되지 않는다면 별 의미가 없다.

통제

마케팅 플랜의 통제 섹션은, 기업의 궁극적인 목표를 달성하는 데 도움이 되는 방식으로, 기업의 행동이 전략 및 전술과 일관되도록 보장하기 위한 활동을 다룬다. 통제에는 두 가지 주요 구성 요소가 있다. 기업의 성과를 평가하는 것과 시장 환경을 모니터링하는 것이 그것이다.

- **성과 평가**는 초점과 벤치마크로 정의된 목표를 향한 기업의 진척도를 추적하는 것을 말한다. 기업의 금전적 성과를 평가하는 것은 기대 매출과 실제 매출을 비교함으로써 매출적 측면(top line)을 평가하는 것뿐만 아니라, 수익적 측면(bottom line)을 평가하고 기업 운영의 비효율성을 따져보는 것도 포함된다. 성과는 순이익, 시장점유율, 단위 판매량 등 다양한 지표로 평가될 수 있다. 일반적으로 사용되는 성과 지표에 대한 개요는 부록 F에 나와 있다.
- **환경 모니터링**은 시장 기회와 위협을 파악하는 것을 목적으로 한다. 이는 기업이 유리한 정부 규제, 경쟁의 감소, 또는 소비자 수요 증가와 같은 새로운 기회를 이용할 수 있게 한다. 환경 모니터링은 불리한 정부 규제, 경쟁 증가, 또는 고객 수요 감소와 같은 당면한 위협에 대해 기업에게 경고하기도 한다.

통제의 주요 기능은 1) 현재의 행동 방안을 (그대로) 진행할지, 2) 실행을 재평가하고 기본 전략과 전술을 재조정할지, 아니면 3) 현재의 행동 방안을 포기하고 현재의 시장 현실을 더 잘 반영하는 다른 제공물을 개발할지를 기업에 알려주는 것이다. 통제를 통해, '기업의 목표와 성과 사이의 중대한 불일치' 또는 '운영 환경의 중대한 변화'가 발견된다면, 마케팅 플랜은 그에 맞추어 업데이트 되어야 한다. 마케팅 플랜 업데이트 프로세스는 4장에서 더 자세히 설명된다.

도표

도표는 일반적으로 마케팅 플랜의 맨 뒤에 위치한다. 도표는 마케팅 플랜에 요약된 분석 그리고 그 결과로서 도출되는 행동 방안을 알기 쉽게 나타낸다. 도표는 마케팅 플랜 내에서 그리고 프리젠테이션 형식 내에서 수행하는 기능에 따라 다양한 모습으로 존재한다. 대부분의 도표는 그 기능에 따라 **시장 데이터 도표, 가치 분석 도표, 제공물 도표, 그리고 실행 도표**라는 네 가지 카테고리 중 하나로 분류할 수 있다.

- **시장 데이터 도표**는 다음과 같이 기업 제공물의 잠재적 시장의 핵심 측면에 대한 추가 정보를 제공한다: 1) 타겟 고객(예: 인구통계, 지리적 위치, 그리고 구매력), 2) 기업(예: 조직 구조, 핵심 역량, 그리고 전략적 자산), 3) 협력자(예: 기업 통계, 구매 행동, 그리고 그 기업에 대한 전략적 중요성), 4) 경쟁자(예: 전문성, 경쟁 강도, 그리고 전략적 제휴), 그리고 5) 컨텍스트(예: 핵심적인 규제, 테크놀로지 트렌드, 그리고 관련 사회문화적 요인).
- **가치 분석 도표**는 다음과 같이 가치 교환의 핵심 측면에 대한 정보를 제공한다: 1) 고객 가치(예: 비용 대비 편익 분석), 2) 협력자 가치(예: 비용 대비 편익 분석, 마진 분석), 그리고 3) 기업 가치(예: 손익분기점 분석, 마진 분석, 최선 및 최악의 시나리오 분석)
- **제공물 도표**는 다음과 같은 시장 제공물의 핵심적 측면에 대한 정보를 제공한다: 1) 제품(예: 제품 특징 및 기능), 2) 서비스(예: 서비스 사양), 3) 브랜드(예: 로고 디자인과 브랜드 아이덴티티), 4) 가격(예: 프라이싱 스케줄), 5) 인센티브(예: 할인 스케줄), 6) 커뮤니케이션(예: 타겟 오디언스 및 매체 할당), 그리고 7) 유통(예: 유통 커버리지).
- **실행 도표**는 1) 필요한 자원 개발, 2) 시장 제공물 개발, 그리고 3) 제공물의 상업적 전개 등 기업의 제공물 실행에 관련된 절차에 대한 정보를 제공한다.

도표의 내용, 다양한 도표 포맷, 그리고 의미 있는 도표를 구성하기 위한 핵심 원칙 등을 개발하기 위한 일반적인 가이드라인은 부록 E에 요약되어 있다.

마케팅 플랜 템플릿

아래에 표시된 마케팅 플랜 템플릿은 이 장에 제시된 이론을 기반으로 한다. 이 책의 메인 텍스트는 신규 제공물을 출시하기 위한 마케팅 플랜의 주요 사항을 다루고, 대괄호 안의 텍스트는 기존 제공물을 관리하는 플랜을 개발할 때 포함해야 하는 추가적 정보를 나타낸다. 이 템플릿을 사용한 마케팅 플랜의 자세한 사례는 5장부터 7장 사이에 나와 있다.

1. 경영자 요약

1) 상황, 2) 기업의 목표, 그리고 3) 제안된 행동 방안에 대한 간략한 개요를 제공한다.

2. 상황 개요

기업 운영이 이루어지는 1) 현재/잠재 고객, 2) 협력자, 3) 경쟁자, 그리고 4) 컨텍스트에 대한 개요를 제공하고, 이와 관련된 기회와 위협을 나타낸다. [현재의 목표를 향한 기업의 진척 상황에 대한 개요를 제공한다. 구매자 선호도 변화, 새로운 경쟁자 진입, 그리고 규제적인 환경 변화 등 최근 시장의 변화를 강조하여 나타낸다]

3. 목표

기업의 주요 목표와 시장에 특화된 세부목표를 나타낸다.

- 주요 목표. 초점과 주요 성과 벤치마크를 정의하여 기업의 궁극적 목표를 정한다. [이러한 목표를 향한 기업의 현재 진척 상황을 설명한다]
- 시장 세부목표. 주요 목표 달성을 촉진할 관련 고객, 협력자, 기업, 경쟁자, 그리고 컨텍스트의 목표를 나타낸다. 각 목표에 대한 초점과 주요 벤치마크를 정의한다. [각 세부목표를 향한 기업의 현재 진척 상황을 설명한다]

4. 전략: 타겟 시장

기업이 신규 제공물을 출시할 타겟 시장을 나타낸다. [타겟 시장의 주요 변화를 강조한다]

- 고객. 제공물을 통해 충족되어야 할 니즈를 정의하고 해당 니즈를 가진 고객의 프로파일을 알려준다. [고객 요구사항 및 프로파일의 최근 변화를 나타낸다]
- 협력자. 주요 협력자(공급업체, 채널 멤버, 그리고 커뮤니케이션 파트너)와 전략적 목표를 알려준다. [협력자의 최근 변화를 나타낸다]
- 기업. 제공물을 담당하는 비즈니스 단위, 관련된 인력, 그리고 핵심 이해관계자를 정의한다. 기업의 1) 핵심 역량과 전략적 자산, 2) 현재 제품 라인, 그리고 3) 시장 포지션을 설명한다. [기업의 핵심 역량 및 전략적 자산, 현재 제품 라인, 그리고 시장 포지션 등에 대한 최근의 변경 사항을 나타낸다]
- 경쟁자. 타겟 고객과 협력자에 유사한 혜택을 제공하는 경쟁자들의 제공물을 나타낸다. [경쟁 환경의 최근 변화를 모두 강조한다]
- 컨텍스트. 관련된 1) 경제적, 2) 기술적, 3) 사회문화적, 4) 규제적, 그리고 5) 물리적 컨텍스트를 평가한다. [컨텍스트의 최근 변화를 나타낸다]

5. 전략: 가치 제안

타겟 고객, 협력자, 그리고 기업을 위한 제공물의 가치 제안을 정의한다.

- 고객 가치 제안. 타겟 고객을 위한 1) 제공물의 가치 제안, 2) 포지셔닝 전략, 그리고 3) 포지셔닝 선언문을 정의한다. [고객 가치 제안 내에서 제안된 변화를 강조하여 나타낸다]
- 협력자 가치 제안. 협력자를 위한 1) 제공물의 가치 제안, 2) 포지셔닝 전략, 그리고 3) 포지셔닝 선언문을 정의한다. [협력자 가치 제안 내에서 제안된 변화를 강조하여 나타낸다]
- 기업 가치 제안. 기업 관계자와 직원을 위한 1) 제공물의 가치 제안, 2) 포지셔닝 전략, 그리고 3) 포지셔닝 선언문을 설명한다. [기업 가치 제안 내에서 제안된 변화를 강조하여 나타낸다]

6. 전술

시장 제공물의 주요 속성을 설명한다. [제안된 전술 변화를 강조하여 나타낸다]

- 제품. 관련된 제품 속성을 정의한다. [제안된 제품 변화를 강조하여 나타낸다]
- 서비스. 관련된 서비스 속성을 나타낸다. [제안된 서비스 변화를 강조하여 나타낸다]
- 브랜드. 핵심적인 브랜드 속성을 결정한다. [제안된 브랜드 변화를 강조하여 나타낸다]
- 가격. 고객과 협력자에게 제공되는 제공물의 가격을 나타낸다. [제안된 가격 변화를 강조하여 나타낸다]
- 인센티브. 고객, 협력자, 그리고 기업 직원에게 제공되는 인센티브를 정의한다. [제안된 인센티브 변화를 강조하여 나타낸다]
- 커뮤니케이션. 제공물의 핵심적 측면이 타겟 고객, 협력자, 기업 직원, 그리고 이해관계자 에게 알려지는 방식을 나타낸다. [제안된 커뮤니케이션 변화를 강조하여 나타낸다]
- 유통. 타겟 고객과 협력자에게 제공물이 전달되는 방식을 설명한다. [제안된 유통 변화를 강조하여 나타낸다]

7. 실행

기업 제공물을 실행하는 구체적인 사항을 정의한다. [제안된 실행 변화를 강조하여 나타낸다]

- 자원 개발. 마케팅 플랜을 실행하는 데 필요한 핵심 자원을 나타내고 부족한 자원을 개발 및 취득하기 위한 프로세스를 설명한다. [현재의 자원 개발 접근 방식에서 제안된 변화를 강조하여 나타낸다]
- 제공물 개발. 시장 제공물을 개발하기 위한 프로세스를 설명한다. [제공물을 개발하는 현재 프로세스에 대해 제안된 변화를 강조한다]
- 상업적 전개. 타겟 고객에게 제공물을 전달하기 위한 프로세스를 나타낸다. [현재의 시장 전개 접근 방식에 대해 제안된 변화를 강조하여 나타낸다]

8. 통제

제공물의 성과를 측정하고 기업이 운영되는 환경을 모니터링하는 데 사용되는 측정치를 나타낸다. [통제에 대해 제안된 변화를 강조하여 나타낸다]

- 성과 평가. 설정된 목표를 향한 제공물의 성과 및 진척도를 평가하기 위한 기준을 정의한다. [성과 평가에 사용되는 측정치의 제안된 변화를 강조하여 나타낸다]
- 환경 분석. 기업이 운영되는 환경을 평가하기 위한 측정치를 나타내고, 환경의 변화를 적용시키기 위한 플랜의 수정 프로세스를 설명한다. [환경을 평가하고 행동 플랜을 수정하는 데 사용되는 측정치의 제안된 변화를 강조하여 나타낸다]

9. 도표

마케팅 플랜의 특정한 측면을 지원하기 위한 추가적인 정보(시장 리서치 데이터, 재무적 분석, 제공물의 구체적 사항, 그리고 실행 관련 세부 정보)를 제공한다.

>>> 제4장 <<<

마케팅 플랜 업데이트

플랜은 거의 중요하지 않지만, 플래닝은 필수적이다.

윈스턴 처칠
영국의 정치인

마케팅 플랜은 한 번 개발되면 현실과의 부합성을 유지하기 위해 업데이트 되어야 한다. 마케팅 플래닝의
역동적인 특성은 G-STIC 프레임워크에 깊이 배어 있다. 플래닝 중에서 통제에 해당하는 측면(G-STIC
프레임워크의 "C")은 '활동의 효과성'과 '관련된 시장 변화'에 대한 피드백을 기업에게 제공한다. 마케팅
플랜 업데이트와 마케팅 감사 수행의 핵심적 측면이 이 장의 초점이다.

마케팅 플랜 업데이트

마케팅 관리는 기업이 전략과 전술을 실행하면서 동시에 결과를 모니터링하고 그에 따라 프로세스를 수정하는 순환적인 프로세스이다. 지속적인 모니터링과 조정을 통해, 기업은 설정된 목표를 향한 진척 상황을 평가하고 운영 중인 시장의 변화를 고려할 수 있다. 시장 성공의 열쇠는 효과적으로 실행가능한 마케팅 플랜을 만드는 것뿐만 아니라 이 플랜을 시장의 변화에 적응시킬 수 있는 능력을 키우는 것이다.

마케팅 플랜을 업데이트하는 것은 기업의 현재의 행동 방안을 수정하는 것을 말하며, 다음과 같은 것들을 포함한다: 1) 목표의 재평가 필요성, 2) 기존 전략의 재설계(새로운 타겟 시장 파악, 고객, 협력자, 그리고 기업을 위한 제공물의 전반적인 가치 제안의 수정), 3) 전술의 변화(제품 개선, 서비스 개선, 브랜드 리포지셔닝, 가격 수정, 새로운 인센티브 시작, 커뮤니케이션 효율화, 그리고 신규 유통 채널 도입), 4) 행동 플랜의 효율화, 그리고 5) 대안적 통제 방법의 개발.

마케팅 플랜을 갱신하는 이유는 크게 두 가지이다. 1) 성과 갭을 줄이기 위해, 그리고 2) 타겟 시장의 변화에 대응하기 위해. 이 두 가지 이유에 대해 좀 더 자세히 논의해 보자.

성과 갭 줄이기

성과 갭이란 기업의 목표에 의해 정의된 주요 지표(예: 순이익, 이익률, 판매 매출)에 대해, 기업이 기대했던 성과와 실제 성과 간의 불일치를 말한다. 성과 갭을 해소하기 위해 기업은 주요 원인(즉, 이러한 성과 갭을 발생시키는 주요 요인)을 파악해야 한다. 성과 갭은 일반적으로 세 가지 주요 원인, 즉 1) 타겟 시장에 대한 불완전한 정보, 2) 마케팅 플랜의 논리 결함, 그리고 3) 효과적으로 실행가능한 마케팅 플랜의 부실한 집행을 포함한 실행 오류에서 비롯된다.

- **불완전한 정보.** 마케팅 플랜을 세울 때, 매니저들은 필요한 모든 정보를 손끝에 가지고 있는 (언제나 쉽게 접근하여 사용할 수 있는) 경우는 거의 없다. 전략적으로 중요한 정보(경쟁자에 대한 일상 정보, 최신 테크놀로지의 개발, 그리고 향후 정부 규제)를 쉽게 확보할 수 없는 경우가 상당히 많다. 결과적으로, 매니저들은 어느 정도 가정을 활용함으로써 정보 갭을 메워야 한다. 이러한 가정에 포함된 불확실성을 줄이기 위해 이 플랜을 업데이트하고 기업의 마케팅 플랜의 기반이 되는 정보의 정확성을 높이면, 이 플랜의 효과성을 높일 수 있다.

- **논리 결함.** 성과 갭의 또 하나의 일반적인 원인은 마케팅 플랜 설계의 논리상 결함이다. 예를 들어, 제안된 전략이 설정된 목표와 일치하지 않을 수 있으며, 그렇지 않으면(일치한다면) 성공했을 지도 모를 전략이 원하는 결과를 내지 못할 수 있다. 같은 맥락에서, 제공물의 전술은 1) 제품 속성이 타겟 고객에게 가치를 창출하지 못하거나, 2) 가격이 너무 높거나, 또는 3) 커뮤니케이션 및 유통 채널이 적절하지 않는 등, 의도된 전략과 일관되지 않을 수 있다. 마케팅 플랜에 논리상 결함이 존재한다면, 기업이 시장 가치를 창출하려는 방법들 사이에서 불일치를 없애기 위해, 이 플랜을 수정해야 한다.

- **실행 오류.** 성과 갭은 효과적으로 실행가능한 마케팅 플랜의 부실한 집행과 관련된 실행 오류로 인해 발생할 수 있다. 이러한 유형의 오류는 1) 경영자들이 마케팅 플랜에 의해 규정된 행동을 따르지 않거나, 2) 이전 경험에 기초한 그들의 (잘못된) 직관이 제안된 행동 방안과 모순되거나, 3) 합의된 마케팅 플랜을 체계적으로 이행하기 위한 훈련(기업 문화 속에 채워지는)이 부족하기 때문에 발생한다. 실행 중 발생하는 오류는 제공물 관리 프로세스를 수정하고 관련 인력을 재평가할 필요성을 제기한다.

성과 갭의 원인을 파악하는 것은 필수적이다. 그 원인을 알지 못하면 기업의 행동이 파악된 성과 갭을 줄이지 못할 뿐만 아니라 새로운 성과 갭을 초래할 수도 있기 때문이다. 근본적 원인이 파악되면, 성과 갭을 해소하기 위해 해당 원인을 제거하거나 적어도 그 효과를 약화시키는 행동 방안을 개발해야 한다.

시장 변화에의 대응

시장 변화는 다음과 같은 다섯 가지 변화(5C)와 관련된다: 1) 타겟 고객의 인구 통계, 구매력, 니즈, 그리고 선호도의 변화, 2) 새로운 경쟁자의 진입, 가격 인하, 공격적인 광고 캠페인 시작, 그리고 유통 확대 등 경쟁적 환경의 변화, 3) 유통 채널로부터의 후방 통합 위협, 거래 마진의 증가, 그리고 소매업자 간의 통합과 같은 협력자 환경의 변화, 4) 전략적 자산 및 역량의 손실과 같은 기업의 변화, 그리고 5) 경제 불황, 새로운 테크놀로지의 발전, 그리고 새로운 규제의 도입과 같은 시장 컨텍스트의 변화.

예를 들어, 고객의 니즈와 선호의 변화에 대응하여, 맥도날드를 포함한 많은 패스트푸드 음식점은 더 건강에 좋은 옵션을 포함하도록 그들의 제공물을 재정의했다. 온라인 소매업체들의 새로운 유형의 경쟁에 대응하기 위해 월마트, 메이시스, 반스앤노블, 베스트바이와 같은 기존의 많은 소매업체들은 비즈니스 모델을 재정립하고 멀티 채널 소매업체로 거듭났다. 같은 맥락에서, 많은 생산업체가 협력자(소매업체)의 광범위한 프라이빗 레이블(소매업체 자체 브랜드) 채택에 대응하여 저가형 제공물을 포함하도록 제품 라인을 재정의했다. 특허와 자체적인 테크놀로지 같은 기업 자산의 개발 또는 취득은 사실상 모든 산업에서 기본 비즈니스 모델의 재정의를 요구한다. 마지막으로, 이동통신, 전자상거래, 그리고 언제 어디에서나 사용할 수 있는 소셜 미디어 같은 컨텍스트의 변화로 인해 기존의 가치 창출 프로세스가 붕괴되었고, 결국 기업은 비즈니스 모델을 재정의해야 했다.

기업이 시장 가치를 창출하는 방법은 기업이 운영되는 시장의 변화에 따라 진화해야 한다. 새로운 시장 현실을 반영하기 위해 비즈니스 모델과 마케팅 플랜을 조정하는 데 실패하는 기업들은 소멸되게 마련이고, 그들의 비즈니스는 시장 가치를 창출하기 위해 더 잘 대비된 우수한 비즈니스 모델을 가진 기업들에 의해 포식당하게 된다. 시장 포지션을 유지하고 강화하기 위해, 기업은 주기적으로 마케팅 감사를 수행해야 한다. 마케팅 감사는 그 기업의 비즈니스 모델의 효과적 실행가능성과 뛰어난 시장 가치를 창출하기 위한 능력을 평가한다. 마케팅 감사를 수행함에 있어서의 핵심적 측면은 다음 섹션에서 논의된다.

4장. 마케팅 플랜 업데이트

마케팅 감사의 수행

마케팅 감사는 시장 가치를 창출하는 방식과 이러한 가치 창출 프로세스를 최적화할 수 있는 방법에 초점을 맞추어 기업의 제공물의 상태를 평가한다. 1) 마케팅 감사의 본질, 2) 마케팅 감사의 네 가지 주요 유형, 그리고 3) 마케팅 감사를 수행하는 주요 원칙이 아래에 요약되어 있다.

마케팅 감사의 본질

마케팅 감사란 1) 기회와 문제의 영역 중 간과된 부분을 찾아내고, 2) 제공물의 성과를 강화하기 위한 행동 방안을 제안하기 위해, 그 제공물이 시장 가치를 창출하는 프로세스를 심층적으로 조사하는 것을 말한다. 마케팅 감사의 구성은 여러 면에서 마케팅 플랜의 구성과 유사하다. 핵심적인 차이는, 마케팅 플랜은 시간의 흐름대로 진행되어 기업이 취해야 할 미래의 행동 방안을 그려내지만, 마케팅 감사는 미래를 위한 올바른 과정 상에 있는지 보장하기 위해, 기업의 과거와 현재의 성과를 조사하는 것도 포함한다는 데에 있다.

마케팅 감사의 논리와 다양한 측면은, 기업이 시장 가치를 창출하고 획득하기 위해 사용하는 프로세스를 따른다. 기업은 1) 기업이 추구하는 **목표**, 2) 그 목표를 달성하기 위해 사용된 **전략**, 그리고 3) 이 전략을 실행하기 위해 사용된 **전술**이라는 세 가지를 정의하는 **가치 창출 플랜**을 개발하는 것으로 시작한다. 다음 단계는 가치 창출 플랜의 **실행**으로써, 기업은 이 플랜을 실현시키기 위한 제공물을 출시하는 일련의 활동을 수행한다.

일단 기업 제공물이 시장에 소개되면, 그 제공물들은 고객에게 어느 정도 영향을 미치게 되는데, 이러한 고객들은 그러한 제공물을 인식하는 방법이라고 말할 수 있는 **신념**의 집합을 형성하게 된다. 이러한 경험에 대한 평가는 기능적, 심리적, 그리고 금전적 세 가지 영역에서 제공물의 **고객 가치**를 정의한다. 이러한 세 가지 영역에서 가치를 창출함으로써 브랜드는 **고객 행동**에 영향을 미쳐, 고객이 제공물을 구매하고, 사용하고, 그리고 주변에 추천할 가능성이 높아진다. 이렇게 브랜드로부터 유도되는 고객 행동은 결국 기업 가치를 창출한다.

위에서 설명한 가치 창출 프로세스는 네 가지 유형의 마케팅 감사와 연결된다(그림1): 1) 마케팅 플랜 감사, 2) 제공물 실행 감사, 3) 고객 임팩트 감사, 그리고 4) 기업 가치 감사. 이러한 네 가지 유형의 감사는 독립적으로 수행될 수도 있고, 포괄적인 마케팅 감사의 특정한 측면이 될 수 있다.

그림 1. 전략적 마케팅 감사 프레임워크

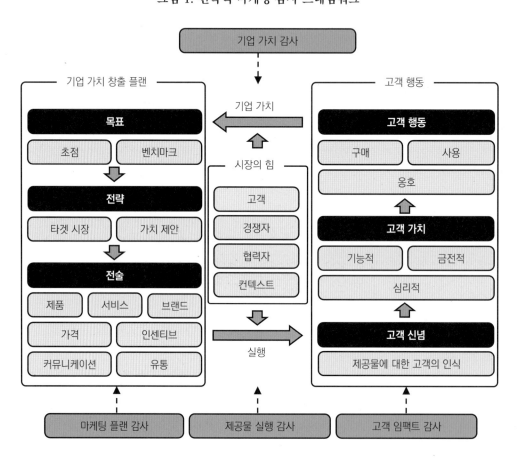

잘 설계된 가치 창출 플랜이 고객 및 기업 가치를 자동으로 창출하는 것은 아니다. 가치 창출 플랜은 다음과 같은 변화와 관련된 다양한 **시장의 힘**에 의해 영향을 받는다: 1) 고객의 니즈와 선호의 변화, 2) 경쟁적인 환경의 변화, 3) 협력자 네트워크의 변화, 그리고 4) 기업이 운영되는 경제적, 기술적, 사회적, 법적, 그리고 물리적 컨텍스트의 변화.

그림 1에 표시된 마케팅 감사 프레임워크는 제공물이 고객에게 미치는 영향과 그것이 기업에 창출하는 가치에 초점을 맞춘다. 또한 보다 포괄적인 감사는 다음과 같은 것들도 포함된다: 1) 기업의 제공물이 협력자, 기업의 직원, 그리고 이해관계자에게 미치는 영향에 대한 조사, 그리고 2) 협력자와 기업이 제공하는 제공물의 영향이 기업의 가치를 창출하는 방법에 대한 평가.

그림 1에 요약된 네 가지 유형의 마케팅 감사와 그 핵심 구성요소에 대해서는 다음 섹션에서 자세히 설명된다.

마케팅 플랜 감사

마케팅 플랜 감사는 1) 기업의 행동 플랜의 타당성, 그리고 2) 시장 가치를 만들고(create) 그것을 획득하는(capture) 기업의 능력을 평가한다. 이는 1) 기업의 전략과 전술에 근본적인 결함이 없도록, 그리고 2) 이 플랜이 적절하게 시행된다면 기업이 목표를 달성할 수 있도록 보장하는 것을 추구한다. 마케팅 플랜 감사에는 **목표 감사**, **전략 감사**, 그리고 **전술 감사**라는 세 가지 주요 구성요소가 포함된다.

● **목표 감사**는 제공물 목표가 명확하게 표현되는지 그리고 그 목표가 기업의 핵심 역량 및 전략 자산과 일치하는지 확인하는 것을 목표로 한다.
● **전략 감사**는 1) 기업 전략의 효과적 실행가능성, 그리고 2) 그 전략이 기업이 제공물에 대해 설정한 목표를 달성할 수 있는 능력을 평가한다. 전략 감사의 초점은 1) '타겟 시장의 선택', 그리고 2) '타겟 고객, 기업, 그리고 그의 협력자를 위해 가치를 창출할 수 있는 제공물의 능력'이다.
● **전술 감사**는 기업의 제공물을 정의하는 속성(제품, 서비스, 브랜드, 가격, 인센티브, 커뮤니케이션, 그리고 유통)을 평가한다. 전술 감사는 다음에 대한 것이다: 1) 전술이 포괄적인 전략과 일관되는지, 그리고 2) 개별 속성들이 서로 잘 정렬되는지.

마케팅 플랜 감사는 때때로 마케팅 플랜의 실행 및 통제 측면에 대한 감사를 포함할 수 있다. 구체적으로, 실행 플랜의 감사에서는 1) 제공물을 실행하기 위해 필요한 자원을 개발하기 위해 제안된 접근 방식의 효과적 실행가능성과, 2) 제공물을 창출하고 시장에 전개하기 위해 기업이 사용하려는 프로세스를 검토한다. 한편, 마케팅 플랜의 통제 측면에 대한 감사는 1) 기업이 목표를 향한 진척 상황을 측정하기 위해 사용하고자 하는 프로세스 및 지표의 효과성, 그리고 2) 성장 기회와 위협을 알아내기 위해 기업이 운영되는 환경을 평가하는 방법이라는 두 가지를 검토한다.

이름에서 알 수 있듯이, 마케팅 플랜 감사는 마케팅 관리 중에서 플래닝과 관련된 구성요소에 초점을 맞추고 있으며, 이러한 맥락에서, 기업이 제공물을 관리하기 위한 '명확하게 표현되고 효과적으로 실행가능한' 행동 플랜을 가지고 있는지 확인하는 것을 목표로 한다. 그런 다음 마케팅 플랜 감사는 1) 이 플랜이 시장에서 실행되었는지 여부, 그리고 2) 어떻게 실행되었는지에 대한 감사가 뒤따른다.

실행 감사

실행 감사는 제공물의 전략과 전술이 실제로 시장에서 실행되는 방식을 평가한다. 특히, 실행 감사는 시장 가치의 1) 설계, 2) 커뮤니케이션, 그리고 3) 전달이 제대로 집행되는지 조사한다.

- **가치 설계 감사**는 제품, 서비스, 브랜드, 가격, 인센티브, 커뮤니케이션, 그리고 유통과 같은 제공물 속성의 실행이 기업의 가치 창출 플랜과 어느 정도 일관성이 있는지 조사한다.
- **가치 커뮤니케이션 감사**는 제공물의 커뮤니케이션에 대한 다양한 측면이 플랜대로 실행되었는지 여부를 조사한다. 가치 커뮤니케이션 감사는 1) 선택된 미디어 채널이 타겟 오디언스에게 얼마나 잘 도달되었는지, 그리고 2) 크리에이티브 수단(메시지 표현, 카피의 배치, 비디오 스크립트 만들기, 그리고 배경 음악 배치)이 얼마나 적절하게 정보를 표현했는지가 포함된다.
- **가치 전달 감사**에서는 기업이 타겟 고객과 협력자에 제공물을 전달하는 방법을 조사한다.

실행 감사의 핵심 기능은 시장 내에서의 실제 제공 활동이 기업의 행동 플랜과 일치하는지 확인하는 것이다. '계획된 행동 방안'과 '실행된 제공물' 간의 일관성이 높을수록 이 제공물이 시장 가치를 창출할 가능성이 높아진다.

고객 임팩트 감사

고객 임팩트 감사는 기업의 행동이 타겟 고객에게 미치는 영향을 평가한다. 기업 자체의 활동에 대한 평가를 수행하는 마케팅 플랜 감사 및 제공물 실행 감사와는 달리, 고객 임팩트 감사는 고객이 기업의 제공물에 대해 어떻게 반응하는지 조사한다. 고객 임팩트 감사에는 1) **고객 신념 감사**, 2) **고객 가치 감사**, 그리고 3) **고객 행동 감사**라는 세 가지 구성요소가 포함된다.

- **고객 신념 감사**는 타겟 고객이 제공물을 어떻게 인식하는지 조사한다. 이러한 맥락에서, 고객 신념 감사는 타겟 고객이 1) 그 제품 및 서비스의 속성, 2) 그 브랜드의 의미, 뿐만 아니라, 3) 제공물의 프라이싱, 4) 인센티브, 그리고 5) 가용성을 포함하여 제공물을 정의하는 핵심 측면을 제대로 이해했는지 확인하는 것을 목표로 한다.
- **고객 가치 감사**는 타겟 고객에 대한 제공물의 개인적 중요성, 특히 고객이 기업 제공물의 가치를 평가하는 방법을 조사한다. 고객 가치 감사는 제공물에 대한 고객의 신념을 조사하는 것을 넘어서, 고객이 제공물의 다양한 속성에 할당하는 가치를 평가한다. 고객 가치 감사는 1) 심리적, 2) 기능적, 그리고 3) 금전적이라는 세 가지 가치 차원에 걸쳐 이루어지며, 이러한 각 측면에서 창출되는 가치가 제공물의 가치 제안과 일치하는지 확인하는 것을 목표로 한다.
- **고객 행동 감사**는 고객의 행동에 영향을 미치는 제공물의 능력을 조사한다. 특히, 고객 행동 감사는 고객이 1) 제공물을 구입하고, 2) 이 제공물을 자주 사용하며, 그리고 3) 다른 사람에게 추천할 가능성을 조사한다.

고객 임팩트 감사의 궁극적인 목표는 기업의 가치 창출 활동에 대한 가이드를 제공하고 고객에게 약속을 이행하는 방식으로 제공물을 설계하고 실행하는 것이다. 고객 임팩트 감사가 끝나면 일반적으로 고객의 행동이 기업의 가치로 얼마나 잘 전환되는가에 대한 감사(기업 가치 감사)가 뒤따른다.

기업 가치 감사

기업 가치 감사는 브랜드가 기업에 가치를 창출하는 방식을 조사한다. 여기서 중요한 이슈는 고객과 협력자를 위한 제공물에서 창출된 가치가 기업의 가치로 전환될 수 있는지의 여부이다. 기업 가치 감사는 1) 금전적 가치 감사와 2) 전략적 가치 감사라는 두 가지 요소를 포함한다.

- **금전적 가치 감사**는 기업을 위한 재무적 혜택을 창출하고 기업의 수익에 기여할 수 있는 제공물의 능력을 조사한다.
- **전략적 가치 감사**는 기업을 위한 비금전적 혜택을 창출하는 제공물의 능력을 조사한다. 이러한 비금전적 혜택은 1) 다른 제공물과의 시너지 효과, 2) 강화된 거래 협력 및 지원, 3) 숙련된 직원 채용 및 유지 능력 향상, 그리고 4) 이해관계자와 일반 대중의 기업 활동에 대한 지원 강화 등을 포함한다.

전략적 가치와 금전적 가치를 구분하는 것은 감사의 '범위'와 '시간 수평축'의 함수일 수 있다는 점에 유의하라. 기업의 포트폴리오 내에 있는 다른 제공물들과 격리된 채 해당 제공물에만 초점을 맞추는 단기 감사는, 기업의 활동과 제공물을 보다 넓은 시야로 채택하는 장기 감사에 비해, 전략적인 혜택이 더 크다고 간주할 가능성이 높다. 이러한 맥락에서, 전략적 혜택의 즉각적인 영향은 비금전적이지만(전략적 혜택이 즉각적인 금전적 수익 증대로 이어지지 않지만), 궁극적으로는(장기적으로는) 많은 전략적 혜택이 기업의 재무적 가치를 창출한다. 따라서, 플래닝의 시간 수평축이 길어질수록 전략적 혜택이 기업의 금전적(재무적) 가치로 바뀔 가능성이 높아진다.

마케팅 감사 수행의 핵심 원칙

마케팅 감사의 세부 사항은 검토 중인 특정 제공물에 의해 결정되지만, 대부분의 마케팅 제공물은 효과성을 좌우하는 여러 가지 공통적인 원칙을 공유한다. 따라서 마케팅 감사의 효과적 실행가능성은 다음과 같은 네 가지 주요 특징에 의해 정의된다. 마케팅 감사는 1) 체계적이어야 하고, 2) 포괄적이어야 하고, 3) 정기적으로 수행되어야 하며, 그리고 4) 편견이 없어야 한다.

- **체계적.** 마케팅 감사는 조직이 운영되는 환경, 마케팅 목표 및 전략, 그리고 특정 활동에 대한 체계적인 조사이다. 이를 위해 마케팅 감사는 G-STIC 접근방식을 따르고 기업의 목표, 전략, 전술, 실행, 통제의 타당성을 분석해야 한다. 따라서, 마케팅 감사는 마케팅 플랜의 설계 및 실행 단계의 각 단계에서 문제와 기회를 파악할 수 있으며, 인식된 문제를 해결하고 파악된 기회를 활용할 수 있는 의미 있는 행동 플랜을 개발하는 기초가 될 수 있다.

- **포괄적.** 마케팅 감사는 프라이싱, 커뮤니케이션, 그리고 유통처럼 마케팅의 특정 분야에 초점을 맞추기 보다는 비즈니스의 모든 마케팅 활동을 포함해야 한다. 기업 제공물의 특정 측면을 조사하는 감사가 유용하기는 하지만, 그것 만으로는 기업 성과를 주도하는 인과 관계를 정확하게 파악해 내지 못할 수도 있다. 예를 들어, 낮은 판매량은 1) 열등한 기업 제품, 2) 부적절한 프라이싱, 그리고 3) 제한적인 유통 등 다양한 요인에서 기인할 수 있다. 포괄적인 감사를 통해 실제 문제의 원인을 찾고 이러한 문제를 해결하기 위한 효과적인 솔루션을 제안할 수 있다.

- **정기적.** 많은 기업들이 자신들의 목표를 달성하지 못하는 등 문제에 직면했을 때에만 마케팅 감사를 시작한다. 이 접근법에는 두 가지 주요 단점이 있다. 첫째, 존재하는 문제에만 초점을 맞추면 잠재적 문제를 조기에 파악할 수 없다. 그 대신, 부정적인 영향이 커져서 눈에 띌 만큼 되었을 때에만 문제가 감지된다. 둘째, 그리고 더 중요한 것은, 문제에만 초점을 맞추면 기업이 미래의 성장 분야로 대폭 확장할 수 있는 유망한 기회를 간과하게 만들 수 있다.

- **편견 없음.** 매니저가 자신의 업무를 평가하는 셀프 감사는 지나치게 주관적일 수 있고 공정한 관찰자라면 명백하게 알 수 있는 문제를 파악해 내지 못할 수 있기 때문에, 마케팅 감사는 외부 실체에 의해 수행될 때 더 효과적인 경향이 있다. 경영자들이 공정해지기 위해 노력할 때 조차도 내부 평가는 경영자들의 관점, 이론, 동기의 영향을 받아서 결국 편향이 생길 수 있다. 이러한 맥락에서, 제3자인 감사 담당자는, 일상적인 판매 업무에 방해받지 않고, 필요한 객관성 뿐만 아니라, 카테고리 간 그리고 산업 간 경험을 이용할 수 있다.

이러한 원칙들을 따르는 것은 중요하다. 왜냐하면 기업의 활동과 시장 영향에 대한 잘못된 감사는 1) 중요한 실행 문제, 효과적으로 실행가능한 시장 기회, 또는 증가하는 경쟁 위협을 알아내는 데 실패할 수 있을 뿐만 아니라, 2) 기업이 목표를 향에 감에 있어서 올바로 가고 있다는 잘못된 확신을 심어줄 수 있기 때문이다.

마케팅 감사 템플릿

마케팅 감사는 기회를 놓친 부분과 문제가 발생한 부분을 알아내기 위해 기업의 마케팅 활동을 심층적으로 조사하는 것이다. 마케팅 감사는 기업의 시장 성과 개선을 위한 행동 플랜을 권고하는 근거로 사용될 수 있다. 마케팅 감사는 일반적으로 1) 마케팅 플랜 감사, 2) 제공물 실행 감사, 3) 고객 임팩트 감사, 그리고 4) 기업 가치 감사 등 4가지 핵심 요소로 구성된다. 마케팅 감사의 이러한 구성 요소는 아래에 요약되어 있다.

1. 마케팅 플랜 감사

목표 감사

- **목표 초점.** 달성하고자 하는 성과 지표가 명확히 정의되어 있는가? 이러한 지표들은 적절한가?
- **성과 벤치마크.** 기업의 목표가 일련의 정량적 및 시간적 벤치마크라는 형태로 정의되어 있는가? 기업의 자원과 시장 상황을 고려할 때 이러한 벤치마크들은 적절한가?

전략 감사: 타겟 시장

- **고객.** 기업의 타겟 고객은 누구인가? 그들은 니즈와 행동 면에서 다양한가? 이러한 고객과 관련된 기회와 위협은 무엇인가? 기업은 이러한 고객들에게 계속해서 서비스를 제공해야 하는가?
- **협력자.** 기업의 협력자는 누구인가? 이러한 협력자들과 관련된 기회와 위협은 무엇인가? 기업은 이러한 실체들과 계속 협력해야 하는가?
- **경쟁자.** 그 기업의 경쟁자는 누구인가? 이러한 경쟁자들이 기업에 미치는 위협은 무엇인가? 기업이 유용하게 활용할 수 있는 경쟁자들로부터의 기회가 있는가?
- **기업.** 기업의 타겟 고객을 위한 우수한 가치를 창출하기 위해 기업이 확보해야 할 자원은 무엇인가? 그 기업은 이러한 자원을 가지고 있는가?
- **컨텍스트.** 기업이 운영되는 환경의 사회문화적, 기술적, 경제적, 규제적, 그리고 물리적 측면은 무엇인가? 이러한 각 컨텍스트와 관련된 기회와 위협은 무엇인가?

전략 감사: 가치 제안

- **고객 가치.** 이 제공물은 타겟 고객에게 어떤 가치를 창출하는가? 이 제공물은 경쟁자 대비 우수한 가치를 창출하는가? 타겟 시장의 변화 가능성이 단기 및 장기적으로 고객 가치에 어떤 영향을 미치는가?
- **협력자 가치.** 제공물이 협력자에게 어떤 가치를 창출하는가? 그 제공물은 경쟁자 대비 우수한 가치를 창출하는가? 타겟 시장의 가능한 변화는 장단기적으로 협력자 가치에 어떤 영향을 미치게 될 것인가?
- **기업 가치.** 제공물은 기업의 이해관계자들에게 어떤 가치를 창출하는가? 그 제공물은 기업이 개발할 수 있는 대안적 제공물보다 우수한 가치를 창출하는가? 타겟 시장의 가능한 변화는 장단기적으로 기업 가치에 어떤 영향을 미치게 될 것인가?

전술 감사

- **제품.** 이 제공물의 주요 특성은 무엇인가? 이 제품이 타겟 고객, 협력자, 그리고 기업을 위해 어떤 가치를 창출하는가? 이 제품은 경쟁력이 있는가?
- **서비스.** 제공물의 핵심적인 서비스 속성은 무엇인가? 서비스가 타겟 고객, 협력자, 그리고 기업을 위해 창출하는 가치는 무엇인가? 이 서비스는 경쟁력이 있는가?
- **브랜드.** 이 제공물의 주요 브랜드 속성은 무엇인가? 이 브랜드가 타겟 고객, 협력자, 그리고 기업을 위해 창출하는 가치는 무엇인가? 이 브랜드는 효과적으로 실행가능한가?
- **가격.** 그 제공물의 가격은 얼마인가? 이 가격이 타겟 고객, 협력자, 그리고 기업에 어떤 가치를 창출하는가? 이 가격이 경쟁력이 있는가?
- **인센티브.** 어떤 인센티브(금전적 및 비금전적)가 이 제공물과 관련이 있는가? 이 인센티브가 타겟 고객, 협력자, 그리고 기업을 위해 어떤 가치를 창출하는가? 이러한 인센티브는 경쟁력이 있는가?
- **커뮤니케이션.** 타겟 고객, 협력자, 그리고 기업 직원/이해관계자는 이 제공물을 어떻게 인지하게 되었는가? 커뮤니케이션 메시지, 미디어, 그리고 크리에이티브 실행 내용은 무엇인가? 기업의 목표, 전략, 전술 등을 고려할 때 그들(커뮤니케이션 메시지, 미디어, 그리고 크리에이티브 실행)은 적절한가?
- **유통.** 타겟 고객과 협력자는 어떻게 제공물을 얻을 수 있는가? 이 기업은 고객 및 협력자에 제공물을 제공하기 위해 어떠한 유통을 사용하고 있는가? 주어진 기업의 목표, 전략, 그리고 전술 하에서, 이러한 유통 채널이 적절한가?

4장. 마케팅 플랜 업데이트

제공물 실행 감사

- **제공물 설계.** 가치를 이끌어 내는 제공물의 핵심적인 측면들(제품, 서비스, 브랜드, 그리고 인센티브)이 이 기업에 의해 어떻게 실행되고 있는가? 이 실행이 마케팅 플랜과 일관성이 있는가?
- **제공물 커뮤니케이션.** 관련된 시장 실체(타겟 고객, 협력자, 그리고 기업 직원 및 이해관계자)에게 제공물이 어떻게 알려지게 되는가? 이러한 커뮤니케이션은 마케팅 플랜과 일관성이 있는가?
- **제공물 유통.** 연관된 시장 실체에게 제공물이 어떻게 전달되는가? 이러한 유통이 마케팅 플랜과 일관성이 있는가?

고객 임팩트 감사

- **고객의 신념.** 고객들은 제공물과 그 속성에 대해 알고 있는가? 고객들은 제공물의 잠재적 편익과 비용을 이해하고 있는가?
- **고객 가치.** 이 제공물이 타겟 고객에게 가치를 창출하는가? 고객은 제공물에 의해 창출되는 기능적, 심리적, 그리고 금전적 편익을 높이 평가하는가?
- **고객 행동.** 고객은 제공물에 대응하여 어떤 행동을 하는가? 고객이 기업의 기대와 일치하는 방식으로 제공물을 구매하고, 사용하고, 그리고 추천하고 있는가?

기업 가치 감사

- **금전적 가치.** 이 제공물이 이 기업을 위해 어떤 금전적 가치를 만들어 내는가? 이 가치는 이 제공물 플랜과 일관성이 있는가?
- **전략적 가치.** 이 제공물은 기업에 어떤 전략적 가치를 창출하는가? 이 가치는 이 제공물 플랜과 일관성이 있는가?

제2부

샘플 마케팅 플랜

들어가며

이 섹션에서는 마케팅 플랜 작성 프로세스를 설명하기 위해 양식에 맞게 만들어진 세 가지 사례를 제시한다. 5장부터 7장까지 제시된 마케팅 플랜은 이 책의 앞부분에 설명된 구조를 따른다. 이들은 경영자 요약으로 시작하고, 상황 개요와 행동 플랜으로 이어지며, 관련 도표 세트로 마무리된다.

마케팅 플랜의 핵심은 G-STIC 프레임워크를 따르는 행동 플랜이다. 여기에는 1) 기업의 초점과 달성해야 할 성과 벤치마크를 나타내는 목표에 대한 설명, 2) 타겟 시장(고객, 기업, 협력자, 경쟁자, 그리고 이들이 그 안에서 운영되는 컨텍스트 등)을 규명하는 제공물의 전략과 타겟 고객, 기업, 그리고 협력자를 위한 제공물의 가치 제안에 대한 설명, 3) 마케팅 전술(제품, 서비스, 브랜드, 가격, 인센티브, 커뮤니케이션, 그리고 유통)에 대한 설명, 4) 기업이 제품을 개발하고 시장에 전개하는 프로세스를 나타내는 실행 플랜에 대한 설명, 그리고 5) 기업의 성과를 평가하고 외부 환경을 분석하기 위한 측정치를 제공하는 통제라는 측정에 대한 설명이 포함된다.

여기에 제시된 마케팅 플랜에는 두 개의 기업이 포함된다. 얼라인 테크놀로지와 디월트 인더스트리얼 툴 컴퍼니(블랙앤데커의 사업부)

- **5장**에서는 신규 제공물을 출시하기 위한 마케팅 플랜을 제시한다. 얼라인 테크놀로지는 치아 오정렬(부정교합)을 치료하는 자체적인 방법을 갖고 있는 스타트업이다.
- **6장**에서는 기존 제공물을 관리하기 위한 마케팅 플랜을 제시한다. 이 플랜은 신규 제공물을 개발하기 위한 마케팅 플랜과 기존 제품을 관리하기 위한 마케팅 플랜을 비교하기 위해 5장에 나와 있는 얼라인 테크놀로지 사례를 기반으로 한다.
- **7장**에서는 기업이 기존 제공물을 리포지셔닝(현재 제공물을 중단하고 신규 제공물을 출시)하여 전략을 크게 변경하기로 의사결정 할 때 기존 제공물을 관리하기 위한 마케팅 플랜을 제시한다. 이 마케팅 플랜에는 세계에서 가장 큰 전동 공구 생산업체 중 하나인 블랙앤데커와 새로운 기업 디월트 인더스트리얼 툴 컴퍼니를 설립하기로 한 의사결정이 포함된다.

마케팅 플랜의 주요 목표는 마케팅 플랜의 구성을 강조하여 나타내는 것이기 때문에, 여기에 제시된 사례는 그리 포괄적이지 않으며 제공물의 모든 측면을 자세히 다루지는 않는다. 그보다는, 마케팅 플랜의 전반적인 구조를 설명하고 핵심 구성 요소를 강조하는 것을 목표로 한다.

> > > 5장 < < <

샘플 마케팅 플랜:
얼라인 테크놀로지(A)

이 장에 요약된 샘플 마케팅 플랜은 치아 오정렬(부정교합)을 치료하는 자체적인 방법을 보유한 스타트업인 얼라인 테크놀로지사의 사례를 기반으로 한다. 이 기업은 치아 교정 치료 후 흔히 처방되는 치과용 리테이너를 치아 움직임 방지 뿐만 아니라 치아 교정에도 활용할 수 있다는 단순한 관찰로부터 탄생하였다. 이러한 관찰을 통해 맞춤 설계된 일련의 교정기(얼라이너)가 오정렬된 치아를 가지런히 만드는 데 사용될 수 있다는 아이디어를 얻었다.

치아 교정이나 치과 분야에 전문적인 경험이 없는 두 명의 MBA 학생들에 의해 1997년에 설립된 이 기업은 2001년 1월에 상장되기 전 1억 4천만 달러 이상의 민간 자본을 유치했다. 첫 번째 자금 조달은 캘리포니아에 기반을 둔 벤처 캐피털 기업인 클라이너퍼킨스가 주도했는데, 이 기업은 아마존 닷컴, 컴팩, 구글, 넷스케이프, 그리고 썬마이크로시스템즈를 포함한 300개 이상의 테크놀로지 스타트업에 대한 초기 투자자이다.

얼라인 테크놀로지의 마케팅 플랜은 기업, 고객, 그리고 협력자라는 세 가지 핵심 플레이어 각각에 대한 가치를 이해하고 관리하는 것의 중요성을 보여준다. 또한 이 마케팅 플랜에서는 B2B 및 B2C 구성원 모두를 결합한 비즈니스 모델을 보여 준다. 이 마케팅 플랜이 특히 적절하다고 평가될 수 있는 또 다른 요인은, 이 플랜이 모든 주요 마케팅 믹스 변수(제품, 서비스, 브랜드, 가격, 인센티브, 커뮤니케이션, 그리고 유통)에 대한 의사결정을 설명할 뿐만 아니라 이들 사이의 관계 또한 강조해 준다는 것이다. 마지막으로, 얼라인의 마케팅 플랜은 완전히 새로운 제공물의 출시에 대해 잘 설명해 주고 있다.

얼라인 테크놀로지의 제공물 출시를 위한 마케팅 플랜은 다음 섹션에서 설명한다. 이 마케팅 플랜의 다양한 요소들 간의 관계를 더 잘 설명하기 위해, 각 섹션의 목적과 마케팅 플랜의 여러 섹션 간의 연결이 (우측) 사이드바에 강조 표시되어 있다.

마케팅 플랜:
얼라인 테크놀로지

1. 경영자 요약

얼라인 테크놀로지는 부정교합 즉 치아 오정렬을 치료하기 위한 자체적인 새로운 방법인 인비절라인 시스템을 설계하고, 생산하고, 마케팅하는 기업이다. 인비절라인 시스템은 치아를 원하는 최종 위치로 자연스럽게 이동시켜 주는 일련의 투명하고 탈착 가능한 기구를 사용하여 부정교합을 교정한다.

우리의 타겟 고객은 경증의 부정교합을 겪는 성숙한(성장기를 지난) 치열을 가진 성인과 청소년이다. 이 타겟 그룹은 약 6,500만 명의 잠재 고객으로 구성되어 있다. 고객들에게, 인비절라인 시스템은 기존 교정기보다 뛰어난 미관, 향상된 치아 건강, 그리고 전반적인 편리성을 제공한다. 교정전문의의 입장에서 볼 때, 인비절라인 시스템은 기존 교정기에 비해 더 많은 환자를 받을 수 있고, 마진이 높으며, 대면 진료 시간이 단축된다. 인비절라인 시스템은 독특한 혜택을 제공하므로 교정전문의와 소비자 모두에게 좋은 평가를 받을 것이며 부정교합 치료를 위한 좋은 방법으로 빠르게 채택될 것이다.

섹션 1 경영진을 위한 요약에서는 제공물의 핵심 측면에 대한 간략한 개요를 제공한다.

우리의 주요 목표는 부정교합 치료를 위한 표준 방법으로 인비절라인 시스템을 정착시켜 이해관계자들을 위한 가치를 창출하는 것이다. 우리는 인비절라인 시스템 출시 후 3년 이내에 순이익을 낼 계획을 갖고 있다.

이 플랜은 1999년 1월부터 2000년 12월까지의 기간 동안 우리의 주요 마케팅 활동을 나타낸다. 이 플랜이 성공적으로 실행되면, 우리는 2001년 초에 기업을 공개(상장)할 것이다.

2. 상황 개요

부정교합은 미국에서 가장 흔한 임상 질환 중 하나로, 2억 명 이상, 즉 인구의 약 75%에 영향을 미친다. 그 중 약 200만 명이 매년 치아 교정을 선택한다. 기존 치아교정 치료와 관련된 외관상 문제, 불편함, 기타 단점 때문에 상대적으로 적은 비율의 부정교합 환자만이 치료를 받는다.

부정교합 치료를 선택한 사람들은 두 가지 유형의 의사와 상담하게 된다. (1) 일반적으로 문제를 진단하고 전문의에게 의뢰하는 일반 치과 의사; (2) 부정교합 치료를 전문으로 하는 교정전문의.

- 일반 치과의사는 치아교정을 포함한 모든 구강 건강 치료를 수행할 수 있는 자격을 갖고 있다. 그러나 많은 일반 치과의사들은 치아교정 치료의 복잡성과 의료과실 책임의 위험성 때문에 치아교정 치료를 하지 않는다. 미국에는 100,000명 이상의 일반 치과 의사들이 있다.
- 교정전문의들은 부정교합을 전문적으로 치료한다. 공인된 자격을 얻은 교정전문의만이 스스로를 교정전문의라고 말할 수 있다. 교정전문의 자격은 일반적으로 치과대학 졸업 후 2년간의 레지던트를 거쳐야 받을 수 있다. 미국에는 약 8,500명의 교정전문의가 있다.

섹션 2는 얼라인 테크놀로지가 운영되는 시장에 대한 배경 정보를 제공한다. 섹션 2에서 제공하는 상황 개요는 섹션 4.1에서 제공하는 타겟 시장에 대한 설명보다 범위가 더 넓다. 전체 시장(기업이 목표로 하지 않는 시장을 포함)에 대한 개요를 포함하기 때문이다.

교정 서비스 제공자들은 20세기 초에 개발된 전통적인 치료 기법과 원칙을 적용한다. 미국에서 교정전문의들은 주로 금속으로 된 아치와이어(교정용 철사)와 브라켓(치아에 붙여서 아치와이어를 고정하는 틀)으로 부정교합을 치료하는데, 이를 일반적으로 교정기(브레이스)라고 부른다. 치료 상의 미적인 면을 향상시키기 위해 치과 교정사들은 때때로 세라믹, 치아와 동일한 색의 브라켓, 또는 환자의 치아의 안쪽 즉 잇몸 뒷면(설측면)에 접착 시키는 브라켓을 사용한다.

평균적인 치료는 완치까지 약 2년이 소요되며, 그 시간 중에는 총 몇 시간에 걸친 교정전문의와의 직접 진료 즉 대면 진료 시간이 포함된다. 치료를 시작하기 위해 교정전문의는 환자의 상태를 진단하고 적절한 치료 계획을 수립한다. 후속 방문 시, 교정전문의는 환자의 치아에 접착제로 브라켓을 접착하고 브라켓에 아치와이어를 부착한다. 그 후 약 6주마다 교정기를 조이거나 조정함으로써 교정전문의는 환자의 치아에 충분한 힘을 가하여 원하는 만큼 치아를 이동시킨다. 방문 사이의 시간이 길기 때문에 교정전문의는 그 시간 동안 치아가 제대로 이동할 수 있을 정도로 충분히 교정기를 조여야 한다. 마지막 방문에서 교정전문의는 환자의 치아에서 각 브라켓과 남아 있는 접착제를 제거한다.

교정기는 일반적으로 다양한 부정교합을 교정하는데 효과적이지만 다음과 같은 많은 단점이 있다.

- **비호감적인 외모.** 교정기는 남들이 보기에 매력적이지 않고 종종 음식이 껴서 외모를 더욱 손상시킨다. 교정기는 또한 영구적으로 자국이 남거나 치아 변색을 초래할 수 있다. 게다가, 많은 성인들은 교정기를 청소년들이나 하는 것이라고 생각한다.
- **구강 불편.** 교정기는 날카롭고 부피가 크다. 따라서 구강 안쪽 표면을 긁히게 하고 자극할 수 있다. 치료 중 교정기를 조이면 치근과 잇몸이 아프고 불편애 진다.

부정교합을 치료하기 위한 전통적인 방법의 단점은 나중에 타겟 고객과 협력자(교정전문의)를 위한 인비절라인의 가치 제안을 개발하는 데 사용된다.

- **구강 위생 상태 악화.** 교정기는 칫솔질과 치실 사용을 더 어렵게 하여 구강 위생을 해친다.
- **치근 흡수.** 기존의 치료와 관련된 높은 수준의 지속적인 힘은 치근(치아 뿌리)이 줄어드는 현상인 치근 흡수를 초래할 수 있다. 이러한 축소는 환자의 치주에 상당히 나쁜 영향을 미칠 수 있다.
- **응급 상황.** 때때로 교정기는 응급 상황 발생 시 수리하거나 교체해야 한다. 이러한 응급 상황은 환자와 교정전문의 모두에게 상당한 불편을 초래한다.
- **치료 기간을 예측할 수 없음.** 치료 과정에서 치아의 움직임을 모델링 할 수 있는 수단이 없기 때문에 교정전문의가 치료 기간이 얼마나 걸릴 지 추정할 수 있는 능력이 제한된다. 대부분의 교정치료는 정해진 진료비 하에서 진행되기 때문에 치료기간이 길어지면 교정치료의 수익성이 떨어진다.
- **교정전문의에게 신체적인 조건이 요구됨.** 와이어와 브라켓을 조작하려면 교정전문의의 안정된 손기술과 좋은 시력이 필요하다.

교정 치료비는 일반적으로 3,000달러에서 5,000달러 사이이다. 교정전문의들은 또한 일반적으로 미적으로 더 매력적으로 보이는 안쪽 잇몸용 대체품 또는 세라믹 대체품에 대해 추가 진료비를 부과한다. 치료비는 각각의 케이스의 난이도와 교정전문의의 대면 진료 시간의 추정치를 토대로 책정되며 일반적으로 사전에 협의된다. 교정전문의의 대면 진료 시간의 추정치를 초과하는 치료는 일반적으로 추가 비용 없이 교정전문의에 의해 수행된다. 대부분의 보험은 성인을 위한 치아교정 치료는 적용되지 않으며 어린이와 청소년을 위한 제한적인 보장만을 제공한다.

3. 목표

우리의 주요 목표는 부정교합 치료를 위한 표준적인 방법으로 인비절라인 시스템을 정착시켜 주주들에게 가치를 창출하는 것이다. 우리는 인비절라인 출시 후 3년 이내에 순이익을 실현하는 계획을 갖고 있다.

주요 목표를 달성하기 위해 다음과 같은 세부목표를 설정했다.

- **고객 세부목표**. 우리의 주요 고객 목표는 타겟 고객의 20%에 대해 인비절라인 시스템의 혜택에 대한 인지도를 창출하고, 고객의 관심을 자극하고, 인비절라인 시스템을 사용하여 치료받도록 유도하는 것이다. 우리의 목표는 2001년 말까지 50,000명의 환자가 인비절라인 시스템으로 치료를 시작하도록 하는 것이다.
- **협력자 세부목표**. 우리는 교정전문의들에게 인비절라인 시스템의 혜택에 대한 인지도를 높이고, 이 시스템을 사용하도록 그들을 트레이닝 시키며, 부정교합을 치료하는 표준적인 방법으로 환자들에게 프로모션 하도록 그들에게 동기를 부여하는 것을 목표로 한다. 우리의 목표는 교정전문의의 90%가 우리 제품을 인지하도록 하고 2001년 말까지 2,000명이 인비절라인 시스템을 사용하도록 교육하는 것이다.
- **내부적 세부목표**. 우리는 공급망 관리 프로세스의 기반이 되는 자체적인 테크놀로지를 지속적으로 개선하여 제품 품질을 향상시키고, 생산 능력을 증가시키며, 단위 비용과 생산 시간을 모두 줄이기 위해 노력한다.
- **경쟁 관련 세부목표**. 우리의 주요 경쟁 관련 목표는 경쟁자에 대한 진입 장벽을 만드는 것이다. 우리는 특허 출원 및 비밀유지 계약을 통해 추가적인 지적 재산권 보호를 추구할 것이다. 우리는 또한 영업 비밀 및 저작권법에 따라 우리의 자체적인 테크놀로지를 보호하고자 한다.

섹션 3은 기업의 주요 목표와 고객, 협력자, 기업, 그리고 경쟁자에 초점을 맞춘 일련의 목표에 대해 다룬다.

4. 전략

4.1 타겟 시장

고객

부정교합을 겪고 있는 개인의 치아 발달 정도에 따라 1) 치아/턱이 아직 발달 중인 아동 및 청소년과 2) 치아/턱이 성숙한(성장기를 지난) 청소년 및 성인이라는 두 그룹으로 나눌 수 있다.

우리의 타겟 고객은 성장이 끝난 치열을 가진 성인 및 청소년 중에서 부정교합을 겪고 있으며 인비절라인 시스템을 이용한 치료에 적합한 사람들이다. 이 그룹은 약 6,500만 명의 잠재 고객을 포함한다. 우리는 FDA로부터 모든 형태의 부정교합 환자를 치료하기 위해 인비절라인 시스템을 시판할 수 있는 허가를 받았지만, 우리는 자발적으로 인비절라인 시스템의 사용을 치료에 적합한 성인 및 청소년으로 제한한다. 따라서, 우리는 아직 치아와 턱이 발달하고 있는 아이들을 치료하지 않을 것이다. 인비절라인 시스템의 효과는 치료 과정에서 치아의 움직임을 정확하게 예측하는 우리의 능력에 달려 있기 때문이다.

우리의 리서치에 의하면, 치료의 주요 이유에 따라 두 그룹으로 나눌 수 있는데, 건강을 중시하는 그룹과 외모를 중시하는 그룹이 그것이다. 건강을 중시한 소비자들은 주로 건강상의 이유로 치아를 강화하는 데 신경을 쓰고, 치료 중 외모에 대해서는 덜 신경을 쓴다. 이와는 대조적으로, 외모를 중시하는 소비자는 자신의 외모에 대해 신경 쓰며, 만일 이 치료가 외모에 나쁜 영향을 미친다면 치아교정 치료를 선택하지 않을 수 있다.

4.1절은 5C 프레임워크를 따른다.

이 섹션은 제공물의 타겟 고객을 나타낸다.

타겟팅 의사결정은 타겟 고객 뿐만 아니라 타겟팅 하지 않는 고객에 대해서도 다룬다.

이 섹션은 인비절라인 시스템에 대한 반응이 다를 수 있는 두 개의 서로 다른 타겟 세분시장을 추가적으로 나타낸다. 고객을 외모를 중시하는 그룹과 건강을 중시하는 그룹으로 분류하는 것은 나중에 해당 그룹에 맞는 마케팅 믹스를 개발하는 데 사용된다. 외모에 민감한 소비자에게는 풀 전략이 사용되고, 건강에 민감한 소비자에게는 푸시 전략이 사용된다.

이 두 세분시장은 치료 방법에 대한 선호도가 다를 수 있다. 건강을 중시한 소비자들의 주된 관심사는 치아 건강이기 때문에, 그들은 치료 방법(전통적인 교정기 또는 인비절라인)을 선택하기 위해 교정전문의의 권고에 의존하는 경향이 있다. 이와 대조적으로, 외모를 중시하는 소비자들은 인비절라인 치료를 원한다는 구체적인 요청을 하면서 교정전문의에게 다가갈 가능성이 높다. 건강을 중시하는 소비자와 외모를 중시하는 소비자는 의사결정 프로세스에서도 차이가 있을 수 있다. 건강을 중시하는 소비자는 먼저 교정전문의를 방문한 후 치료법을 선택하는데, 대개는 치아교정전문의의 권고에 따른다. 이에 비해 외모를 중시하는 소비자들은 교정전문의를 방문하기 전에 본 인비절라인 광고를 기반으로 인비절라인을 선택하는 경우가 많다. 도표 1은 고객 서베이에 대한 자세한 정보를 제공한다.

협력자

우리의 주요 협력자는 미국의 교정전문의다. 우리는 교정전문의가 다음과 같은 활동을 함으로써 인비절라인 시스템의 성공에 기여할 것으로 기대한다: 1) 환자에게 인비절라인 시스템의 가용성과 이점을 알리고, 2) 인비절라인 치료를 실행하고, 3) 인비절라인 시스템을 개선할 수 있는 성과 피드백을 제공함.

인비절라인 시스템은 교정전문의만 사용할 수 있다. 일반 치과의사가 환자에게 치아교정을 알리는 데 중요한 역할을 하고, 치과의사가 교정전문의에게 환자를 소개하는 핵심적인 원천이 됨에도 불구하고, (교정전문의가 아닌) 일반 치과의사들은 인비절라인 시스템을 이용할 수 없다.

이 섹션에서는 인비절라인 시스템의 성공을 촉진시켜 줄 주요 협력자를 나열한다.

경쟁자

부정교합 치료의 새로운 테크닉이라는 면에서, 얼라인 테크놀로지는 직접적인 경쟁자가 없으며 현재는 가장 일반적인 부정교합 치료의 전통적인 기술과 경쟁하고 있다. 부정교합을 치료하는 치아교정 제품의 광범위한 시장에서 우리는 3M, 싸이브론 인터내셔널, 그리고 덴츠플라이 인터내셔널과 간접적으로 경쟁하고 있다.

인비절라인 시스템에 버금가는 시스템을 개발했거나 마케팅하고 있는 기업은 없는 것으로 알고 있다. 인비절라인 시스템의 출현 덕분에 만일 이 제품이 없었다면 치아교정 치료를 선택하지 않았을 것으로 보이는 외모를 중시하는 소비자들을 유도함으로써 새로운 수요를 창출하기 때문에, 우리는 부정교합 치료용 전통적인 치아교정 제품 생산자들이 즉각적으로 대응할 것으로 예상하지는 않는다. 그러나 시간이 지남에 따라 유사한 제품을 가진 새로운 경쟁자의 출현으로 이 세분시장의 경쟁이 더욱 치열해질 것으로 예상된다.

기업

얼라인 테크놀로지사는 1997년에 델라웨어에서 설립되었다. 본사는 캘리포니아주 산타클라라에 있으며, 생산, 고객 지원, 소프트웨어 엔지니어링, 그리고 관리 인력이 그곳에 배치되어 있다. 우리는 또한 파키스탄의 라호르시에 두 개의 생산시설을 운영하고 있다.

포지셔닝 선언문은 주요 경쟁자를 나타내 주고 시장의 현재와 미래의 경쟁 강도를 평가한다.

이 섹션은 기업에 대한 일반적인 정보를 제공한다.

현재 320명의 직원이 있는데 그 중 120명은 미국에 고용되어 있고 나머지는 파키스탄에 고용되어 있다. 우리의 조직 구조는 도표 2에 요약되어 있다. 우리의 경영진은 1) 임원, 2) 과학 자문 위원회, 그리고 3) 이사회로 구성되어 있다(표 3-5 참조). 현재 전문적인 생산시설을 구축하고 인비절라인 시스템 활용 교육을 받은 교정전문의 네트워크를 구축하며 브랜드 인지도를 구축하고 초기 고객층을 형성하고 있다.

우리의 핵심 역량은 1) 고도로 맞춤화 되고, 2) 불량 판정을 엄격하게 하고, 3) 높은 의료적 품질을 보유한 제품을 대량으로 생산하는 것이다. 우리의 전략적 자산에는 지적 재산권(특허 출원 중인 자체 테크놀로지), 생산 인프라, 인비절라인 및 클린체크 브랜드가 포함된다.

컨텍스트

이 섹션은 얼라인 테크놀로지가 운영되는 컨텍스트에 대해 요약 기술한다.

경제적 컨텍스트: 7년 연속으로 이어지는 경제 성장, 낮은 실업률, 높은 소비 심리, 낮은 금리, 낮은 인플레이션. 주식 시장은 테크놀로지 주식의 상승과 기록적으로 많이 이루어진 테크놀로지 기반 기업들의 IPO 등에 의해 크게 힘을 얻었다.

규제적 컨텍스트: 의료기기 생산업체들과 헬스 케어 제공자들을 규제하는 법률은 다음을 포함한 광범위한 주제를 다룬다.
● 환자 의료 정보의 기밀유지, 그리고 그러한 정보가 우리의 데이터베이스에 포함되도록 허용되거나 우리에 의해 제3자에게 허용될 수 있는 상황은 주 정부의 강력한 규제를 받는다.

- 연방 및 주 규정은 메디케어와 메디케이드 같은 연방 또는 주의 헬스케어(의료보험) 프로그램에 참여하는 사람에게 환자를 소개해주는 대가로 금전적 보상을 지급하는 것을 금지하고 있다.
- 여러 주에서 1) 치과 의사들을 위한 광고 및 환자 소개 서비스의 운영을 규제하고 있으며, 2) 참여하는 치과 의사들과의 관계를 어떻게 구축하는지에 대한 다양한 요구사항을 준수할 것을 요구한다.
- FDA의 의료기기 분류에 따르면 인비절라인 시스템은 가장 덜 엄격한 등급인 클래스 I 장치로서, 그 무엇보다도, 광범위한 사전 임상 시험 및 임상 시험을 포함하는 출시 전 승인을 필요로 하지 않는다.

4.2 고객 가치 제안

가치 제안

부정교합 치료에 대한 타겟 고객들의 미충족 니즈가 있는데 그것은 기존 교정기가 갖고 있는 수많은 한계를 없애고자 하는 것이다. 도표 6에 제시된 테스트 시장 데이터에 따르면 인비절라인 시스템은 타겟 고객에게 다음과 같은 여러 가지 고유 혜택을 제공한다.

- **훌륭한 미관**. 얼라이너는 착용 시 거의 보이지 않으므로 기존 교정기에서 제기되었던 미적인 문제가 없다.
- **구강 위생 개선**. 환자는 식사, 양치, 치실 시 얼라이너를 제거할 수 있으며, 이는 치료 중 충치와 치주 손상을 줄일 수 있는 기능이다.
- **안전성 개선**. 기존 교정기의 6주 조정 주기를 2주 단계로 대체함으로써 인비절라인 시스템은 치아를 보다 세심하게 이동시켜 치근 흡수(치아 뿌리의 축소) 가능성을 낮춘다.

이 섹션에서는 타겟 고객을 위한 인비절라인 시스템의 핵심 혜택을 다룬다. 이 섹션은 아래와 같은 질문에 대한 답변을 제시한다: 타겟 고객은 왜 인비절라인 시스템을 사용하여 치아 교정을 선택하는가?

- **편안함 향상.** 인비절라인 시스템은 기존 교정기보다 훨씬 편안하고 피부 거슬림이 적다.
- **전체 치료 시간 단축.** 인비절라인 시스템은 (치아에 가해지는) 힘을 통제할 수 있다. 이는 인비절라인 시스템이 노출된 표면 전체에 힘을 넓게 분산 시키거나, 동시에 의도치 않은 치아 움직임 가능성을 낮춤으로 인해 가능하다. 이는 기존의 교정기에 비해 전체 치료 시간을 크게 단축할 수 있다.
- **응급 상황 발생률 감소.** 분실되거나 파손된 얼라이너는 해당 치료 단계 내의 다음 얼라이너로 간단히 교체될 수 있기 때문에 환자와 교정전문의 모두의 불편을 최소화할 수 있다.

포지셔닝 선언문

이 섹션은 타겟 고객과 인비 절라인 시스템의 핵심 혜택 을 나타낸다.

가벼운 부정교합 증상을 가진 성인과 청소년에게, 인비절라인은 뛰어난 미관, 향상된 치아건강, 전반적인 편의성을 제공하기 때문에 기존 교정기보다 더 나은 치료법이다.

4.3 협력자 가치 제안

가치 제안

이 섹션에서는 교정전문의 를 위한 인비절라인 시스템 의 핵심 혜택을 다룬다. 이 섹션은 같은 질문에 대한 답 변을 제공한다: 왜 교정전문 의들은 기존의 교정기 대신 인비절라인 시스템을 사용 하기로 선택하는가?

인비절라인 시스템은 교정전문의에게 다음과 같은 혜택을 제공한다.

- **치료 상황 및 예상되는 결과를 시각적으로 나타낼 수 있는 능력.** 인비절라인 시스템을 사용하면 교정전문의가 치료 과정과 예상되는 최종 결과를 대화형 3차원 컴퓨터 모델에서 미리 볼 수 있다. 이를 통해 교정전문의는 환자에게 가장 적합한 치료 방법을 선택하기 전에 여러 가지 치료 방법을 분석할 수 있다.

- **치료 시간 예측 가능.** 환자 진료비는 교정전문의의 대면 진료 예상 시간을 바탕으로 하고 일반적으로 사전에 협의되기 때문에 교정전문의의 대면 진료 예상 시간을 초과하는 치료는 일반적으로 추가 비용 없이 교정전문의가 부담한다. 인비절라인은 예상 치료 시간의 정확성을 향상시켜 교정전문의가 자원을 더 잘 관리하고 수익을 최적화할 수 있도록 지원한다.

- **사용 편의성.** 인비절라인 시스템은 기존의 치과 교정 치료의 기초가 되는 동일한 생체역학적 원리에 기반하기 때문에 교정전문 의가 배우고 사용하기에 간편하다. 최초 인증을 위한 트레이닝은 당일 워크숍으로 이수할 수 있으며, 최소한의 비용 지출로 워크숍을 마친 후 즉시 케이스를 제출할 수 있을 만큼(실제 치료를 시작할 수 있을 만큼) 준비될 수 있다.

- **환자 기반 증가.** 현재, 미국에서 부정교합이 있는 2억 명 이상의 사람들 중 1% 미만만이 매년 치료를 시작한다. 인비절라인 시스템은 교정전문의가 그것이 없었다면 치료를 선택하지 않았을 사람들에게 새롭고 매력적인 치료 방법을 제공함으로써 환자 기반을 넓힐 수 있도록 해 준다.

- **더 높은 마진.** 인비절라인 시스템을 사용하면 교정전문의가 치료 기간을 보다 정확하게 추정할 수 있으므로 치료 기간을 과소평가할 가능성이 줄어들고 환자 당 전체 이익률이 높아진다. 또한 고객에게 상당한 혜택이 있기 때문에, 교정전문의는, 세라믹, 그리고 설측(치아 안쪽) 교정기 같이 기존의 교정기를 대체할 수 있는 보다 미적으로 매력적인 다른 교정기와 비교해 볼 때, 인비절라인 시스템에 대해 더 높은 금액을 청구할 수 있다.

- **치과 교정 및 직원 시간 단축.** 인비절라인 시스템은 환자 방문의 빈도와 방문 동안의 시간 모두를 줄여준다. 환자의 치아에 기구를 부착하고, 치료 과정에서 아치와이어를 조정하고, 치료가 끝날 때 기구를 제거하는 등 시간이 많이 필요한 프로세스가 필요 없다. 따라서 인비절 라인 시스템을 사용하면 교정전문의와 직원의 대면 치료 시간이 크게 단축되고 진료 처리량이 증가할 수 있다.

포지셔닝 선언문

교정전문의에게 있어서, 인비절라인 시스템은 환자의 규모를 증대 시켜 주고, 마진을 높여 주며, 대면 진료 시간을 단축시켜 주기 때문에, 기존의 교정기에 비해 대부분의 부정교합 사례를 치료하는 데 더 나은 방법이다.

4.4 기업의 가치 제안

가치 제안

얼라인 테크놀로지는 주로 클린체크 수수료와 얼라이너 수수료로 구성된 인비절라인 시스템을 판매하여 수익을 올린다. 우리의 고객 한 명 당 매출은 1,180달러이고 고객 당 매출총이익은 875달러다. 6,500만명의 고객이라는 시장 잠재력을 고려한다면, 잠재적 매출이 750억 달러에 달한다는 것을 의미한다.

이 섹션은 기업의 협력자와 인비절라인 시스템의 핵심 혜택을 나타낸다.

이 섹션에서는 기업에 전달되는 제공물의 가치를 다룬다. 기업 가치의 핵심 측면은 기업의 목표에 반영되기 때문에, 이 절에서는 3절에서 서술한 목표를 다시 설명한다.

현재, 우리는 기존의 교정기 대신 상업적으로 이용 가능한 대안을 가진 유일한 기업이다. 우리의 비즈니스가 성장함에 따라 새로운 경쟁자들이 시장에 진입할 가능성이 높다. 고도로 맞춤화된 높은 정밀도의 치과 교정 장치를 대량으로 생산해야 하는 본질적인 복잡성은 잠재적 경쟁자에 대한 장벽 역할을 한다. 우리는 또한 우리의 특허와 기타 지적 재산권이 잠재적 경쟁자들을 능가하는 상당한 우위를 제공한다고 믿는다. 따라서, 우리는 우리의 비즈니스 모델이 지속 가능하고 주주들에게 장기적인 가치를 제공할 수 있다고 믿는다.

이 섹션에서는 이해관계자를 위한 인비절라인 시스템의 핵심 혜택에 대해 자세히 설명한다. 이 섹션은 다음 질문에 대한 답변에 대한 것이다: 이해관계자들이 다른 투자 대안이 아닌 인비절라인에 투자해야 하는 이유는 무엇인가?

전국적인 광고 캠페인, 생산 능력의 확대, 그리고 지속적인 연구개발 노력으로 인해, 향후 몇 년간은 순손실이 발생할 것으로 예상된다. 우리는 인비절라인 판매를 시작한 후 3년 이내에 이익을 낸다는 계획을 갖고 있다. 상세한 재무적 정보와 주요 가정은 도표 7-8에 제시되어 있다.

포지셔닝 선언문

성장 가능성이 높은 스타트업에 투자하고자 하는 투자자들에게 얼라인 테크놀로지는 환자와 교정전문의 모두에게 독특한 혜택을 제공하는 특허 받은 시스템을 통해 750억 달러 규모의 교정 기기 시장을 개척할 수 있는 기회를 제공한다.

이 섹션은 인비절라인 시스템의 핵심 이해관계자와 핵심 혜택을 나타낸다.

임원에 대한 보상

임원, 과학 자문 위원회, 그리고 이사회에 대한 보상 일정과 임원 보상 위원회의 구성은 도표 9에 수록되어 있다.

직원에 대한 보상

우리 회사의 정규직 직원(영업조직 제외)은 급여와 스톡 옵션이라는 두 가지 방식으로 보상을 받는다. 급여는 업계 내 비슷한 직종의 상위 수준 정도에 해당한다. 스톡 옵션은 회사의 근속 기간에 따라 주어진다. 우리는 또한 모든 정규직 직원들에게 입사일부터 적용되는 건강보험 혜택을 제공한다.

직원의 만족은 성과에 직접적인 영향을 미치며 제공물의 가치 제안을 정의하는 데 있어서 중요한 요소이다.

영업조직에 대한 보상

영업조직은 지역별로 나뉘어 있으며 고정급 60%, 커미션 15%, 보너스 25%로 보상받고 있다. 급여는 업계 내 비슷한 직종의 상위 수준 정도에 해당한다. 커미션은 제출된 사례 수(치료 개시 건 수)에 비례하여 제공되며, 보너스는 교정전문의를 위해 수행된 워크샵 횟수와 같은 영업 외적인 목표를 기반으로 한다. 보상 구조에는 회사 차량, 근속 연수에 따른 스톡 옵션, 전액 의료 보험 혜택도 포함된다.

영업조직 보상은 전체 직원에 지출하는 비용 중 상당 부분을 차지하며, 독특한 보상 구조를 가지고 있기 때문에 별도의 섹션에서 다룬다.

5. 전술

5.1 제품

인비절라인 시스템은 부정교합을 치료하기 위한 자체적인 새로운 방법이다. 이 시스템은 클린체크 및 얼라이너의 두 가지 구성 요소로 구성된다.

섹션 5.1은 인비절라인 시스템의 제품 측면에 대해 다룬다.

- **클린체크**는 교정전문의가 환자를 진단하고 치료 계획을 세울 수 있는 대화형 인터넷 애플리케이션이다. 클린체크는 교정전문의가 제출한 치아 복제본과 치료 처방을 활용해 2주 단위로 적절한 치아 움직임을 시뮬레이션하는 맞춤형 3차원 치료 계획을 개발한다. 클린체크를 통해 교정전문의는 이 3차원 시뮬레이션을 높은 배율로 모든 각도에서 볼 수 있다.

- **얼라이너**는 맞춤형으로 제작된 투명하고 착탈 가능한 치과 기기이며, 처방된 치료 단계에 맞도록 착용함으로써 교정 치료가 가능하다. 각 얼라이너는 환자의 치아에 씌우게 되며, 착용 시 거의 보이지 않는다. 얼라이너는 일반적으로 연속 2주 기간 동안 쌍으로(상부와 하부의 덴탈 아치로) 착용되며, 이 기간은 승인된 클린체크 치료 시뮬레이션에 해당한다. 2주 후 환자는 사용하던 얼라이너를 폐기하고 해당 치료 단계 내의 다음 쌍으로 교체한다. 이 프로세스는 최종 얼라이너를 사용하고 치료가 완료될 때까지 반복된다. 일반적인 인비절라인 시스템 환자는 44주 동안 22개의 얼라이너 세트를 사용한다. 자세한 제품 사양은 도표 10에 나와 있다.

5.2 서비스

우리는 인비절라인 시스템을 사용하기로 결정한 교정전문의에게 지원 서비스를 제공한다. 이러한 서비스에는 초기 트레이닝, 현재 케이스에 대한 지원, 그리고 사업 확장 지원이 포함된다.

- **초기 트레이닝**은 영업팀과 교정전문의 팀에 의한 워크샵 형식으로 수행된다. 트레이닝에서 다루어지는 주요 주제에는 케이스의 선택 기준, 인비절라인 처방 양식 작성에 대한 가이드라인, 프라이싱에 대한 가이드라인, 클린체크 소프트웨어와의 상호 작용, 그리고 인비절라인 웹 사이트 사용에 대한 가이드라인 등이 포함된다.

섹션 5.2에서는 인비절라인 시스템을 사용하여 교정전문의에게 제공되는 서비스를 중심으로 인비절라인 시스템의 서비스 측면을 다룬다.

- 현재 진행 중인 케이스(치료 사례)의 지원에는 특정 환자에게 인비절라인 시스템을 적용하고 사용할 수 있도록 교정전문의를 지원하는 것이 포함된다.
- 사업 확장 지원은 교정전문의가 지역의 일반 치과의사 및 예비 환자에게 직접 우편 또는 기타 매체를 통해 서비스를 알리는 데 도움이 된다.

5.3 브랜드

우리는 클린체크와 인비절라인이라는 두 가지 브랜드를 사용하여 제공물을 차별화하고 있다.
- **클린체크.** 교정전문의가 환자를 진단하고 치료 계획을 세울 수 있는 대화형 인터넷 애플리케이션을 지칭할 때 클린체크라는 브랜드를 사용한다. 우리는 교정전문의 및 일반 치과의사와의 커뮤니케이션에서 클린체크 브랜드를 사용하며 소비자 커뮤니케이션에서는 사용하지 않는다. 클린체크 이름은 우리의 등록 상표다.
- **인비절라인.** 보이지 않는 얼라이너를 사용하여 치아를 교정하는 일련의 프로세스를 나타내기 위해 인비절라인이라는 브랜드를 사용한다. 인비절라인 브랜드는 소비자, 교정전문의, 그리고 일반 치과의사와의 커뮤니케이션에 사용된다. 우리는 인비절라인과 인비절라인 시스템, 그리고 인비절라인 시스템 로고를 포함한 여러 관련 상표 출원을 미국 특허 상표청에 제출했다. 우리 브랜드 아이덴티티 마크는 도표 11에 나와 있다.

섹션 5.3은 얼라인 테크놀로지가 제공물에 대한 고유한 아이덴티티를 만들기 위해 사용하는 브랜드를 다룬다.

두 브랜드(클린체크 및 인비절라인)는 모두 교정전문의에게 알려지지만 소비자 커뮤니케이션에는 후자만 사용된다.

5.4 프라이싱

교정 치료비는 교정전문의와 환자가 협의를 통해 정한다. 교정전문의의 서비스(얼라이너 포함)에 대한 평균 소매 가격은 케이스의 심각성(난이도)에 따라 약 5,000~7,000달러가 될 것으로 예상된다.

얼라인 테크놀로지는 교정전문의에게 셋업 비용 300달러와 각 얼라이너 당 20달러를 청구한다. 클린체크 수수료는 교정전문의가 얼라이너를 생산하기 전 클린체크를 주문할 때 청구된다. 얼라이너에 대한 비용은 배송할 때 청구된다. 교정전문의가 부담하는 얼라이너의 평균 비용은 환자당 약 1,180달러이다(셋업 비용 300달러에, 각 20달러인 22쌍의 얼라이너로 구성된 치료 과정이라고 가정함).

섹션 5.4에는 환자와 교정전문의 모두의 인비절라인 시스템 가격이 요약되어 있다.

얼라인 테크놀로지는 치료의 소매 가격을 결정하는 것이 아니라 교정전문의가 부담하는 인비절라인 가격만 결정한다.

5.5 인센티브

우리는 다음과 같은 인센티브를 제공한다.

● **고객을 위한 인센티브.** 치료의 구체적 내용과 비용은 교정전문의와 환자가 직접 협의하기 때문에 소비자에게 직접 인센티브를 제공하지 않고 있다.

5.5절에서는 타겟 고객과 협력자에게 제공되는 인센티브를 다룬다.

- 교정전문의를 위한 인센티브. 우리는 계층화된 교정전문의 시스템을 이용하여 영업조직이 인비절라인 시스템 사용에 가장 능숙한 교정전문의에게 좀 더 많은 시간을 할애하도록 독려하고 있다. 우리는 객관적인 기준, 주로 인비절라인 시스템으로 치료가 시작된 케이스 수를 사용하여 교정전문의를 분류한다. 우리의 고객 콜센터 및 웹사이트를 통한 예비 환자의 문의는 상위 계층의 교정전문의에게 전달된다. 이러한 계층화된 프로세스는 선택된 교정전문의들에게 보상을 주어, 그들의 진료실에서 인비절라인 시스템의 사용을 신속하게 증가시키도록 해 준다.
- 일반 치과의사에게 주는 인센티브. 우리는 잠재적인 인비절라인 환자를 교정전문의에게 소개하기 위해 일반 치과의사에게 인센티브를 제공하는 계획을 지금 당장은 갖고 있지 않다.

5.6 커뮤니케이션

소비자 커뮤니케이션

소비자들은 다음 세가지 방법으로 인비절라인 시스템의 혜택에 대해 알게 될 수 있다: 1) 얼라인 테크놀로지에서 직접, 2) 교정전문의에게, 그리고/또는 3) 일반 치과의사에게. 따라서, 우리는 타겟 고객에게 도달하기 위해 두 가지 기본 전략을 사용한다. 우리는 미적으로 매력적인 부정교합 치료의 존재를 모르는 상태에서는 치아 교정을 고려하지 않을 것으로 예상되는, 외모를 중시하는 소비자를 타겟으로 하기 위해 풀 전략(소비자에게 직접 전달하는 커뮤니케이션)을 사용한다. 또한, 치료 선택권을 치아교정전문의의 조언에 의존하는, 건강을 중시하는 소비자를 타겟으로 푸시 전략(교정전문의에게 정보를 알리고 인센티브를 제공함)을 활용한다.

이 섹션에서는 타겟 고객을 대상으로 하는 커뮤니케이션에 대해 다룬다.

직접 대 간접 커뮤니케이션 사례 내의 풀 대 푸시 전략의 사용에 대한 내용은 4.1절에 나오는 타겟 시장 분석을 직접적으로 따른다.

- 소비자 직접(풀 전략) 커뮤니케이션
  - 미디어: 우리는 전국적인 텔레비전과 라디오 광고 캠페인을 통해 소비자에게 혜택을 직접 전달함으로써 인비절라인 시스템을 알린다. 또한 무료 전화 회선(1-800-INVISIBLE)과 웹 사이트 (invisalign. com)를 통해 인비절라인 시스템에 대한 정보를 제공한다.
  - 메시지: 외모를 중시하는 소비자에게 직접적으로 타겟팅하는 캠페인이기 때문에, 우리의 메시지는 인비절라인 시스템 사용의 미적인 혜택과 전반적인 편의성에 초점을 맞춘다.
  - 슬로건: 우리의 슬로건은 "교정기의 투명한 대안"이다.
- 간접(푸시) 소비자 커뮤니케이션. 인비절라인 시스템에 대한 추천을 활성화하기 위해 교정전문의와 일반 치과의사에게 사무실에 전시할 브로셔, 달력, 그리고 포스터를 포함한 판촉물을 제공하거나 관심을 표명하는 환자에게 제공한다.

소비자 커뮤니케이션에 대한 추가 정보는 도표 12에 나와 있다.

협력자 커뮤니케이션

교정전문의는 우리의 매스미디어 소비자 광고와 교정전문의를 타겟으로 한 커뮤니케이션을 통해 인비절라인 시스템에 대해 배울 수 있다.

- 미디어. 우리는 1) 교정전문의를 타겟으로 하는 전문지에 수록하는 인쇄 광고, 2) 치과 교정 주제의 컨벤션 및 컨퍼런스에 대한 이벤트 후원, 뿐만 아니라 3) 치과 교정 치료를 받는 개인을 타겟으로 하는 직접 우편 및 텔레마케팅을 사용한다. 또한 치아교정 제품 판매 경험이 있는 영업사원 30여명으로 구성된 영업팀이 있다.

타겟 고객에게 보내는 메시지의 내용은 4.2절에 요약된 가치 제안과 포지셔닝 선언문에서 직접 적으로 다룬다.

이 섹션에서는 기업의 협력자와의 커뮤니케이션에 대해 다룬다.

● 메시지. 우리의 메시지는 1) 환자 규모 증가, 2) 마진 증대, 그리고 3) 대면 진료 시간 단축을 통해 치아 교정 치료 수익성을 크게 향상시킬 수 있는 가능성에 초점을 맞추고 있다. 교정전문의와의 커뮤니케이션에 대한 추가 정보는 도표 13에 나와 있다.

교정전문의에게 보내는 메시지의 내용은 4.3절에서 설명한 가치 제안에 직접적으로 근거한다.

5.7 유통

인비절라인 시스템은 교정전문의를 통해 독점적으로 유통되며 소비자가 얼라인 테크놀로지에서 직접 소매용 제품을 구입할 수 없다. 교정전문의만 인비절라인 시스템을 사용할 수 있다; 일반 치과 의사는 사용할 수 없다. 주문은 본사를 통해 처리되며 멕시코에 있는 생산 시설에서 직접 치과 교정전문의 병원으로 묶음 배송된다. 첫 번째 묶음에는 처음 몇 개월 동안의 치료가 포함되며, 처방 담당 교정전문의가 클린체크에 대한 승인을 내리면 생산이 시작된다. 그 후 치료가 완료될 때까지 약 6개월 간격으로 얼라이너를 보낸다.

6. 실행

6.1 자원 개발

섹션 6.1은 마케팅 플랜 실행에 필요한 자원을 다룬다.

우리는 캘리포니아 산타클라라에 있는 두 개의 생산 시설로 운영을 확장할 계획을 갖고 있으며, 이 시설은 우리의 생산 본부 역할을 할 것이다. 이러한 시설은 수많은 고유의 프로세스와 테크놀로지를 사용하여 고도로 맞춤화되고, 높은 의료적 품질을 가진 제품을 대량으로 생산하도록 설계되었다. 이러한 테크놀로지에는 1) 복잡한 소프트웨어 솔루션, 2) 레이저, 3) 피괴직 및 백색광 스캐닝 테크놀로지와 광조형기법(stereolithography), 4) 교정용 왁스 모델링, 그리고 5) 신속한 시제품 제작 방법이 포함된다.

얼라이너의 생산 및 패키징은 멕시코 후아레즈에 위치한 계약 생산업체에 아웃소싱 된다. 치료 시뮬레이션의 생성은 파키스탄 라호르에 있는 생산 설비에서 이루어진다. 정보 요청 및 교정전문의들의 환자 소개에 대응하기 위한 전화 지원은 대형 전국 콜센터 운영자에게 위탁된다.

우리의 비즈니스 설비, 서비스 인프라, 공급 채널, 그리고 영업조직의 개발에 대한 추가 정보는 도표 14에 나와 있다.

6.2 인비절라인 시스템 개발

섹션 6.2에는 인비절라인 시스템 개발 프로세스가 요약되어 있다.

인비절라인 시스템을 실행하기 위해 우리는 다음과 같은 5단계 프로세스를 개발하고 테스트했다.

- 교정 진단 및 치료 데이터를 얼라인 테크놀로지로 전송하기. 환자의 첫 방문 시, 교정전문의는 인비절라인 시스템이 그 환자에게 적절한 치료법인지 여부를 확인한다. 그런 다음 교정전문의는 덴탈 아치, 환자의 치아 엑스레이, 환자의 사진, 그리고 처방전이라고 불리는 인비절라인 시스템 치료 계획 양식으로 구성된 치료 데이터를 준비한다. 처방전은 환자의 치아의 원하는 위치와 움직임을 설명한다. 교정전문의는 치료 데이터를 산타클라라의 생산 시설로 보낸다.
- 환자의 초기 부정교합에 대한 3차원 컴퓨터 모델 준비. 접수를 마친 후, 치료 데이터를 사용하여 환자 치아의 플래스터 모델(치아 모양을 그대로 뜬 모델)을 만든다. 우리는 플래스터 모델을 스캔하여 환자의 현재 치아의 디지털 3차원 컴퓨터 모델을 개발한다. 그런 다음 이 초기 컴퓨터 모델을 교정전문의의 처방과 함께 파키스탄의 라호르에 있는 우리의 생산 설비로 전송한다.

- 컴퓨터 시뮬레이션 치료 준비 및 클린체크를 사용한 치료의 시각적 확인. 파키스탄에서 우리는 초기 모델을 맞춤형 3차원 치료 계획으로 변환한다. 맞춤형 3차원 치료 계획은 2주 단위로 치아 움직임의 적절성을 시뮬레이션할 수 있다. 이 시뮬레이션은 산타클라라의 시설로 다시 전송되어 검토를 받는다. 검토를 통과한 후 시뮬레이션은 당사 웹 사이트의 클린체크를 통해 처방 담당 교정전문의에게 전달된다. 그런 다음 교정전문의는 클린체크 시뮬레이션을 검토하고 필요한 경우 조정을 요청 한다. 그런 다음 교정전문의는 제안된 치료법을 승인하고 해당 얼라이너 생산을 위해 당사와 계약을 체결한다.
- 각 치료의 단계에 대응하는 몰드 제작. 승인된 클린체크 시뮬레이션을 사용하여 환자의 치아에 대한 일련의 몰드를 제작한다. 각각의 몰드는 시뮬레이션된 치료 과정의 각 2주 단계마다 환자의 치아를 복제한 것이다. 이 몰드는 산타클라라의 시설에서 치과 교정에 사용하기 위해 개편한 맞춤형 생산 기법을 사용하여 제작된다.
- 얼라이너 생산 및 교정전문의에게 배송. 우리는 이 몰드를 멕시코의 후아레즈로 운송한다. 그곳에서 계약 생산업체는 각 몰드에 폴리머 시트를 압축성형하여 얼라이너를 생산한다. 그런 다음 얼라이너는 트리밍(다듬기), 광택, 세척, 포장을 한 다음, 최종 검사를 거쳐, 처방 담당 교정전문의에게 직접 배송된다.

우리는 현재 이 프로세스를 검증하고 최적화하기 위해 임상시험을 수행하고 있다. 우리는 2000년 7월에 개발 단계를 종료할 것으로 예상한다. 인비절라인 제공물 개발에 대한 추가 정보는 도표 15에 나와 있다.

6.3 상업적 전개

섹션 6.3은 인비절라인 시스템의 상업적 전개에 대한 핵심 측면을 다룬다.

상업적 판매는 1999년 7월에 전국적인 직접 소비자 광고 캠페인과 함께 시작될 예정이다. 첫해 동안 인비절라인 시스템은 소수의 교정전문의를 통해 제공될 것이며, 그들은 환자와 교정전문의의 니즈를 더 잘 충족시키기 위해 우리가 제공물을 최적화하는 데 도움을 줄 것이다. 우리의 상업적 전개 일정은 도표 16에 더 자세히 설명되어 있다.

7. 통제

7.1 성과 평가

섹션 7.1은 섹션 3에서 정의된 목표를 향한 진척도를 측정하는 데 사용되는 주요 측정치를 다룬다.

우리는 목표 달성을 위한 올바른 궤도에 오르게 하기 위해 지속적으로 재무적 성과를 모니터링하고 있다. 재무제표에 보고된 순매출 및 판매 매출 외에도, 다음과 같은 측정치를 사용하여 실적을 모니터링한다.

- 인비절라인 제품을 사용하여 치료를 시작하는 신규 환자 수
- 인비절라인 시스템 사용 트레이닝을 받은 치과 전문가들의 수 (치과 전문가란 치과 의사뿐만 아니라, 치과 위생사, 치과 기술사, 치과 보철사, 치과 임상 보조원 등과 같은 다른 치과 보건 전문가들도 포함하는 개념임)
- 침투율(인비절라인 시스템을 채택한 치과 전문가의 수)

인비절라인 시스템의 기반이 되는 테크놀로지를 개선하기 위해 우리는 교정전문의와 일반 치과의사로부터 제품 관련 피드백을 적극적으로 요청하기도 한다.

7.2 환경 분석

우리는 다음과 같은 환경의 변화를 지속적으로 모니터링하고 있다.

- 고객 선호도 변화
- 내부 자원 및 역량의 변화
- 인비절라인 시스템이 협력자(교정전문의 및 일반 치과 의사)에게 제공하는 가치의 변화
- 경쟁 환경의 변화(예: 새로운 경쟁자의 진입)
- 기업 운영에 영향을 주는 경제적, 비즈니스적, 사회문화적, 기술적, 규제적, 그리고 물리적 컨텍스트의 변화

우리는 환경의 잠재적 변화를 인지하기 위해 다음과 같은 활동을 수행한다.

- 새로운 특허 및 상표 출원에 대한 미국 특허상표청(USPTO) 데이터 베이스 모니터링
- 전문 컨퍼런스 및 전시회 참가
- 전문 간행물 검토.
- 소비자 및 치과 전문가의 제공물 사용 경험을 리서치하기 위한 자체적인 리서치 수행
- 치아 교정 테크놀로지와 마케팅 관행에 대한 새로운 개발을 다루는 2차 리서치 자료의 검토.

성과 측정치에 대한 자세한 설명은 도표 17에 나와 있다.

섹션 7.2는 기업이 운영되는 환경의 변화를 모니터링 하는 프로세스를 요약한다.

8. 도표

섹션 8은 이 마케팅 플랜을 지원하는 문서들에 대해 다룬다. (간략함을 위해, 실제 도표는 이 플랜에 포함되지 않는다)

5장. 샘플 마케팅 플랜: 얼라인 테크놀로지(A)

6장

샘플 마케팅 플랜:
얼라인 테크놀로지(B)

이 장에서 제시한 마케팅 플랜은 앞 장에 나온 마케팅 플랜을 바탕으로 작성되었으며 1997년 기업 출범 후 10년이 지난 후, 즉 IPO 후 6년 만인 2001년에 작성되었다. 상업적인 판매가 시작된 이후, 인비절라인 시스템은 미국 내 거의 90%의 교정전문의들이 채택하고 있다. 많은 상위권 치과대학들이 그들의 커리큘럼에 인비절라인에 특화된 교육 과정을 추가했다. 지난 10년 동안, 백만 명이 넘는 환자들이 인비절라인 시스템의 도움으로 치료 받았다.

기존 제공물을 관리하기 위한 마케팅 플랜의 내용을 나타내기 위해 얼라인 테크놀로지를 사용하면, 이전 장에서 제시한 플랜과 직접적으로 비교할 수 있는 장점이 있다. 이러한 비교는 유용한 정보를 주는데, 그 이유는 이와 관련된 마케팅 믹스 변수들에 대해 회사가 내려야 하는 다양한 의사결정을 강조해 주기 때문이다. 여기서 마케팅 믹스 변수는 1) 제품 라인 확장, 2) 신규 서비스 출시, 3) 브랜드 리포지셔닝 및 브랜드 확장 등이 있으며, 추가적으로 4) 프라이싱 구조 및 커뮤니케이션의 변화도 포함된다. 이 플랜은 단일 제공물만 팔던 기업에서 하나의 제품 라인을 취급하는 기업으로의 전환을 보여주기도 하며, 기업의 성과와 운영 중인 외부 환경을 모니터링하도록 설계된 마케팅 측정치의 집합을 정의해 주기도 한다.

이 장에서 제시된 마케팅 플랜은 바로 전 장에서 제시된 플랜의 구조를 따른다. 주요 차별점은 앞에서 제시된 플랜이 곧 출시될 기업 제공물의 핵심 측면을 정의하는 데 초점을 맞춘 반면, 이 장에 요약된 플랜은 기업의 현재 행동 플랜에 필요한 **변화**에 초점을 맞춘다는 것이다. 따라서, 여기 나오는 많은 섹션은 마케팅 플랜에서 다루는 기간 동안 기업이 실행하고자 하는 여러 가지 구체적인 변화를 제시한다. 이 장에 제시된 마케팅 플랜의 여러가지 요소들 간의 관계를 더 잘 설명하기 위해, 각 섹션의 목적과 마케팅 플랜의 여러 섹션 간의 연결이 (우측의) 사이드바에 강조되어 표시되어 있다.

연간 마케팅 플랜:
얼라인 테크놀로지

1. 경영자 요약

얼라인 테크놀로지사는 부정교합 즉 치아 오정렬을 치료하기 위한 자체적인 새로운 방법인 인비절라인 시스템을 설계하고, 생산하고, 마케팅 하는 기업이다. 인비절라인 시스템은 치아를 원하는 최종 위치로 자연스럽게 이동시키는 일련의 투명하고 탈착 가능한 기구를 사용하여 부정교합을 교정한다. 환자들에게, 인비절라인 시스템은 기존 교정기보다 뛰어난 미관, 향상된 치아 건강, 그리고 전반적인 편리성을 제공한다. 치과 전문가의 입장에서 볼 때, 인비절라인 시스템은 기존 교정기에 비해 더 많은 환자를 받을 수 있고, 마진이 높으며, 치료 시간이 단축된다. (치과 전문가란 치과 의사뿐만 아니라, 치과 위생사, 치과 기술사, 치과 보철사, 치과 임상 보조원 등과 같은 다른 치과 보건 전문가들도 포함하는 개념이다)

우리의 주요 목표는 부정교합 치료를 위한 표준 방법으로 인비절라인 시스템을 정착시켜 이해관계자를 위한 가치를 창출하는 것이다.

섹션 1의 경영자 요약에서는 제공물의 핵심 측면, 목표, 그리고 주요 전략적 이니셔티브에 대한 간략한 개요를 제공한다.

현재 플래닝 기간의 주요 전략적 이니셔티브는 다음과 같다.

● 미국 및 해외에서 현재 타겟 시장(성인 소비자)을 지속적으로 성장시킨다.

● 아직 치아가 자라고 있는 청소년(12세 이상)까지 타깃 시장을 확대한다.

● 치과 전문가들 사이에서 인비절라인의 채택 및 활용률을 높인다.

● 제품 및 테크놀로지 혁신을 가속화하여 임상 효과를 향상시킨다.

이 플랜은 2008년 1월부터 2008년 12월까지의 주요 마케팅 활동을 다룬다.

2. 상황 개요

부정교합은 미국에서 가장 흔한 임상 질환 중 하나로, 인구의 약 65%인 1억 9천 5백만 명 이상이 영향을 받는다. 미국에서는 매년 약 230만 명이 교정전문의의 치료를 선택하는데, 이러한 환자들 중 약 40% 또는 약 90만 명은 성숙한(더 이상 자라지 않는) 치아를 가지고 있고, 치아와 턱의 성장이 거의 완료된 상태이며, 경미한 정도에서 중간 정도의 부정교합이 있다. 부정교합 환자들 중 소수만이 기존 치아교정 치료와 관련된 외관상 문제, 불편함, 기타 단점 때문에 치료를 결심한다.

부정교합 치료를 선택한 개인은 두 가지 유형의 의사와 상담하게 된다: (1) 일반적으로 문제를 진단하고 전문의에게 의뢰하는 일반 치과 의사; (2) 부정교합 치료를 전문으로 하는 교정전문의.

섹션 2는 얼라인 테크놀로지가 운영되는 시장에 대한 배경 정보를 제공한다. 여기서 제공되는 시장 개요는 전체 시장(회사가 목표로 하지 않는 시장 포함)에 대한 개요를 포함하기 때문에 섹션 4.1에서 제공되는 목표 시장에 대한 설명보다 범위가 더 넓다.

- **치과의사들.** 일반 치과의사들은 치아교정을 포함한 모든 구강 건강 치료를 수행할 수 있는 자격을 갖추고 있다. 그러나 많은 일반 치과의사들은 치주치과, 보철치과, 그리고 치아교정과 같은 전문적 치료를 하지 않기로 선택하는데, 그 이유는 복잡성 그리고 과실 책임의 리스크 때문이다. 미국에는 100,000명 이상의 일반 치과 의사들이 있다.
- **교정전문의들.** 교정전문의들은 부정교합을 전문적으로 치료한다. 공인된 자격을 얻은 교정전문의만이 스스로를 교정전문의라고 지칭할 수 있다. 이 공인 자격은 일반적으로 치과대학 졸업 후 2년간의 레지던트를 거쳐야 받을 수 있다. 미국에는 약 8,500명의 교정전문의가 있다.

부정교합은 전통적으로 금속 아치와이어와 브라켓(치아에 붙여서 아치와이어를 고정하는 틀)으로 치료되며, 일반적으로 교정기(브레이스)라고 한다. 치료 상의 미적인 면을 향상시키기 위해 치과 교정사들은 때때로 세라믹, 치아와 동일한 색의 브라켓, 또는 환자의 치아의 안쪽 즉 잇몸 뒷면(설측면)에 접착 브라켓을 사용한다.

평균적인 치료는 완치까지 약 2년이 소요되며 몇 시간에 걸친 교정전문의의 직접 진료를 받아야 한다. 치료를 시작하기 위해 교정전문의는 환자의 상태를 진단하고 적절한 치료 계획을 수립한다. 다음 방문에서 교정전문의는 환자의 치아에 접착제로 브라켓을 붙이고, 브라켓에 아치와이어를 부착한다. 그 후 약 6주마다 교정기를 조이거나 조정함으로써 교정전문의는 환자의 치아에 충분한 힘을 가하여 원하는 만큼 치아를 이동시킨다. 방문과 방문 사이의 시간이 길기 때문에 교정전문의는 그 시간 동안 치아가 지속적으로 움직일 수 있을 정도로 충분히 브라켓을 조여야 한다. 마지막 방문에서 교정전문의는 환자의 치아에서 각 브라켓과 남아 있는 접착제를 제거한다.

시장 개요 섹션에서는 시장의 주요 변화를 설명하고 얼라인 테크놀로지가 달성한 진척 상황에 대해서도 다룬다.

교정기는 일반적으로 다양한 부정교합을 교정하는데 효과적이지만 다음과 같은 많은 단점이 있다.

- **비호감적인 외모.** 교정기는 남들이 보기에 매력적이지 않고 종종 음식이 껴서 외모를 더욱 손상시킨다. 교정기는 또한 영구적으로 자국이 남거나 치아 변색을 초래할 수 있다. 게다가, 많은 성인들은 교정기를 청소년들이나 하는 것이라고 생각한다.

- **구강 불편.** 교정기는 날카롭고 부피가 크다. 따라서 구강 안쪽 표면을 긁히게 하고 자극할 수 있다. 치료 중 교정기를 조이면 치아의 치근과 잇몸이 아프고 불편해 진다.

- **구강 위생 상태 악화.** 교정기는 칫솔질과 치실 사용을 더 어렵게 하여 구강 위생을 해친다.

- **치근 흡수.** 기존의 치료와 관련된 높은 수준의 지속적인 힘은 치근(치아 뿌리)이 줄어드는 치근 흡수를 초래할 수 있다. 이러한 축소는 환자의 치주에 상당히 나쁜 영향을 미칠 수 있다.

- **응급 상황.** 때때로 교정기는 응급 상황 시 수리하거나 교체해야 한다. 이러한 응급 상황은 환자와 교정전문의 모두에게 상당한 불편을 초래한다.

- **치료 기간을 예측할 수 없음.** 치료 과정에서 치아의 움직임을 모델링 할 수 있는 수단이 없기 때문에 교정전문의가 치료 기간이 얼마나 걸릴 지 추정할 수 있는 능력이 제한된다. 대부분의 교정치료는 정해진 진료비 하에서 진행되기 때문에 치료기간이 길어지면 교정치료의 수익성이 떨어진다.

- **치아 교정전문의에게 신체적인 조건이 요구됨.** 와이어와 브라켓을 조작하려면 교정전문의의 안정된 손기술과 좋은 시력이 필요하다.

교정 치료비는 보통 3,500달러에서 7,000달러 사이이며, 중간값은 약 5,000달러이다. 교정전문의들은 또한 일반적으로 미적으로 더 매력적으로 보이는 안쪽 잇몸용 대체품 또는 세라믹 대체품에 대해 추가 진료비를 부과한다. 수수료는 특정 케이스의 난이도와 교정전문의의 대면 진료 시간(chair time)의 추정치를 토대로 책정되며 일반적으로 사전에 협의된다. 교정전문의의 대면 진료 시간의 추정치를 초과하는 치료는 일반적으로 추가 비용 없이 교정전문의에 의해 수행된다. 대부분의 보험은 성인을 위한 치아교정 치료는 적용되지 않으며 어린이와 청소년을 위한 제한적인 보장만을 제공한다.

지금까지 전 세계적으로 약 73만2000명의 환자가 인비절라인을 이용한 치료를 시작했다. 인비절라인 시스템은 북미, 유럽, 아시아 태평양, 라틴 아메리카, 일본에서 판매된다. 우리는 전 세계적으로 48,000명 이상의 치과 전문가들을 훈련시켰다. 인비절라인 기술은 전 세계 63개 대학 프로그램의 커리큘럼에 통합되었다. 2002년, 인비절라인은 일반 치과의사들이 이용할 수 있게 되었고, 2003년 중반에 주요 치과대학들이 인비절라인을 교과과정에 추가하기 시작했다.

2005년, 얼라인은 덜 복잡한 치과 교정 케이스를 위한 저렴한 가격의 솔루션인 인비절라인 익스프레스(현재의 인비절라인 익스프레스 10)를 선보였고, 인비절라인을 일본에서 출시했으며, 1,500만 개의 고유한 클리어 얼라이너 생산이라는 목표점을 달성했다. 2007년 얼라인은 아시아 태평양 및 라틴 아메리카의 유통 파트너를 추가하고 비베라® 리테이너를 출시했다.

2008년 초에 우리의 제품 라인에는 두 가지 제공물이 포함되어 있다. 우리의 주력 제품인 인비절라인 풀(Full)과 경미한 케이스를 위한 단기 치료 솔루션인 인비절라인 익스프레스가 있다. 순매출(net revenue)의 약 88%는 인비절라인 풀의 판매로, 8%는 인비설라인 익스프레스의 판매로 창출된다.

3. 목표

우리의 **주요 목표**는 부정교합 치료를 위한 표준 방법으로 인비절라인 시스템을 정착시켜 주주들에게 가치를 창출하는 것이다. 특히 매출액은 10% 증가된 3억 달러로, 총 마진은 73.6%에서 75%로, 영업이익률은 12.5%에서 14%로 늘리는 것을 목표로 하고 있다. 이 목표를 달성하기 위해 다음과 같은 세부목표를 설정했다.

- **고객 세부목표.** 우리의 주요 고객 목표는 90%의 타겟 고객에게 인비절라인 시스템의 편익에 대한 인지도를 만들고, 고객의 관심을 유도하고, 인비절라인 제공물에 대한 새로운 수요를 창출하는 것이다. 우리는 2008년에 200,000명의 환자가 인비절라인 시스템으로 치료를 시작하는 것을 목표로 한다.
- **협력자 세부목표.** 우리는 치과 전문가들 사이에서 인비절라인 시스템의 혜택에 대한 인지도를 만들고, 시스템을 사용하도록 교육하며, 부정교합 치료의 표준 방법으로 환자에게 알리도록 동기를 부여하는 것을 목표로 한다. 우리의 목표는 미국에서 500명의 새로운 교정전문의와 5,000명의 새로운 일반 치과의사를 양성하고 우리의 주요 해외 시장인 유럽에서 2,000명의 치과 전문가를 양성하는 것이다. 또한, 참여하는 치과 전문가 1인당 인비절라인 시스템 사용 빈도(활용률)를 10% 증가시키는 것을 목표로 한다.
- **내부적 세부목표.** 제품 및 테크놀로지 혁신을 가속화하는 동시에 임상 효과를 높인다. 공급망 관리 프로세스를 효율화 하여 제품 품질을 향상시키고, 생산 용량을 늘리고, 단위 원가와 생산 시간을 모두 단축한다.
- **경쟁 관련 세부목표.** 우리의 주요 경쟁적 목표는 경쟁자가 제공하는 제공물과 더욱 차별화하면서 경쟁자의 진입 장벽을 지속적으로 구축하는 것이다. 우리는 영업 비밀 및 저작권법에 따라 특허 출원 및 비공개 계약을 통해 추가적인 지적재산권 보호를 추구할 것이다.

섹션 3에는 회사의 주요 목표와 특정 고객, 협력자, 회사, 그리고 경쟁업체의 목표가 요약되어 있다.

4. 전략

4.1 타겟 시장

고객

우리의 현재 타겟 시장은 성숙한(성장하지 않는) 치아를 가진 성인 및 청소년이며, 다른 적합한 조건을 가진 사람도 포함될 수 있다. 우리의 점유율은 매년 치아교정치료를 받는 성숙한 치아를 가진 900,000명의 환자들 중 8% 정도를 차지한다. 지금까지 우리는 치료 과정에서 치아의 움직임을 정확하게 예측할 수 있는 능력이 제한되어 있기 때문에 치아와 턱이 아직 발달하지 않은 아이들을 치료하지 않기로 결정했었다.

2008년에, 우리는 치아가 아직 자라고 있는 청소년(12세 이상)까지 타겟 시장을 확대할 계획을 갖고 있는데, 이는 치료 과정에서 치아의 움직임을 정확하게 통제할 수 있는 테크놀로지의 발전으로 인해 가능해진 조치이다. 지리적으로 우리의 타겟 시장에는 미국, 유럽, 캐나다, 멕시코, 브라질, 호주, 홍콩, 그리고 일본이 포함된다. 우리는 2008년에 신규 시장으로 확장할 계획은 갖고 있지 않다.

협력자

우리의 주요 협력자들은 치과 전문가들이다. 즉 치아 교정 전문의와 일반 치과 의사다. 치과 전문가의 치료 방법 선택은 다음과 같은 주요 고려사항에 의해 결정된다: 1) 치료 방법의 미적 매력도, 2) 치료 효과, 3) 치료 방법과 관련된 편안함, 4) 구강 위생, 5) 사용 편의성, 6) 치료 결과의 예측 가능성, 7) 고객 지원 수준, 8) 치과 전문가의 대면 진료 시간, 그리고 9) 가격.

4.1절은 5C 프레임웍을 따른다.

이 섹션은 제공물의 타겟 고객을 나타낸다. 3.3절에 요약된 목표 세분시장의 핵심 측면을 요약하여 타겟 고객에 대한 보다 상세한 분석을 제공한다.

이 섹션에서는 인비절라인 시스템의 성공을 지원하는 주요 협력자를 나타낸다.

우리는 8,310명의 교정전문의와 27,480명의 일반 치과 의사 그리고 12,340명의 치과 전문가를 국제적으로 교육했다. 치과 전문가들 사이의 분기별 인비절라인 이용률은 (연구에)참여한 교정전문의 1명당 4.9건, (연구에)참여한 일반의사 1명당 2.3건, 미국 외의 치과 전문가 1명당 3.1건이다.

경쟁자

이 섹션은 인비절라인 시스템의 주요 경쟁자들을 나열하고 현재와 미래 시장의 경쟁적 강도를 평가한다.

우리의 경쟁자에는 3M, 싸이브론 인터내셔널, 그리고 덴츠플라이 인터내셔널 같은 부정교합을 치료하는 전통적인 교정 제품 생산업체가 포함된다. 추가적으로, 지난 몇 년 간 다음과 같은 수많은 직접적인 경쟁자들이 나타났다 1) 싸이브론 덴탈 스페셜리스트사의 자회사인 AOA사의 클리어가이드, 심플리파이브, 그리고 레드, 화이트, 블루 시스템, 2) 3M의 인코그니토 브레이스, 3) 인시그니아의 클리어가이드 익스프레스, 4) 옴코의 대몬 클리어와 인스파이어 ICE, 5) 오라메트릭스의 슈어스마일, 그리고 6) 클리어 코렉트

기업

얼라인 테크놀로지는 1997년에 델라웨어에서 설립되었다. 본사는 캘리포니아주 산타클라라에 있으며, 생산, 고객 지원, 소프트웨어 엔지니어링, 그리고 관리 인력이 그곳에 배치되어 있다. 또한 멕시코, 코스타리카, 유럽, 일본에 생산 시설을 운영하고 있다.

현재 생산 및 운영 641명, 영업 및 마케팅 340명, 연구개발 154명, 일반 관리 및 행정 172명 등 1,307명의 직원이 근무하고 있다. 지리적으로 우리 직원들은 미국에 576명, 코스타리카에 586명, 유럽에 134명, 일본에 11명이 있다.

우리의 주요 목표는 인비절라인 시스템을 치아교정 부정교합을 치료하는 표준 방법으로 확립하는 것이다. 우리의 핵심 역량은 고도로 맞춤화되고, 불량 판정을 엄격하게 하고, 높은 의료적 품질을 가진 제품을 대량으로 생산하는 것이다. 우리의 전략적 자산에는 지적 재산권(자체적인 특허를 보유한 테크놀로지), 전문화된 생산 시설, 인비절라인 시스템 사용을 위해 훈련된 치과 전문가 네트워크, 인비절라인 및 클린체크 브랜드, 그리고 기존 고객 기반이 포함된다.

컨텍스트

경제적 컨텍스트: 경제 위기, 주식 시장 변동성 증가, 주택 담보 대출 위기, 주택 시장 급락, 은행 시스템의 지불 능력을 위협하는 신용 위기, 소비자 신뢰 및 지출 감소.

이 섹션은 얼라인 테크놀로지가 타겟 고객의 니즈를 충족시키는 구체적인 컨텍스트를 나타낸다.

규제적 컨텍스트: 의료기기 생산업체들과 헬스 케어 제공자들을 규제하는 법률은 다음을 포함한 광범위한 주제를 다룬다.

- 환자 의료 정보의 기밀유지, 그리고 그러한 정보가 우리의 데이터베이스에 포함되도록 허용되거나 우리에 의해 제3자에게 허용될 수 있는 상황은 주 정부의 강력한 규제를 받는다.
- 연방 및 주 규정은 메디케어와 메디케이드 같은 연방 또는 주의 헬스케어(의료보험) 프로그램에 참여하는 사람에게 환자를 소개해주는 대가로 금전적 보상을 지급하는 것을 금지하고 있다.
- 다양한 주에서 치과 의사들을 위한 광고 및 환자 소개 서비스의 운영을 규제하고 있으며, 참여하는 치과 의사들과의 관계를 어떻게 구축하는지에 대한 다양한 요구사항을 준수할 것을 요구할 수 있다.
- FDA의 의료기기 분류에 따르면 인비절라인 시스템은 가장 덜 엄격한 등급인 클래스 I 장치로서, 그 무엇보다도, 광범위한 사전 임상 시험 및 임상 시험을 포함하는 출시 전 승인을 필요로 하지 않는다.

- 우리의 글로벌 운영은 얼라인 테크놀로지, 치과 전문가, 그리고 환자 간의 관계를 정의하는 다양한 현지 규정을 따른다.

4.2 고객 가치 제안

가치 제안

인비절라인 시스템은 타겟 고객에게 다음과 같은 여러 가지 고유한 혜택을 제공한다.

- **훌륭한 미관.** 얼라이너는 착용 시 거의 보이지 않으므로 기존 교정기에서 제기되었던 미적인 문제가 없다.
- **구강 위생 개선.** 환자는 식사, 양치, 치실 시 얼라이너를 제거할 수 있으며, 이는 치료 중 충치와 치주 손상을 줄일 수 있는 기능이다.
- **안전성 개선.** 기존 교정기의 6주 조정 주기를 2주 단계로 대체함으로써 인비절라인 시스템은 치아를 보다 조심스럽게 이동시켜 치근 흡수(치아 뿌리의 축소) 가능성을 낮춘다.
- **편안함 향상.** 인비절라인 시스템은 기존 교정기보다 훨씬 편안하고 피부 거슬림이 적다.
- **전체 치료 시간 단축.** 인비절라인 시스템은 (치아에 가해지는) 힘을 통제할 수 있다. 이는 인비절라인 시스템이 노출된 표면 전체에 넓게 분산 배치된 것 때문이기도 하고, 동시에 의도치 않은 치아 이동 가능성이 낮아진 것 때문이기도 하다. 이는 기존의 교정기에 비해 전체 치료 시간을 크게 단축할 수 있다.
- **응급 상황 발생률 감소.** 분실되거나 파손된 얼라이너는 해당 치료 단계(series) 내의 다음 얼라이너로 간단히 교체될 수 있기 때문에 환자와 교정전문의 모두의 불편을 최소화할 수 있다.

섹션 4.2는 3V 프레임워크를 따른다.

이 섹션에서는 타겟 고객을 위한 인비절라인 시스템의 주요 혜택을 나타낸다. 이 섹션은 다음과 같은 질문에 대한 답변이다: 타겟 고객이 인비절라인 시스템을 사용하여 치아 교정을 하는 이유는 무엇인가?

포지셔닝 선언문

가벼운 부정교합 증상을 보이는 성인과 청소년을 위해, 인비절라인은 치아를 교정하기 위한 편리하고 눈에 거슬리지 않는 솔루션을 제공한다.

4.3 협력자 가치 제안

가치 제안

인비절라인 시스템은 치과 전문가에게 다음과 같은 혜택을 제공한다.
- **치료 상황 및 예상되는 결과를 시각적으로 나타낼 수 있는 능력.** 인비절라인 시스템을 사용하면 치과 전문가가 치료 과정과 예상되는 최종 결과를 대화형 3차원 컴퓨터 모델에서 미리 볼 수 있다. 이를 통해 치과 전문가는 환자에게 가장 적합한 치료 방법을 선택하기 전에 여러 가지 치료 방법을 분석할 수 있다.
- **사용 편의성.** 인비절라인 시스템은 기존의 치과 교정 치료의 기초가 되는 동일한 생체역학적 원리에 기반하기 때문에 치과 전문가들이 배우고 사용하기에 간편하다. 첫 인증을 위한 트레이닝은 당일 워크숍으로 이수할 수 있으며, 최소한의 비용 지출로 워크숍을 마친 후 즉시 케이스를 제출할 수 있을 만큼 준비될 수 있다.
- **환자 기반 증가.** 현재, 미국에서 부정교합이 있는 2억 명 이상의 사람들 중 1% 미만만이 매년 치료를 시작한다. 인비절라인 시스템은 치과 전문가들이 그렇지 않았다면(인비절라인이 없었다면) 치료를 선택하지 않았을 사람들에게 새롭고 매력적인 치료 방법을 제공함으로써 환자 기반을 넓힐 수 있도록 해 준다.

이 섹션은 타겟 고객과 인비절라인 시스템의 핵심 혜택을 나타낸다.

이 섹션에서는 치과 전문가를 위한 인비절라인 시스템의 핵심 혜택을 다룬다. 이 부분은 다음과 같은 질문에 대한 답변이다. 치과 전문가들은 왜 기존의 교정기 대신 인비절라인 시스템을 사용하려고 하는가?

- **더 높은 마진.** 인비절라인 시스템을 사용하면 치과 전문가가 치료 기간을 보다 정확하게 추정할 수 있으므로 치료 기간을 과소평가할 가능성이 줄어들고 전체적인 환자 당 이익률이 높아진다. 또한 고객에게 상당한 혜택이 있기 때문에, 교정전문의는, 세라믹, 그리고 설측 교정기 같이 기존의 교정기를 대체할 수 있는 보다 미적으로 매력적인 다른 교정기와 비교해 볼 때, 인비절라인 시스템에 대해 더 높은 금액을 청구할 수 있다.
- **치과 교정 및 직원 시간 단축.** 인비절라인 시스템은 환자 방문의 빈도와 방문 동안의 시간 모두를 줄여준다. 환자의 치아에 기구를 부착하고, 치료 과정에서 아치와이어를 조정하고, 치료가 끝날 때 기구를 제거하는 등 시간이 많이 필요한 프로세스가 필요 없다. 따라서 인비절라인 시스템을 사용하면 교정전문의와 직원의 대면 진료 시간이 크게 단축되고 진료 효율을 높일 수 있다.

포지셔닝 선언문

치과 전문가에게 있어서, 인비절라인 시스템은 환자의 규모를 증대 시켜 주고, 마진을 높여 주기 때문에, 기존의 교정기에 비해 대부분의 부정교합 사례를 치료하는 데 더 나은 방법이다.

4.4 기업 가치 제안

가치 제안

2007년 총 매출은 2억 7,100만 달러였다. 매출총이익률은 73.6%, 영업이익률은 12.5%였다. 2008년에는 매출을 10%, 매출총이익률을 75%, 영업이익률을 14%까지 늘려 재무적 성과를 개선하려는 계획을 갖고 있다. 자세한 재무 정보와 주요 가정은 도표 1-2에 제시되어 있다.

이 섹션은 기업의 협력자 및 이러한 협력자를 위한 제공물의 핵심 혜택을 알려준다.

이 섹션은 이해관계자들을 위한 핵심 혜택에 대해 다룬다. 이 섹션은 다음과 같은 질문에 대한 답변이다: 이해관계자가 인비절라인에 투자해야 하는 이유는 무엇인가?

포지셔닝 선언문

성장 가능성이 높은 기업에 투자하고자 하는 투자자들을 위해 얼라인 테크놀로지는 환자와 치과 전문가 모두에게 독특한 편익을 제공하는 특허 시스템을 통해 750억 달러 규모의 교정 기기 시장에 참여할 수 있는 기회를 제공한다.

5. 전술

5.1 제품

인비절라인 시스템은 클린체크와 얼라이너라는 두 가지 구성 요소로 구성된다.

- 클린체크는 치과 전문의들이 환자를 진단하고 치료 계획을 세울 수 있는 대화형 인터넷 애플리케이션이다. 클린체크는 치과 전문가가 제출한 치아 복제본과 치료 처방을 활용해 2주 단위로 적절한 치아 움직임을 시뮬레이션하는 맞춤형 3차원 치료 계획을 개발한다. 클린체크를 통해 치과 전문가들이 3차원 시뮬레이션을 높은 배율로 모든 각도에서 볼 수 있다.

이 섹션은 '핵심 이해관계자'와 '그들을 위한 인비절라인 시스템의 핵심 혜택'에 대해 밝힌다.

섹션 5.1은 인비절라인 시스템의 제품 측면과 제안된 제품 변화를 다룬다.

- 얼라이너는 맞춤형으로 제작된 투명하고 착탈 가능한 치과 기기이며, 처방된 치료 단계 대로 착용함으로써 교정 치료가 가능하다. 각 얼라이너는 환자의 치아를 덮고 있어서 착용 시 거의 보이지 않는다. 얼라이너는 일반적으로 연속 2주 기간 동안 쌍으로(상부와 하부의 덴탈 아치로) 착용되며, 이 기간은 승인된 클린체크 치료 시뮬레이션에 해당한다. 2주 후 환자는 얼라이너를 폐기하고 해당 치료 단계 내의 다음 쌍으로 교체한다. 이 프로세스는 최종 얼라이너를 사용하고 치료가 완료될 때까지 반복된다. 현재 두 가지 치료 프로그램을 제공하고 있다: 인비절라인 풀(Full) 및 인비절라인 익스프레스(2005년 출시).
  - 인비절라인 풀 치료는 치료 목표를 달성하기 위해 클린체크에서 표시한 만큼의 얼라이너로 구성된다. 일반적인 인비절라인 풀 환자는 44주 동안 22개의 얼라이너 세트를 사용한다.
  - 인비절라인 익스프레스는 성인 재발 케이스, 경증의 치아 밀집 또는 벌어짐, 또는 보철재 등 회복적 치료 또는 미용적 치료의 선행 치료 수단으로서 저렴한 선택권을 제공함으로써 치과 전문가들이 광범위한 환자를 치료하는 데 도움을 주기 위한 것이다. 인비절라인 익스프레스는 최대 10개의 얼라이너로 구성된다.

2008년에 우리는 두 가지 새로운 치료 프로그램을 시작할 계획을 갖고 있다. '인비절라인 틴' 그리고 '비베라' 리테이너이다.

- 인비절라인 틴은 치아가 아직 자라고 있는 12세 이상의 청소년들을 치료하기 위해 만들어졌다. 여기에는 환자의 순응도(정해진 치료법을 얼마나 잘 준수하고 있는지의 정도)를 측정하는 데 도움이 되는 얼라이너 마모 표시기와, 10대 환자에게서 흔히 볼 수 있는 '설측 치근 제어 문제'와 '주요 치아의 자연적 맹출(eruption: 이빨이 나는 것)'에 대응하기 위해 특별히 설계된 얼라이너 기능과 같은 기능이 포함되어 있다. 인비절라인 틴은 또한 얼라이너 손실 가능성에 대비하기 위해 실제 치료 중에 최대 6개의 개인용 무료 교체 얼라이너를 포함한다. 우리는 2008년 2분기에 인비절라인 틴을 출시할 계획이다.
- 비베라는 치아교정 환자에게 1년간 3개월마다 새로운 리테이너를 제공하는 리테이너 교체 프로그램이다. 비베라 리테이너는 인비절라인 얼라이너와 동일한 자체적인 테크놀로지 및 소재를 사용하여 제작되며 인비절라인 환자 및 인비절라인 이외 환자 모두에게 효과적이고 심미적인 유지(치아 위치를 고정하여 유지시키는 것을 말함) 솔루션을 제공한다. 우리는 2008년 1분기에 비베라 리테이너를 선보일 계획이다.

제품 사양에 대한 자세한 설명은 도표 3에 나와 있다.

5.2 서비스

우리는 인비절라인 시스템을 사용하기로 결정한 교정전문의에게 지원 서비스를 제공한다. 이러한 서비스에는 최초 트레이닝, 현재 케이스에 대한 지원, 그리고 사업 확장 지원이 포함된다.

섹션 5.2에서는 인비절라인 시스템을 사용하는 치과 전문가에게 제공되는 서비스를 중심으로 인비절라인 시스템의 서비스 측면을 다룬다. 이 섹션은 또한 치과 전문가들에게 제공되는 서비스의 제안된 변화들을 요약한다.

- **최초 트레이닝**은 영업팀과 교정전문의 팀에 의한 워크샵 형식으로 수행된다. 트레이닝에서 다루어지는 주요 주제에는 케이스의 선택 기준, 인비절라인 처방 양식 작성에 대한 가이드라인, 프라이싱에 대한 가이드라인, 클린체크 소프트웨어와의 상호 작용, 그리고 인비절라인 웹 사이트 사용에 대한 가이드라인 등이 포함된다.
- **현재 진행 중인 케이스(사례)의 지원**에는 특정 환자에게 인비절라인 시스템을 적용하고 사용할 수 있도록 교정전문의를 지원하는 것이 포함된다.
- **사업 확장 지원**은 교정전문의가 지역의 일반 치과의사 및 예비 환자에게 직접 우편 또는 기타 매체를 통해 서비스를 알리는 데 도움이 된다.

2008년에 우리는 두 가지 새로운 서비스를 출시할 계획이다: 인비절라인 어시스트와 얼라인테크 인스티튜트.

- **인비절라인 어시스트**는 인비절라인 케이스를 선택하고, 모니터링하고, 그리고 마무리하는 통합적 접근 방식을 선호하는 일반 치과 의사를 위해 특별히 설계되었다. 인비절라인 어시스트는 새로 트레이닝을 받은 환자가 적은 일반 치과의사들이 인비절라인의 채택과 빈도를 가속화할 수 있도록 돕기 위한 것으로, 이는 일반 치과의사들이 1) 자신의 경험 수준이나 치료 접근 방식에 적합한 사례를 선택하고, 2) 치료 케이스를 더 효율적으로 제출하고, 3) 제안된 과업과 함께 환자와의 진료 예약을 관리하는 것을 쉽게 할 수 있도록 한 것이다. 새로운 진척도 추적 기능을 통해 치과의사는 매 아홉 개의 단계마다 새로운 임프레션(구강 상태에 대한 복제본)을 제출하고 환자의 경과에 따라 수정된 얼라이너를 받을 수 있다.

- 얼라인테크 인스티튜트 프로그램은 광범위한 임상 교육 프로그램을 새로운 대화형 웹 사이트(www.aligntechinstitute.com)에 통합하여 인비절라인 트레이닝을 받은 치과 전문가에게 온디맨드 방식으로 임상 교육 및 실습 개발 트레이닝 기회를 제공한다. 이러한 실습 개발 트레이닝 기회에는 강사 주도 트레이닝 수업, 세미나, 그리고 워크샵, 컨퍼런스 콜, 온라인 동영상, 케이스 연구, 그리고 기타 임상적인 리소스들이 포함된다.

인비절라인 어시스트와 얼라인테크 인스티튜트에 대한 자세한 설명은 도표 4에 나와 있다.

5.3 브랜드

우리는 제공물을 나타내기 위해 두 개의 브랜드를 사용한다: 인비절라인 및 클린체크.
- 인비절라인. 우리는 일련의 보이지 않는 얼라이너를 사용하여 치아를 교정하는 프로세스를 나타내기 위해 인비절라인이라는 브랜드를 사용한다. 인비절라인 브랜드는 소비자, 교정전문의, 그리고 일반 치과의사와의 커뮤니케이션에 사용된다. 인비절라인 이름은 우리의 등록 상표다. 인비절라인 브랜드는 다음과 같은 두 개의 하위 브랜드를 위한 우산 브랜드로도 사용된다: 인비절라인 풀, 그리고 인비절라인 익스프레스.
- 클린체크. 우리는 치과 전문가들이 환자를 진단하고 치료 계획을 세울 수 있는 대화형 인터넷 응용 프로그램을 가리키기 위해 클린체크라는 브랜드를 사용한다. 우리는 치과 전문가와의 커뮤니케이션에서 클린체크 브랜드를 사용한다. 소비자 커뮤니케이션에서는 사용되지 않는다. 클린체크 이름은 우리의 등록 상표다.

섹션 5.3에는 얼라인 테크놀로지가 자사 제품에 고유한 아이덴티티를 부여하기 위해 사용하는 브랜드가 요약되어 있다.

두 브랜드(클린체크 및 인비절라인) 모두 치과 전문가에게 알려지지만 소비자 커뮤니케이션에는 후자만 사용된다.

2008년에는 인비절라인 브랜드를 리포지션하고 브랜드 포트폴리오를 확장할 계획이다.

- 인비절라인 브랜드의 리포지셔닝. 우리는 브랜드 재인(recognition)을 강화하고 전략적 이니셔티브와 더 잘 연계하기 위해 브랜드를 리포지션 할 계획이다. 인비절라인의 새로운 룩앤필(시각적 및 경험적 요소)은 역동적이고 현대적이며 접근성이 있으며, "건강하고 아름다운 미소"라는 우리의 비전을 독특하고 기억에 남는 방식으로 전달한다. 우리의 브랜드 포지셔닝 전략은 자체적인 연구 결과를 기반으로 하며, 소비자 사이에서 인비절라인 인지도와 수요를 높이고 치과 전문가의 인비절라인 채택 및 활용도를 높이는 것을 목표로 한다.
- 브랜드 포트폴리오의 확장. 다음과 같은 두 개의 새로운 인비절라인 하위 브랜드를 추가할 계획이다. 인비절라인 틴과 인비절라인 어시스트. 또한 리테이너와 함께 사용되는 비베라와, 교육 프로그램을 통합하는 얼라인테크 인스티튜트의 두 가지 새로운 브랜드를 소개할 것이다. 우리는 이 상표들을 미국 특허상표청에 출원했다.

인비절라인, 얼라인테크, 그리고 비베라 로고에 대한 자세한 설명은 도표 5에 나와 있다.

이 섹션에서는 인비절라인 브랜드에 제안된 변화도 다룬다.

5.4 프라이싱

치과 교정 치료비는 치과 전문가와 환자가 협의를 통해 정한다. 교정전문의의 서비스(얼라이너 포함)에 대한 평균 소매 가격은 케이스(사례)의 심각성 (난이도)에 따라 약 5,000~7,000달러가 될 것으로 예상된다.

얼라인 테크놀로지의 제품은 치과 전문가에게 (얼라이너 단위가 아닌) 고정 가격으로 제공된다. 치과 전문가들의 평균 가격은 인비절라인 풀(Full)이 환자당 1,500달러, 인비절라인 익스프레스가 1,000달러, 인비절라인 틴 (Teen)이 1,700달러, 인비절라인 어시스트가 1,900달러, 비베라 리테이너 가 200달러이다. 자세한 프라이싱 정보는 도표 6에 나와 있다.

5.5 인센티브

우리는 다음과 같은 인센티브를 제공한다.
- **고객을 위한 인센티브.** 치료의 구체적 내용과 비용은 교정전문의와 환자가 직접 협의하기 때문에 소비자에게 직접 인센티브를 제공하지 않고 있다. 우리는 치과 전문가들이 수요를 관리하기 위해 고객들에게 그들만의 할인 혜택을 제공할 것으로 예상한다.

섹션 5.4는 환자와 치과 전문가 모두를 위한 인비절라인 시스템의 가격을 다룬다. 인비절라인 시스템은 치료의 한 구성 요소일 뿐이며 고객이 지불하는 가격은 치과 전문가가 정한다.

5.5절에서는 타겟 고객과 협력자에게 제공되는 인센티브를 다룬다.

- **협력자를 위한 인센티브.** 우리는 치과 전문가를 계층화 하는 시스템을 사용하는데, 이 시스템은 영업조직이 인비절라인 시스템 사용에 가장 능숙한 치과 전문가에게 더 많은 시간을 할애하도록 독려한다. 우리는 치과 전문가들을 계층화하기 위해 주로 인비절라인 시스템으로 치료를 시작한 사례의 수와 같은 객관적인 기준을 사용한다. 우리의 고객 콜 센터 및 웹사이트를 통한 잠재 환자의 문의는 상위 계층의 치과 전문가들에게 연결된다. 이러한 계층화된 프로세스는 선택된 치과 전문가에게 보상을 주어, 그들의 진료실에서 인비절라인 시스템의 사용을 신속하게 증가시키도록 해 준다. 협력자 인센티브에 대한 자세한 설명은 도표 7에 나와 있다.

5.6 커뮤니케이션

소비자 커뮤니케이션

소비자들은 인비절라인 시스템의 혜택에 대해 당사 및/또는 치과 전문가로부터 직접 배울 수 있다. 따라서, 우리는 타겟 고객에게 도달하기 위해 두 가지 기본 전략을 사용한다. 우리는 미적으로 매력적인 부정교합 치료의 존재를 모르는 상태에서는 치아 교정을 고려하지 않을 것으로 예상되는, 외모를 중시하는 소비자를 타겟으로 하기 위해 풀 전략(소비자에게 직접 전달하는 커뮤니케이션)을 사용한다. 또한 치료의 선택을 치과 전문가의 조언에 의존하는 건강을 중시하는 개인을 타겟으로 공략하기 위해 푸시 전략(치과 전문가에게 인센티브를 제공함)을 사용한다.

이 섹션에서는 타겟 고객에 대한 커뮤니케이션과 이 커뮤니케이션에서 제안된 변화를 다룬다. 직접 대 간접 커뮤니케이션의 사례 내의 풀 대 푸시 전략의 사용에 대한 내용은 4.1절의 타겟 시장 분석에 기반한다..

- 소비자 직접(풀 전략) 커뮤니케이션
  - 미디어: 우리는 전국적인 텔레비전과 라디오 광고 캠페인을 통해 소비자에게 혜택을 직접 전달함으로써 인비절라인 시스템을 알린다. 또한 무료 전화 회선(1-800-INVISIBLE)과 웹 사이트 (invisalign.com)를 통해 인비절라인 시스템에 대한 정보를 제공한다.
  - 메시지: 외모를 중시하는 소비자에게 직접적으로 타겟팅하는 캠페인이기 때문에, 우리의 메시지는 인비절라인 시스템 사용의 미적인 혜택과 전반적인 편의성에 초점을 맞출 것이다.
  - 슬로건: 우리의 슬로건은 "다시 웃는 법을 배우세요(Learn how to smile again)"이다.
- 간접(푸시) 소비자 커뮤니케이션. 인비절라인 시스템에 대한 추천을 손쉽게 해 주기 위해 교정전문의와 일반 치과의사에게 사무실에 전시할 브로셔, 달력, 그리고 포스터를 포함한 판촉물을 제공하거나 관심을 표명하는 환자에게 제공한다.

우리의 소비자 커뮤니케이션은 도표 8에 요약되어 있다.

협력자 커뮤니케이션

치과 전문가들은 매스미디어 소비자 광고뿐만 아니라 치과 전문가를 타겟으로 하는 커뮤니케이션에서 인비절라인 시스템에 대해 배울 수 있다.

- 미디어. 우리는 '치과 전문가를 타겟으로 하는 전문지의 인쇄 광고', '교정 및 치과와 관련 컨벤션과 컨퍼런스를 위한 이벤트 후원', '교정 및 치과 진료를 받는 개인을 타겟으로 하는 직접 우편 및 텔레마케팅'을 사용한다. 또한 북미의 136명의 직할 영업 담당자와, 30명 이상의 해외 영업 및 영업 지원 담당자가 있는 영업 팀이 있다.

타겟 고객에게 보내는 메시지의 내용은 4.2절에 요약된 가치 제안과 포지셔닝 선언문에 직접 나온다.

이 섹션은 치과 전문가와의 커뮤니케이션과 이 커뮤니케이션의 제안된 변화를 다룬다.

- 메시지. 우리의 메시지는 환자 규모 증가, 마진 증대, 대면 진료 시간 단축을 통해 치아 교정 치료 수익성을 크게 향상시킬 수 있는 가능성에 초점을 맞추고 있다.

치과 전문가와의 커뮤니케이션에 대한 추가 정보는 도표 9에 나와 있다.

치과 전문가에게 보내는 메시지의 내용은 4.3절에 요약된 가치 제안과 포지셔닝 선언문을 직접적으로 따른다.

5.7 유통

섹션 5.7은 인비절라인 시스템의 유통 채널 그리고 유통 시스템의 제안된 변화를 나타낸다.

인비절라인 시스템은 교정전문의를 통해 독점적으로 유통되며 소비자가 얼라인 테크놀로지에서 직접 소매용 제품을 구입할 수 없다. 주문은 본사를 통해 처리되며 멕시코에 있는 생산 시설에서 직접 치과 병원으로 다음과 같이 묶음 배송된다.

- 인비절라인 풀 및 인비절라인 익스프레스 얼라이너는 교정전문의 및 일반 치과 의사에게 한 번의 배송으로 전달된다.
- 인비절라인 틴 얼라이너(교체용 얼라이너는 제외)는 교정전문의만 사용할 수 있으며 한 번의 배송으로 전달된다.
- 인비절라인 어시스트 얼라이너는 9단계마다 진척 상황을 추적하여 치과의사에게 배송된다.
- 비베라 리테이너는 1년에 걸쳐 3개월마다 교정전문의와 일반 치과의사에게 배송된다.

6. 실행

6.1 자원 개발

섹션 6은 마케팅 플랜의 실행에 관련된 프로세스를 다룬다.

현재 우리는 비즈니스 플랜을 실행하기 위한 필수적인 자원을 가지고 있다. 우리는 멕시코에서 생산한 얼라이너 제작 및 패키징을 위한 자동화 시스템 개발을 계속하고 있다. 우리는 또한 소프트웨어 개발과 코스타리카에서의 운영 효율성 향상에 주력하여 생산 프로세스의 효율성을 높일 계획이다. 제안된 변화의 상세한 사항은 도표 10에 제공되어 있다.

6.2 시장 제공물 개발

우리는 현재 인비절라인 풀 및 인비절라인 익스프레스의 설계, 생산, 프로모션, 그리고 유통을 수행하고 있다. 얼라인 테크놀로지 제공물을 관리하는 실행 프로세스에 대한 자세한 설명은 도표 11에 나와 있다.

6.3 상업적 전개

2008년 1분기에는 비베라 리테이너, 2008년 2분기에는 인비절라인 틴, 2008년 3분기에는 인비절라인 어시스트를 출시할 계획이다. 이러한 제공물의 상업적 전개에 대한 세부 일정은 도표 12에 요약되어 있다.

7. 통제

7.1 성과 평가

우리는 목표 달성을 위한 올바른 궤도에 오르게 하기 위해 지속적으로 재무적 성과를 모니터링하고 있다. 우리는 재무제표에 보고된 표준적인 재무적 수치 외에도 다음과 같은 측정치를 사용하여 성과를 모니터링한다.

- 당사 제품을 사용하여 치료를 시작하는 환자 수
- 인비절라인 시스템 사용을 위해 트레이닝을 받은 치과 전문가의 수
- 침투율(인비절라인 시스템을 지난 12개월 동안 사용한 치과 전문가 수)
- 이용률(각 분기 동안 치과 전문가 1명당 주문 건수)

인비절라인 시스템과 관련된 테크놀로지 개선을 위해 교정전문의 및 일반 치과의사의 피드백을 적극 요청하고 있다.

7.2 환경의 분석

우리는 다음과 같은 환경의 변화를 지속적으로 모니터링한다.

- 고객 선호도 변화
- 내부 자원 및 역량의 변화
- 인비절라인 시스템이 협력자(교정 전문의 및 일반 치과 의사)에게 제공하는 가치의 변화
- 경쟁 환경의 변화
- 기업이 운영되는 경제적, 비즈니스적, 사회문화적, 기술적, 규제적 컨텍스트의 변화

섹션 7.1은 섹션 3에서 정의된 목표를 향한 진척도를 측정하는 데 사용되는 측정치를 다룬다.

7.2절에서는 기업이 운영되는 환경의 변화를 감시하는 프로세스를 다룬다.

환경을 모니터링하기 위해 다음과 같은 활동을 하고 있다.

- 새로운 특허 및 상표 출원에 대한 USPTO(미국 특허상표청) 데이터 베이스 모니터링
- 전문 컨퍼런스 및 전시회 참가
- 전문 출판물 검토
- 소비자 및 치과 전문가의 제공물 사용 경험을 리서치하기 위한 자체적인 리서치 수행
- 치과 교정 테크놀로지 및 마케팅 방법의 새로운 개발을 다루는 이차 리서치 자료 리뷰

성과 지표는 도표 13에 자세히 설명되어 있다.

8. 도표

섹션 8은 마케팅 플랜을 뒷받침하는 문서에 대해 설명한다(간결성을 위해 실제 도표는 이 플랜에 포함되지 않는다).

도표 1 - 도표 13.

섹션 8은 마케팅 플랜을 뒷받침하는 문서에 대해 설명한다(간결성을 위해 실제 도표는 이 플랜에 포함되지 않는다).

> > > 7장 < < <

샘플 마케팅 플랜:
디월트 인더스트리얼 툴 컴퍼니

이 섹션에 요약된 샘플 마케팅 플랜은 블랙앤데커의 디월트 인더스트리얼 툴 컴퍼니의 런칭에 대해 다룬다. 출시 당시 블랙앤데커는 전동 공구, 잔디 및 정원용 공구, 주거용 보안 하드웨어 장비의 세계 최대 생산업체였다. 소비자 및 산업 시장에서의 성공에도 불구하고, 블랙앤데커는 소규모 기업과 독립 계약자로 구성된 개인사업자(tradesmen) 세분시장에서 저조한 성과를 거두었다. 이 세분시장의 성장 잠재력과 시장에서의 전략적 중요성을 인식한 블랙앤데커는 개인사업자들의 니즈를 충족시키기 위해 특별히 설계된 새로운 제품 라인을 출시하기로 결정했다. 새로운 제품 라인은 별도의 회사에 의해 관리된다. 이 회사는 블랙앤데커의 100% 자회사로 조직되고 블랙앤데커 포트폴리오의 하나의 브랜드인 디월트라는 이름을 사용한다.

디월트의 마케팅 플랜은 블랙앤데커의 새롭게 탄생한 전략적 비즈니스 단위(디월트 인더스트리얼 툴 컴퍼니)의 지원 하에 새로운 브랜드를 런칭하는 것을 보여준다. 이러한 신규 제공물 출시는 소비자, 산업, 그리고 개인사업자라는 세 가지 다른 고객 세분시장을 타겟으로 하는 기존 제품라인 내에서 포지셔닝된다. 이러한 맥락에서, 마케팅 플랜은 고객, 협력자, 그리고 기업을 위해 가치를 최적화하기 위한 디월트의 전략을 보여준다. 디월트의 마케팅 플랜은 제안된 전략을 수행하는 마케팅 믹스의 다양한 요소(제품, 서비스, 브랜드, 가격, 인센티브, 커뮤니케이션, 그리고 유통)의 세부 사항을 더욱 강조한다.

이 장에서 다루고 있는 디월트 마케팅 플랜은 이 책의 앞부분에 요약된 플랜의 구조를 따른다. 이 플랜은 1) 마케팅 플랜의 하이라이트를 요약한 요약본, 2) 기업이 운영되는 시장에 대한 배경 정보를 제공하는 상황 개요, 3) G-STIC 프레임워크를 따르는 행동 플랜, 그리고 4) 마케팅 플랜의 특정 측면에 대한 추가적인 정보를 제공하는 일련의 도표로 구성된다. 마케팅 플랜의 다양한 요소들 간의 관계를 더 잘 설명하기 위해, 1) 각 섹션의 목적, 그리고 2) 마케팅 플랜의 다른 섹션들 간의 연결이 사이드바에 강조되어 있다.

7장. 샘플 마케팅 플랜: 디월트 인더스트리얼 툴 컴퍼니

마케팅 플랜:
디월트 인더스트리얼 툴 컴퍼니

1. 경영자 요약

블랙앤데커의 전동공구 부문은 미국 매출의 29%를 차지하는 가장 큰 제품라인을 대표한다.

전동 공구 시장은 소비자, 산업, 그리고 개인사업자(tradesmen)라는 세 가지 세분시장으로 구성된다. 블랙앤데커는 소비자 세분시장과 산업 세분시장에서는 시장 선두주자이지만, 개인사업자 세분시장에서는 9%의 점유율에 불과하다. 게다가 블랙앤데커의 브랜드 강점과 공구의 높은 품질에도 불구하고, 이 세분시장의 기업 수익성은 사실상 제로였다.

이 플랜은 디월트 브랜드로 새로운 제품과 서비스를 출시함으로써 개인사업자라는 세분시장에서 블랙앤데커의 시장 리더십을 확립하기 위한 우리의 주요 마케팅 활동에 대해 다룬다.

섹션 1의 경영자 요약에서는 제공물의 핵심 측면에 대한 간략한 개요를 제공한다.

2. 상황 개요

전동 공구 시장은 다음과 같은 세 가지 유형의 고객으로 구성된다 1) 소비자 - 집과 관련하여 전동 공구를 사용하는 구매자, 2) 개인사업자 - 주거용 건축을 위해 일하는 목수, 배관공, 전기공과 같은 소규모 기업 및 독립적 계약자 - 이들은 자신의 직업을 위해 전동 공구를 사용함 3) 산업 구매자 - 소속 직원들이 사용하도록 하기 위해 전동공구를 구매하는 기업 등

고객이 (전동공구를) 선택할 때 일반적으로 고려하는 주요 속성은 1) 파워, 2) 신뢰성, 3) 서비스, 4) 브랜드 이미지, 그리고 5) 가격이다. 세 개의 세분시장 각각에 대한 이러한 요인의 상대적 중요도는 다음과 같다.

전동공구 시장의 핵심 세분 고객

속성	소비자	자영업자	산업
파워	낮음	높음	높음
신뢰성	낮음	높음	높음
서비스	낮음	높음	보통
브랜드	보통	높음	낮음
가격	높음	낮음	보통

전동 공구는 1) 산업 공급 기업(W. W. 그레인저), 2) 도매 유통업자(소규모 소매점에게 판매하는), 3) 대형 주택 보수 센터(홈디포, 로우스), 4) 소형 철물점 체인(에이스 하드웨어, 서비스타), 5) 독립 소유형 철물점, 그리고 5) 대형 판매업자(월마트) 를 포함한 다양한 채널을 통해 유통된다.

섹션 2는 기업이 제공물을 통해 충족하고자 하는 충족되지 못한 고객 니즈를 알려준다.

미국 전동 공구 시장 내의 주요 경쟁자로는 블랙앤데커, 마키타, 밀워키 툴스, 료비, 스킬, 크래프츠맨(블랙앤데커가 생산하고 시어즈가 프라이빗 레이블로 판매), 포터케이블, 보쉬, 히타치, 파나소닉, 그리고 힐티 등이 있다.

블랙앤데커는 1) 전동 공구, 2) 잔디 및 정원용 전동 공구, 3) 주거용 보안 설비의 세계에서 가장 큰 생산업체다. 블랙앤데커의 5대 제품라인은 1) 전동 공구(블랙앤데커 미국 매출의 29%), 2) 가정용 제품(15%), 3) 정보 시스템 및 서비스(11%), 4) 아웃도어 제품(9%), 그리고 5) 보안 하드웨어(9%)이다. 블랙앤데커는 자신의 성장에 가장 큰 기여를 한 전동 공구 세분시장에서 시장 점유율 선두를 달리고 있다. 블랙앤데커 브랜드는 미국에서 가장 강력한 브랜드 10위 안에 자주 포함되었다.

블랙앤데커는 소비자, 개인사업자, 산업 등 세 가지 고객 세분시장을 모두 타겟으로 한다. 블랙앤데커의 개인사업자 세분시장에서의 저조한 성과로 인해, 이 플랜의 초점은 개인사업자에게 맞춰져 있다.

3. 목표

우리의 주요 목표는 전동 공구 시장에서 블랙앤데커의 점유율을 3년 안에 9%에서 20%로 향상시키는 것이다.

주요 목표를 달성하기 위해 우리는 다음과 같은 세부목표를 설정했다.

섹션 3은 고객, 협력자, 기업, 그리고 경쟁자에 초점을 맞춘 주요 목표와 일련의 세부 목표를 다룬다.

- **고객 세부목표.** 1) 인지도를 확보하고 2) 선호도를 형성하며, 3) 개인사업자의 디월트 브랜드 채택을 촉진한다.
- **협력자 세부목표.** 개인사업자 세분시장에 적합한 유통 채널을 통해 제품 가용성과 프로모션 지원을 보장한다.
- **내부 세부목표.** 영업이익을 10%에서 12%로 개선한다.
- **경쟁 관련 세부목표.** 개인사업자 세분시장의 핵심 경쟁자로 파악된 마키타로부터 점유율을 빼앗아 오는 데 마케팅 노력을 집중한다.

4. 전략

4.1 타겟 시장

고객

우리의 타겟 고객은 개인사업자이다. 즉, 주거용 건축에 종사 하며 업무를 위해 전동 공구를 사용하는 소규모 비즈니스 및 독립 계약업체다.

- **가치 잠재력:** 개인사업자는 미국 전동 공구 시장의 28% (4억2000만 달러)를 차지하고 있으며, 이 시장에서 가장 빠르게 성장하고 있는(9%) 세분시장이다.
- **가치 동인:** 성능(파워, 정밀도, 그리고 인간공학), 신뢰성, 서비스, 그리고 브랜드 이미지.
- **인구통계학적 프로파일:** 주거용 건축에 종사하는 소규모 기업 및 독립 계약자(목수, 배관공, 그리고 전기공)다.
- **행동 프로파일:** 작업 시 전동 공구를 사용하고, 업계 전문지를 읽으며, 대형 주택 보수 센터(홈디포 및 로우스), 에이스 하드웨어 및 서비스타와 같은 소형 철물점 체인, 독립 소유형 철물점을 방문한다.

섹션 4.1은 5C 프레임워크를 따른다.

이 섹션은 제공물의 타겟 고객을 나타낸다.

디월트의 고객에 대한 자세한 설명은 도표 1에 나와 있다.

기업

디월트 인더스트리얼 툴 컴퍼니는 블랙 앤 데커의 전략적 비즈니스 단위이다. 디월트에 대한 자세한 설명은 도표 2에 나와 있다.

협력자

유통 채널 파트너에는 1) 도매 유통업체(소규모 소매업체를 대상으로 함), 2) 대형 주택 보수 센터(홈디포, 로우스), 3) 소형 철물점 체인 (에이스 하드웨어, 서비스타), 그리고 4) 독립 소유형 철물점 등이 있다. 디월트의 협력자들에 대한 자세한 설명은 도표 3에 나와 있다.

이 섹션은 디월트 제공물의 성공을 돕는 주요 협력자에 대해 나타낸다.

경쟁자

마키타 전기(시장 점유율 50%), 밀워키 툴스(시장 점유율 10%), 료비(시장 점유율 9%), 스킬(5%), 크래프츠맨(5%), 포터-케이블(3%), 보쉬(3%) 등. 디월트의 경쟁자들에 대한 자세한 설명은 도표 4에 나와 있다.

이 섹션은 주요 경쟁자들 나타낸다.

컨텍스트

- **경제적 컨텍스트**: 경기침체는 높은 실업률, 제한된 자금 공급(신용), 인플레이션 증가, 불황 이전의 신규 주택건설과 리모델링의 급속한 성장, 홈디포, 로우스 등 대형 주택 보수 센터의 호황으로 이어졌다.
- **규제적 컨텍스트**: 마키타 등 일부 일본 생산업체에 대한 가격 덤핑 의혹이 제기되면서 일본에서 수입되는 특징 공구에 수입관세를 부과할 가능성이 높아졌다.

이 섹션은 블랙앤데커가 디월트 제품 라인을 출시하는 컨텍스트에 대한 세부 사항을 다룬다.

4.2 고객 가치 제안

가치 제안

개인사업자를 위한 우리의 가치 제안은 전동 공구 업계에서 유례없는 전국적인 서비스 및 품질 약속으로 뒷받침되는 높은 성능의 신뢰할 수 있는 공구를 제공하는 것이다. 다음 표와 같이 우리의 제공물은 개인사업자에게 중요한 각 주요 특성에 대해 경쟁자보다 더 큰 가치를 개인사업자에게 제공한다(첫 번째 평가 집합은 개인사업자에게 각 속성의 중요성을 나타내고 나머지 평가 집합은 이러한 속성에 대한 각 경쟁자들의 성과를 나타낸다).

전동공구 시장의 핵심 세분 고객

속성	속성 중요도	시장 제공물			
		디월트	마키타	밀워키	료비
파워	높음	높음	높음	높음	보통
신뢰성	높음	높음	높음	높음	높음
서비스	높음	높음	보통	보통	낮음
브랜드	높음	높음	높음	높음	낮음
가격	낮음	높음	높음	높음	보통

포지셔닝 선언문

전동 공구를 사용하여 생계를 유지하는 개인사업자를 위해 디월트는 튼튼하게 설계되었으며 48시간 이내에 수리 또는 교체를 보증하는 신뢰할 수 있는 전문 공구를 제공한다.

섹션 4.2는 3V 프레임워크를 따른다.

이 섹션에서는 타겟 고객을 위한 디월트 제품의 핵심 혜택을 다룬다. 이 섹션은 고객 가치를 창출하는 핵심 동인을 알려주고 디월트의 경쟁 우위를 나타낸다.

이 섹션은 타겟 고객과 이러한 고객을 위한 디월트 제공물의 핵심 혜택을 나타낸다.

4.3 협력자 가치 제안

가치 제안

- **금전적 가치**: 판매량 및 이익률(profit margin)을 높일 수 있는 잠재력.
- **전략적 가치**: 1) 대규모 프로모션 예산으로 지원되는 고객 트래픽 증가, 2) 소비자 세분시장과 전문가 세분시장 모두에 대해 하나의 공급 업체와 거래함으로써 달성되는 조달 프로세스 간소화, 그리고 3) 할인 판매점으로부터의 가격 보호.

포지셔닝 선언문

디월트 전동 공구는 할인 소매점으로부터 가격 보호를 제공하기 때문에 마키타보다 소매점에 더 나은 선택이다.

4.4 기업 가치 제안

가치 제안

- **금전적 가치**: 시장 점유율을 8%에서 50%로 높이고 마진을 5%에서 10%로 높일 수 있는 잠재력. 새로운 브랜드를 만듦으로써 기업의 가치를 증대시킨다.
- **전략적 가치**: 성장하는 개인사업자 세분시장에서 리더십의 입지를 보장한다.

소매업체가 소비자 세분시장과 전문가 세분시장 모두를 위한 단일한 공급업체를 가질 수 있도록 하는 매력적인 제품 포트폴리오를 제공함으로써, 블랙앤데커와 소매업체 간의 관계를 공고히 한다.

이 섹션에서는 협력자를 위한 디월트 제공물의 핵심 혜택을 다룬다.

이 섹션은 디월트의 포지셔닝 선언문에 대해 다룬다.

이 섹션은 기업을 위한 제공물의 가치를 다룬다. 기업 가치의 핵심적 측면은 기업의 목표에 반영되기 때문에 이 절에서는 3절에서 요약한 목표를 다시 설명한다.

포지셔닝 선언문

디월트 전동 공구는 블랙앤데커가 수익 목표를 달성할 수 있도록 지원하기 때문에 훌륭한 선택이다.

이 섹션에서는 디월트 제공물에 대한 내부 포지셔닝을 설명한다.

5. 전술

5.1 제품

33개의 고성능 전동 공구(드릴, 톱, 샌더, 그리고 플레이트 조이너)와 323개의 액세서리는 파워, 정밀도, 인체공학, 그리고 신뢰성을 극대화하도록 설계되었으며 블랙앤데커 프로페셔널 제품라인을 대체하도록 설계되었다. 디월트의 제품 라인은 도표 5에 요약되어 있다.

섹션 5.1에서는 디월트 제공물의 제품 측면을 다룬다.

5.2 서비스

- **공구 대여 정책:** 디월트는 공구를 수리하는 동안 다른 공구를 대여해 준다.
- **48시간 서비스 정책:** 48시간 이내에 수리가 완료되지 않으면 디월트에서 새 공구를 무료로 제공한다.
- **기술 지원:** 전문가가 1-800-4DeWALT로 전화하여 디월트 제품, 서비스, 수리, 또는 교환에 대한 지원을 제공한다.
- **1년 무료 서비스 계약:** 디월트는 공구를 유지보수해 주고, 소유 첫 해 동안 마모된 부품을 무료로 교체해 준다.
- **1년 워런티:** 디월트는 자재(제품의 구성 요소)과 작업(원활한 작업 수행 여부)에 대해 1년간 워런티(보증)를 제공한다.
- **탁월한 진단 기능:** 디월트 서비스 센터는 문제를 신속하게 진단하기 위해 최첨단 테스트 장비를 사용한다.

섹션 5.2에서는 디월트 제공물의 서비스 측면을 간략하게 설명한다.

- **거래처 지원**: 블랙앤데커는 채널 파트너가 주문, 재고 관리, 그리고 반품을 쉽게 할 수 있도록 지원한다.

디월트의 서비스 포트폴리오는 도표 6에 요약되어 있다.

5.3 브랜드

섹션 5.3은 디월트 브랜드의 세부 사항을 다룬다.

브랜드 식별자

- **브랜드 이름**: 디월트®(블랙앤데커 프로페셔널 브랜드를 대체함)
- **브랜드 로고**: **DeWALT**®
- **브랜드 색상**: 노랑색

브랜드 참조자

- 고성능 산업용 도구
- 내구성 보장
- "멈추지 않는(No downtime)" 기업

5.4 가격

고객 프라이싱

- **가격**: 프리미엄 가격 계층(마키타보다 10% 높음)
- **반품**: 디월트는 구매일로부터 30일 이내에 어떠한 이유로든 반품이 가능하다.

유통 채널 프라이싱

- **가격**: 마키타보다 5% 높은 거래 마진
- **가격 보호**: 할인점으로부터의 가격 보호(예: 가격 인하 소매점에 대한 공급 중단)

5.5 인센티브

- **로열티 프로그램**: 우수 계약자 프로그램(도표 7: 생략)
- **거래처 인센티브**: 확고한 소매업체 지원을 위한 거래처 인센티브(도표 8: 생략)

5.6 커뮤니케이션

고객 커뮤니케이션

- **메시지**: 새로운 제품라인과 서비스 프로그램에 대한 인지도를 높인다; 고객 로열티를 높이기 위해 디월트 브랜드를 구축한다. 태그라인: 디월트. 튼튼함과 고성능을 보장하는 산업용 공구

섹션 5.4는 고객과 유통업자를 위한 디월트 제품의 가격을 다룬다.

섹션 5.5에는 고객과 협력자의 인센티브에 대해 다룬다.

이 섹션에서는 타겟 고객을 목표로 한 커뮤니케이션에 대해 다룬다.

- 매체: 업계 전문지(100만 달러 예산), 전시회, 직접 우편 카탈로그(30만 달러 예산); 주택 보수 소매점의 POP 디스플레이, 10대의 밴이 디월트 제품을 알리기 위해 작업 현장을 방문함(1백만 달러 예산).

디월트의 커뮤니케이션에 대한 자세한 설명은 도표 9에 나와 있다.

협력자 커뮤니케이션

이 섹션은 기업의 협력자를 위한 기업의 커뮤니케이션에 대해 다룬다.

- 메시지: 새로운 제품라인 및 서비스 프로그램에 대한 인지도를 높인다; 소매업체 로열티를 높이기 위해 디월트 브랜드를 구축한다. 태그 라인: "디월트가 힘들어 하지 않는 한 가지: 돈을 버는 것"
- 매체: 트레이드 쇼(전국 주택 건설업 협회 트레이드 쇼); 블랙앤데커 영업조직

5.7 유통

섹션 5.7은 디월트 제공물을 위한 유통 채널을 다룬다.

- 디월트 제품은 기존 블랙앤데커 채널을 통해 유통되며 대형 주택 보수 센터(홈 디포/로우스)에 직접적인 유통을 제공하고 소규모 하드웨어 체인(에이스 하드웨어/서비스타) 및 독립 하드웨어 매장에 간접적인 유통(도매상)을 제공한다. 제품 가용성을 보장하고 품절을 방지하기 위해 출시 시점에 2천만 달러 상당의 재고를 보유하도록 할 것이다.
- 디월트 서비스는 전용 카운터가 있는 117개의 블랙앤데커 공인 서비스 센터를 통해 제공된다(도표 10).

6. 실행

6.1 자원 개발

섹션 6은 마케팅 플랜의 실행과 관련된 프로세스에 대해 다룬다.

디월트 인더스트리얼 툴 컴퍼니는 제품 개발, 생산, 서비스, 프로모션, 유통, 그리고 거래 지원을 위해 블랙앤데커의 자원을 활용한다. 또한, 디월트는 자체 프로모션 및 고객 서비스 팀을 개발하고 있으며, 이는 개인사업자들을 위해서만 함께 일할 수 있도록 설계되었다. 디월트 인더스트리얼 툴 컴퍼니의 주요 자원과 조직 구조에 대한 개요는 도표 11에 요약되어 있다.

6.2 디월트 제공물 개발

디월트 제품 및 서비스의 설계, 프로모션, 그리고 유통과 관련된 프로세스는 도표 12에 자세히 설명되어 있다.

6.3 상업적 전개

디월트 제공물은 개인사업자들을 타겟으로 한 커뮤니케이션 캠페인과 함께 전국적으로 전개될 것이다. 출시 시점에 섹션 5.7에 요약된 모든 유통 매장은 충분한 가용성을 보장하기 위해 많은 양의 디월트 제품을 보유할 것이다. 또한 모든 블랙앤데커 서비스 센터에서 디월트 제품을 지원할 준비가 될 것이다. 제공물의 상업적 전개에 대한 세부 사항은 도표 13에 요약되어 있다.

7. 통제

7.1 성과 평가

주요 성과 지표에는 1) 시장 점유율, 2) 영업이익, 3) 고객 만족도, 그리고 4) 소매점 가용성이 포함된다. 우리는 분기별로 이러한 측정치에 대한 디윌트의 성과를 평가하고 회계년도 말에 전체적인 분석을 제공한다. 우리의 성과 평가 지표의 세부 사항은 도표 14에 제시되어 있다.

섹션 7.1은 섹션 3에서 정의된 목표를 향한 진척도를 측정하는 데 사용되는 주요 측정치에 대해 다룬다.

7.2 환경의 분석

우리는 1) 고객 및 협력자의 니즈 변화, 2) 경쟁 환경의 변화, 그리고 3) 현재 운영 중인 경제적, 기술적, 사회문화적, 규제적, 그리고 물리적 컨텍스트의 변화 등을 위해 환경을 모니터링한다. 환경 내에 큰 변화가 없는 경우 분기별로 이러한 요인을 평가하고 회계년도 말에 종합적인 분석을 제공한다.

7.2절에서는 기업이 운영되는 환경의 변화를 감시하는 프로세스에 대해 다룬다.

8. 도표

도표 1 – 도표 14.

섹션 8에는 마케팅 플랜을 뒷받침하는 문서가 요약되어 있다. (간결성을 위해 실제 도표는 생략한다).

7장. 샘플 마케팅 플랜: 디월트 인더스트리얼 툴 컴퍼니

제3부

마케팅 플랜 도구 모음

들어가며

이 섹션에서는 전략적 플래닝 수립 및 마케팅 플랜 수립 프로세스를 원활히 할 수 있도록 설계된 일련의 실용적인 도구를 제공한다. 이를 위해 본 섹션에는 타당성 높고 실행 가능한 마케팅 플랜 개발의 다양한 측면을 강조하는 8개의 부록이 포함되어 있다.

- **부록 A**에서는 제공물이 관련 시장 실체(타겟 고객, 기업, 그리고 협력자)를 위해 가치를 창출하는 방법을 설명하는 실용적인 도구로서 조직, 핵심 원칙, 그리고 시장 가치 맵의 주요 구성요소를 다룬다.
- **부록 B**는 기업의 제공물에 대한 포지셔닝 선언문 작성의 주요 원칙을 설명하고 고객 초점의, 협력자 초점의, 그리고 기업 초점의 포지셔닝 선언문의 구성을 다룬다.
- **부록 C**는 브랜드 관리 플랜 작성의 구성, 핵심적 요소, 그리고 주요 원칙을 다룬다.
- **부록 D**는 커뮤니케이션 플랜 작성의 구성, 핵심적 요소, 그리고 주요 원칙을 다룬다.
- **부록 E**는 마케팅 플랜을 보완하기 위해 의미 있는 도표를 개발하기 위한 실용적인 접근 방식을 제시한다.
- **부록 F**는 마케팅 플랜 수립에 일반적으로 사용되는 성과 지표와 분석에 대해 다룬다. 이러한 지표는 세 가지 카테고리로 분류된다. 즉, 전략적 목표 달성을 위한 기업의 진척도를 반영하는 기업 지표; 기업의 활동에 대한 고객의 반응을 파악해 내는 고객 지표; 제품, 서비스, 브랜드, 가격, 인센티브, 커뮤니케이션, 유통 등 다양한 속성에 대한 제공물의 성과를 나타내는 마케팅 믹스 지표이다.
- **부록 G**는 마케팅 플래닝 및 분석에 일반적으로 사용되는 전략적 프레임워크(SWOT 프레임워크, Five Forces 프레임워크, 제품-시장 성장 프레임워크), 전술적 프레임워크(4P 프레임워크 및 제품수명주기 프레임워크), 그리고 프로젝트 관리 프레임워크(결정적 경로 방법, 책임 할당 매트릭스, 그리고 갠트 매트릭스)의 세 가지 주요 카테고리로 구성된 몇 가지의 추가적 프레임워크가 요약되어 있다.
- **부록 H**는 마케팅 플래닝 및 분석에 일반적으로 사용되는 몇 가지 필수적인 마케팅 개념에 대한 정의를 제공한다.

위의 부록에 요약된 정보는, 마케팅 플래닝의 프로세스와 결과를 산출하는 효과적으로 실행가능한 행동 플랜의 개발을 용이하게 하는 실용적인 도구, 개념, 그리고 프레임워크를 매니저에게 제공한다.

> > > 부록 A < < <

시장 가치 맵 개발

비록 결과는 논리적 구조에 연결되어 있지만,
혁신은 논리적 사고의 산물이 아니다.

아인슈타인
이론 물리학자

시장 가치 맵은 타겟 고객, 협력자, 그리고 기업을 위해 제공물이 가치를 창출하는 구체적인 방법을 나타낸다. 가치 맵의 주요 목적은 비즈니스 모델의 주요 측면을 나타내고 기업의 전략과 전술을 설명하는 워크북 역할을 하는 것이다. 시장 가치 맵의 본질, 구성, 그리고 주요 요소는 다음 섹션에 요약되어 있다.

시장 가치 맵의 본질

시장 가치 맵은 제공물이 관련된 시장 실체(타겟 고객, 기업, 그리고 협력자)를 위해 가치를 창출하는 방법을 설명하는 실용적인 도구다. 시장 가치 맵은 매니저들이 기업의 제공물이 시장 가치를 창출하는 방법을 명확하게 설명할 수 있도록 하는 도식적인 방법으로 비즈니스 모델을 제시한다. 이를 위해 시장 가치 맵은 매니저가 새로운 비즈니스 모델을 설계할 때와 기존 비즈니스 모델을 평가할 때 해야 할 질문에 대한 답을 알려준다.

시장 가치 맵 프레임워크는 제공물의 전략과 전술을 정의하는 세 가지 핵심 개념, 즉 타겟 시장, 가치 제안, 그리고 시장 제공물로 구성된다. 따라서, 시장 가치 맵은 매트릭스(행렬)의 형태를 취한다. 왼쪽에는 제공물 전략의 핵심 요소(고객, 협력자, 기업, 경쟁자, 그리고 컨텍스트)와 가치 제안(고객 가치, 협력자 가치, 그리고 기업 가치)이 요약되어 있으며 오른쪽에는 7가지 주요 속성(제품, 서비스, 브랜드, 가격, 인센티브, 커뮤니케이션, 그리고 유통)으로 정의된 시장 제공물이 요약되어 있다.

시장 가치 맵의 핵심 측면은 제공물의 가치 제안이며, 이는 제공물이 타겟 고객, 협력자, 그리고 기업을 위해 창출할 가치를 설명한다. 가치 제안의 개발은 시장 가치 원칙에 따라 이루어진다. 제공물은 기업과 협력자에게 이익이 되는 방식으로 타겟 고객에게 우수한 가치를 창출해야 한다. 시장 가치를 창출하는 제공물의 능력은 1) '타겟 시장의 선정'과 2) '제공물을 정의하는 속성의 설계'의 기초가 되는 주요 가이드 원칙을 제공한다.

시장 가치 맵의 구성 요소와 각 구성 요소를 정의하는 핵심 질문은 그림 1(다음 페이지)에 나와 있다.

그림 1. 시장 가치 맵

타겟 시장

고객
이 기업이 충족시켜 주어야 할
고객의 니즈는 무엇인가?
이 니즈를 갖고 있는 고객은 누구인가?

협력자
확인된 고객 니즈를
충족시켜 주기 위해 이 기업과 함께 일하는
다른 실체는 누구인가?

기업
확인된 고객 니즈를
충족시켜 줄 수 있는 이 기업의 리소스는
무엇인가?

경쟁자
동일한 타겟 고객의
동일한 니즈를 충족시키는 것을 목표로 하는
다른 제공물은 무엇인가?

컨텍스트
이 환경의 사회문화적,
기술적, 규제적, 경제적, 물리적 측면은
무엇인가?

가치 제안

고객 가치
타겟 고객을 위해
이 제공물이 창출하는 가치는 무엇인가?

협력자 가치
기업의 협력자를 위해
이 제공물이 창출하는 가치는 무엇인가?

기업 가치
기업을 위해
이 제공물이 창출하는 가치는 무엇인가?

시장 제공물

제품
이 기업의 제품이 갖는
핵심적 특징은 무엇인가?

서비스
이 기업의 서비스가 갖는
핵심적 특징은 무엇인가?

브랜드
이 제공물의 브랜드가 갖는
핵심적 특징은 무엇인가?

가격
이 제공물의 가격은 얼마인가?

인센티브
이 제공물이 제공하는 인센티브는 무엇인가?

커뮤니케이션
타겟 고객과 협력자들은
이 기업의 제공물을 어떻게 인지하게
될 것인가?

유통
이 제공물이 타겟 고객과
협력자에게 어떻게 전달될 것인가?

시장 가치 맵은 제공물이 고객, 협력자, 기업 등 세 개의 관련된 시장 실체에 가치를 창출하는 방법에 대한 개요를 제공한다. 이러한 실체들 각각은 고유한 가치 제안을 요구하고 가치를 창출하기 위해 서로 다른 도구를 사용하기 때문에, 기업의 비즈니스 모델의 설계는 이러한 실체들에 특화된 다음과 같은 가치 맵들의 개발에 의해 크게 개선될 수 있다: **고객 가치 맵**, **협력자 가치 맵**, 그리고 **기업 가치 맵**

- **고객 가치 맵**은 타겟 고객을 위한 기업의 제공물의 핵심적 측면과, 이 제공물이 이러한 고객을 위해 가치를 창출하는 방법을 나타낸다.
- **협력자 가치 맵**은 협력자를 위한 기업의 제공물의 핵심 측면과 이러한 협력자를 위해 가치를 창출하는 방법을 나타낸다.
- **기업 가치 맵**은 기업 제공물의 핵심 측면과 이 제공물이 기업에 가치를 창출하는 방법을 나타낸다.

이 세 가지 가치 맵은 가치 창출 프로세스에 관여하는 세 개의 시장 실체의 관점에서 기업의 비즈니스 모델을 정의한다. 기업 제공물의 시장 성공을 보장하기 위해, 세 가지 가치 맵은 기업 제공물이 고객, 협력자, 그리고 기업에 우수한 가치를 창출하는 방법을 명확하게 나타내 주어야 한다. 고객, 협력자, 그리고 기업 가치 맵 개발의 핵심 측면은 다음 섹션에서 다룬다.

고객 가치 맵 개발

고객 가치 맵은 기업(자사)의 제공물이 경쟁자보다 타겟 고객의 니즈를 더 잘 충족시킬 수 있는 방법을 나타낸다. 고객 가치 맵은 타겟 고객, 경쟁자, 고객 가치 제안, 그리고 고객 제공물의 네 가지 구성 요소로 구성된다. 고객 가치 맵의 핵심 구성 요소는 그림 2에 나와 있으며, 다음 섹션에서 자세히 설명한다.

그림 2. 고객 가치 맵

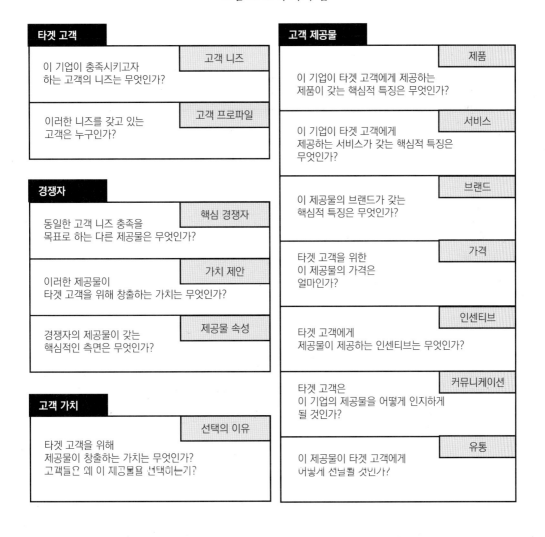

타겟 고객

기업은 타겟 고객이라는 구매자를 위해 제공물을 개발한다. 타겟 고객의 파악에는 기업이 충족시켜주고자 하는 미충족 고객 니즈가 무엇인지 알아내고 이러한 니즈를 가진 고객의 프로파일을 정의하는 작업이 포함된다.

- **고객의 니즈**는 기업이 제공물을 통해 해결하고자 하는 고객이 직면한 문제를 나타낸다. 매니저가 물어야 할 주요 질문은 다음과 같다: 제공물이 충족시켜 주고자 하는 고객의 니즈는 무엇인가? 이 니즈는 얼마나 일반적인 니즈인가? 고객은 이러한 니즈를 반드시 해결되어야 할 문제로 보고 있으며, 이러한 니즈를 충족할 수 있는 대안적 수단을 적극적으로 찾고 있는가?
- **고객 프로파일**은 타겟 고객의 관찰 가능한 특성을 나타내며, 이러한 고객에게 제공물을 알리고 전달하는 데 사용할 수 있다. 주요 질문은 다음과 같다: 기업이 달성하고자 하는 니즈를 가진 고객은 누구인가? 이러한 고객의 어떤 인구통계학적 특성을 활용하여 고객에게 다가갈 수 있는가? 이러한 고객의 어떤 행동을 통해 기업이 고객에게 다가갈 수 있는가?

경쟁

경쟁(경쟁자 또는 경쟁제품)이란 기업이 타겟팅하는 것과 동일한 고객의 동일한 목표를 타겟으로 하는 대안적 제공물들로 구성된다. 경쟁자는 타겟 고객을 위한 가치 제안과 경쟁자의 제공물을 정의하는 속성에 의해 파악된다.

- **주요 경쟁자(경쟁 제품)**는 타겟 고객이 목표를 달성하기 위해 사용할 수 있는 대안적 제공물들을 말한다. 주요 질문은 다음과 같다: 타겟 고객이 현재 파악된 니즈를 충족시키기 위해 사용하고 있는 수단은 무엇인가? 만약 기업이 그의 제공물을 출시하지 않는다면, 이 고객들은 어떻게 할 것인가? 기업의 제공물이 대체하려고 하는 제품, 서비스, 또는 행동은 무엇인가?
- **경쟁자의 가치 제안**은 경쟁 제공물이 타겟 고객을 위해 창출하는 혜택과 비용, 그리고 고객이 기업이 창출하는 제품보다 경쟁자의 제공물을 선호하는 이유를 설명한다. 주요 질문은 다음과 같다: 경쟁자의 제공물이 타겟 고객에게 제공하는 혜택과 비용은 무엇인가? 고객이 경쟁자의 제공물을 선택하는 이유는 무엇인가?

● **경쟁자 제공물의 속성**에는 제품, 서비스, 브랜드, 가격, 인센티브, 커뮤니케이션, 그리고 유통 요소가 있다. 주요 질문은 다음과 같다: 경쟁자의 제공물의 제품, 서비스, 브랜드, 가격, 인센티브, 커뮤니케이션, 그리고 유통이라는 측면은 무엇인가? 경쟁자의 제공물의 각 속성은 어떻게 고객 가치를 창출하는가?

고객 가치 제안

고객 가치 제안은 타겟 고객에게 제공되는 기업 제공물의 가치를 정의한다. 이는 1) 고객 혜택, 2) 기업 제공물의 경쟁 우위, 그리고 3) 고객이 기업 제품을 선택하는 이유에 의해 결정된다.

● **고객 혜택**은 기능적, 심리적, 금전적 세 가지 측면에서 제공물을 통해 창출되는 가치를 나타낸다. 여기서 중요한 질문은 다음과 같다: 이 제공물은 타겟 고객에게 어떤 기능적, 심리적, 금전적 혜택을 제공하는가?
● **경쟁 우위**란 대안적 옵션보다 특정 고객의 니즈를 더 잘 충족시키는 제공물의 능력을 말한다. 주요 질문은 다음과 같다: 타겟 고객은 파악된 니즈를 충족시키는 대안적 수단을 사용하는 대신 왜 그 기업의 제공물을 선택해야 하는가? 경쟁 제공물과 비교해 볼 때 기업의 제공물의 우위점(points of dominance), 동등점(points of parity), 그리고 타협점(points of compromise)은 무엇인가?
● **선택하는 이유**는 고객이 기업 제공물을 구매하고 사용하도록 동기를 부여할 핵심 요소다. 주요 질문은 다음과 같다: 고객이 그 기업 제공물을 선택하는 주된 이유는 무엇인가? 고객이 기업의 제공물을 선택하는 것을 어떻게 정당화할 것인가?

고객 제공물

고객 제공물은 제품, 서비스, 브랜드, 가격, 인센티브, 커뮤니케이션, 그리고 유통이라는 7가지 속성으로 정의된다. 이 속성은 기업의 제공물과 이러한 속성이 타겟 고객을 위해 특별히 창출하는 가치를 설명한다. 주요 질문은 다음과 같다: 기업이 고객에게 제공하는 제품, 서비스, 브랜드, 가격, 그리고 인센티브의 주요 특징은 무엇인가? 타겟 고객이 이 제공물을 어떻게 인지하게 될까? 타겟 고객에게 이 제공물을 어떻게 전달할 것인가? 제공물의 다양한 속성이 어떻게 고객 가치를 창출할 것인가?

협력자 가치 맵 개발

협력자 가치 맵은 자사(우리 기업)의 협력자가 경쟁 제공물보다 목표를 더 잘 달성할 수 있도록 (자사의) 제공물이 도와주는 방법을 나타낸다. 고객 가치 맵과 유사하게, 협력자 가치 맵은 1) 협력자, 2) 경쟁(경쟁자의 제공물), 3) 협력자 가치 제안, 그리고 4) 협력자 제공물이라는 네 가지 구성 요소로 구성된다(그림 3).

그림 3. 협력자 가치 맵

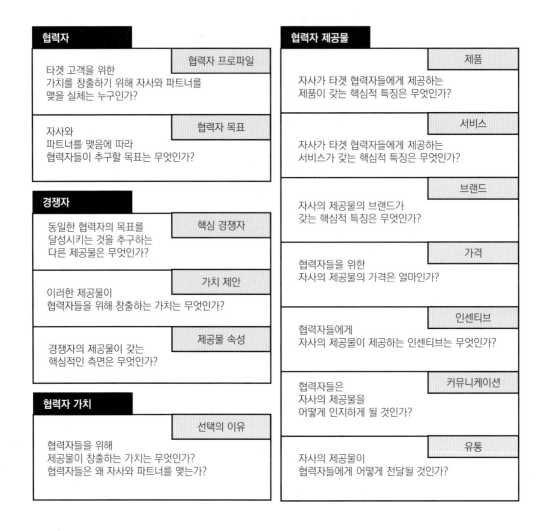

핵심 협력자

협력자는 타겟 고객을 위한 가치를 창출하기 위해 자사와 협력하는 실체이다. 협력자를 파악해 내는 방법은 두 가지가 있다: 1) 협력하는 실체들과 그들의 자원의 프로파일을 정의하는 것, 그리고 2) 이러한 실체들이 자사와 협력함으로써 달성하고자 하는 목표를 파악하는 것.

- **협력자 프로파일**은 자원, 위치, 규모, 그리고 산업과 같은 협력하는 실체의 핵심 측면을 나타낸다. 주요 질문은 다음과 같다: 자사가 타겟 고객에 대한 우수한 가치를 창출하기 위해 필요한 것 중 외부에서 아웃소싱하려는 자원은 무엇인가? 자원이 부족하여 아웃소싱을 고려하고 있는 실체는 누구인가? 이러한 실체들의 주요 특성은 무엇인가?
- **협력자 목표**는 협력자가 협력을 통해 달성하고자 하는 결과를 말한다. 여기서 중요한 질문은 다음과 같다: 협력자들은 자사와 제휴하여 어떤 금전적 및 전략적 목표를 달성하고자 하는가?

경쟁

경쟁(경쟁자 또는 경쟁 제품)이란 자사가 타겟팅하는 것과 동일한 협력자의 동일한 목표를 타겟으로 하는 대안적 제공물들로 구성된다. 경쟁은 1) 주요 경쟁자, 2) 협력자를 위한 그들의 가치 제안, 그리고 3) 경쟁 제공물의 속성에 의해 정의된다.

- **주요 경쟁자**는 자사의 협력자가 목표를 달성하기 위해 이용할 수 있는 대안적 수단이다. 주요 질문은 다음과 같다: 잠재적 협력자는 목표를 달성하기 위해 현재 무엇을 하고 있는가? 만약 협력자들이 자사와 제휴하지 않는다면, 이들은 무엇을 할 것인가? 자사는 어떤 제공물을 자사의 제공물로 대체하는 것을 목표로 하는가?
- **경쟁자의 가치 제안**은 1) 협력자를 위해 경쟁자의 제공물이 창출한 혜택과 비용, 그리고 2) 협력자가 자사가 창출한 제공물보다 경쟁자의 제공물을 선호하는 이유를 나타낸다. 주요 질문은 다음과 같다: 경쟁자의 제공물이 협력자에 제공하는 혜택과 비용은 무엇인가? 협력자가 자사의 제품보다 경쟁자의 제공물을 선호하는 주된 이유는 무엇인가?

- **경쟁자 제공물의 속성**에는 제품, 서비스, 브랜드, 가격, 인센티브, 커뮤니케이션, 그리고 유통 구성요소가 포함된다. 주요 질문은 다음과 같다: 경쟁자의 제공물의 제품, 서비스, 브랜드, 가격, 인센티브, 커뮤니케이션, 그리고 유통 측면은 무엇인가? 경쟁자의 제공물의 각 속성은 어떻게 협력자의 가치를 창출하는가?

협력자 가치 제안

협력자 가치 제안은 자사의 협력자에게 제공하는 제공물의 가치를 정의한다. 협력자 가치 제안은 다음과 같은 세 가지에 의해 정해진다: 1) 협력자가 추구하는 혜택, 2) 자사 제공물의 경쟁 우위, 그리고 3) 협력자들이 자사 제공물을 선택하는 이유.

- **협력자가 추구하는 혜택**은 금전적 및 전략적이라는 두 가지 가치 차원에서 제공물을 통해 창출되는 가치를 나타낸다. 여기서 중요한 질문은 다음과 같다: 자사의 제공물이 협력자들에게 어떤 금전적 및 전략적 혜택을 제공하는가?
- **경쟁 우위**는 대안적 옵션보다 협력자의 목표를 더 잘 해결할 수 있는 자사 제공물의 능력을 나타낸다. 주요 질문은 다음과 같다: 왜 협력자들은 그들의 목표를 달성하기 위해 대안적인 수단을 사용하는 대신 자사와 협력하는 것을 선택해야 하는가? 경쟁 제공물과 비교하여 자사 제공물의 우위점, 동등점, 그리고 타협점은 무엇인가?
- **선택의 이유**는 협력자가 자사와 파트너 관계를 맺도록 동기를 부여하는 주요 요인을 나타낸다. 주요 질문은 다음과 같다: 협력자들이 자사와 파트너를 맺어야 하는 주된 이유는 무엇인가? 협력자들이 자사의 제공물을 선택하는 것을 어떻게 정당화할 것인가?

협력자 제공물

협력자 제공물은 협력자를 위한 자사의 제공물을 나타낸다. 고객 제공물과 유사하게, 그것은 제품, 서비스, 브랜드, 가격, 인센티브, 커뮤니케이션, 그리고 유통이라는 7가지 속성으로 정의된다. 주요 질문은 다음과 같다: 자사가 협력자에게 제공하는 제품, 서비스, 브랜드, 가격, 그리고 인센티브의 주요 특징은 무엇인가? 자사의 제공물이 협력자에게 어떻게 알려질 것인가? 협력자에게 그 제공물을 어떻게 전달할 것인가? 그 제공물의 다양한 특성은 어떻게 협력자 가치를 창출하는가?

기업 가치 맵 개발

(이 섹션에서 말하는 기업이란 자사를 말한다) 기업 가치 맵은 제공물이 기업의 목표를 달성할 수 있도록 해 주는 방법을 나타낸다. 기업 가치 맵은 고객 및 협력자 가치 맵과 유사한 구조를 가지고 있으며 1) 기업, 2) 대안적 옵션, 3) 기업 가치 제안, 그리고 4) 기업 제공물이라는 4가지 구성 요소로 구성된다(그림 4).

그림 4. 기업 가치 맵

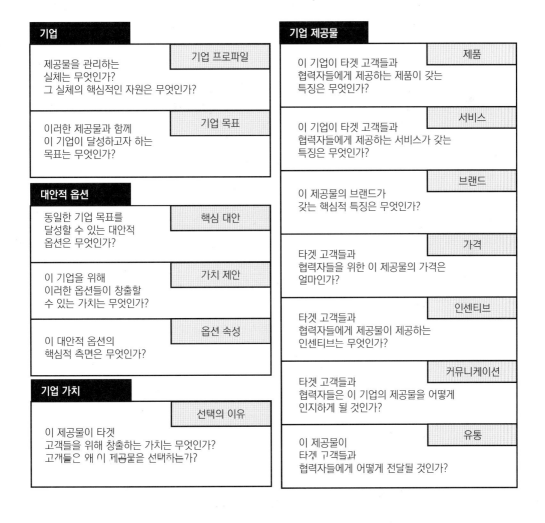

기업

	기업 프로파일
제공물을 관리하는 실체는 무엇인가? 그 실체의 핵심적인 자원은 무엇인가?	

	기업 목표
이러한 제공물과 함께 이 기업이 달성하고자 하는 목표는 무엇인가?	

대안적 옵션

	핵심 대안
동일한 기업 목표를 달성할 수 있는 대안적 옵션은 무엇인가?	

	가치 제안
이 기업을 위해 이러한 옵션들이 창출할 수 있는 가치는 무엇인가?	

	옵션 속성
이 대안적 옵션의 핵심적 측면은 무엇인가?	

기업 가치

	선택의 이유
이 제공물이 타겟 고객들을 위해 창출하는 가치는 무엇인가? 고객들은 왜 이 제공물을 선택하는가?	

기업 제공물

	제품
이 기업이 타겟 고객들과 협력자들에게 제공하는 제품이 갖는 특징은 무엇인가?	

	서비스
이 기업이 타겟 고객들과 협력자들에게 제공하는 서비스가 갖는 특징은 무엇인가?	

	브랜드
이 제공물의 브랜드가 갖는 핵심적 특징은 무엇인가?	

	가격
타겟 고객들과 협력자들을 위한 이 제공물의 가격은 얼마인가?	

	인센티브
타겟 고객들과 협력자들에게 제공물이 제공하는 인센티브는 무엇인가?	

	커뮤니케이션
타겟 고객들과 협력자들은 이 기업의 제공물을 어떻게 인지하게 될 것인가?	

	유통
이 제공물이 타겟 고객들과 협력자들에게 어떻게 전달될 것인가?	

기업

기업은 제공물을 담당하는 실체이다. 기업은 두 가지 요소로 정의된다: 1) 기업 프로파일과 2) 기업이 제공물을 통해 달성하고자 하는 목표.

- **기업 프로파일**은 제공물을 담당하는 실체(예: 기업의 특정 비즈니스 단위)의 핵심 측면을 설명한다. 주요 질문은 다음과 같다: 어떤 실체가 이 제공물을 책임지고(담당하고) 있는가? 타겟 고객의 규명된 니즈를 충족시키기 위해 기업은 어떤 자원을 가지고 있는가?
- **기업 목표**는 기업이 제공물을 통해 달성하고자 하는 전략적 및 금전적 결과이다. 여기서 중요한 질문은 다음과 같다: 기업이 제품 제공물을 통해 추구하는 금전적 및 전략적 목표는 무엇인가?

대안적 옵션

기업의 관점에서 대안적 옵션은 기업이 목표를 달성할 수 있는 여러 가지 수단이다. 다른 두 가지 유형의 가치 맵과는 달리, 기업 가치 맵은 (경쟁이라는 말 대신) 대안 옵션이라는 용어를 사용한다. 그 이유는 이 경우 경쟁이 내부적으로 일어나며, 그러한 경쟁이 기업이 이용할 수 있는 다른 행동 방안에 의해 정의되기 때문이다. 대안적 옵션은 기업에 대한 가치 제안과 이러한 옵션을 정의하는 특정한 속성에 의해 정해진다.

- **주요 대안**은 기업의 제한된 자원에 대해 대상 제공물과 경쟁하는 다른 옵션을 말한다. 주요 질문은 다음과 같다: 그 기업은 현재 목표를 달성하기 위해 무엇을 하고 있는가? 어떠한 대안적 제공물이 기업이 그 목표를 달성할 수 있게 해 주는가? 기업이 이 제공물에 투자하기로 결정한다면 무엇을 포기할 것인가?
- **대안적 옵션의 가치 제안**은 집중적 제공물에 투자하는 대신 기업이 추구할 수 있는 옵션에 의해 창출되는 편익과 비용을 나타낸다. 주요 질문은 다음과 같다: 대안적 옵션이 기업에 어떤 편익과 비용을 만들어 내는가?
- **대안적 옵션의 속성**은 기업이 집중적 제공물에 투자하는 대신 추구할 수 있는 옵션의 특성이다. 주요 질문은 다음과 같다: 대안적 옵션의 1) 제품, 2) 서비스, 3) 브랜드, 4) 가격, 5) 인센티브, 6) 커뮤니케이션, 그리고 7) 유통 측면은 무엇인가? 대안적 옵션의 속성은 어떻게 기업 가치를 창출하는가?

부록 A. 시장 가치 맵 개발

기업 가치 제안

기업 가치 제안은 기업 이해관계자들을 위한 제공물의 가치를 정의한다. 기업의 가치 제안은 다음과 같은 세 가지에 의해 결정된다: 1) 기업에 주는 제공물의 혜택, 2) 대안적 옵션에 비해 제공물이 기업에 주는 상대적 이점, 그리고 3) 기업이 이 제공물에 투자하기로 한 이유

- **기업 혜택**은 기업 가치의 두 가지 측면, 즉 금전적 측면과 전략적 측면에 대한 제공물을 통해 창출된 가치를 나타낸다. 주요 질문은 다음과 같다: 이 제공물이 기업에 어떤 금전적 및 전략적 혜택과 비용을 창출하는가? 이 제공물의 수익 공식(profit formula)은 무엇인가?
- **상대적 이점**은 대안적 옵션보다 기업의 목표를 더 잘 해결할 수 있는 이 대상 제공물의 능력을 나타낸다. 주요 질문은 다음과 같다: 왜 그 기업은 목표를 달성하기 위해 대안적 수단을 사용하는 대신 집중적 제공물에 자원을 투자해야 하는가? 대안적 옵션과 비교하여 집중적 제공물의 우위점, 동등점, 그리고 타협점은 무엇인가?
- **선택의 이유**는 기업이 이 제공물에 투자하도록 동기를 부여하는 주요 요인이다. 주요 질문은 다음과 같다: 기업이 이 제공물을 추구하는 주된 이유는 무엇인가? 기업 경영진이 이 제공물을 선택하는 것을 어떻게 정당화할 것인가?

기업 제공물

기업 제공물이란 시장 제공물의 기업 측면을 나타낸다. 이는 제품, 서비스, 브랜드, 가격, 인센티브, 커뮤니케이션, 그리고 유통이라는 7가지 속성으로 정의되며, 이 속성들이 기업에 창출하는 가치와 제공물을 자세히 설명해 준다. 주요 질문은 다음과 같다: 기업이 고객과 협력자에게 제공하는 제품, 서비스, 브랜드, 가격, 그리고 인센티브의 주요 특징에는 무엇이 있는가? 타겟 고객과 협력자에 제공물을 어떻게 전달할 것인가? 제공물의 다양한 속성이 기업 가치를 어떻게 창출할 것인가?

>>> 부록 B <<<

포지셔닝 선언문 작성

나는 이 편지를 짧게 만들 시간이 없어서 길게 썼을 뿐이다.

블레즈 파스칼
프랑스의 수학자이자 철학자

포지셔닝 선언문은 전술적 의사 결정을 가이드 하는 제공물의 전략을 간결하게 설명하는 기업 내부의 문서이다. 포지셔닝 선언문은 특정 제공물의 개발 및 관리에 연관된 관련 이해관계자들과 제공물의 전략을 공유하는 것을 목표로 하는 커뮤니케이션 장치이다. 포지셔닝 선언문을 개발하는 주요 원칙은 다음 절에 요약되어 있다.

커뮤니케이션 수단으로서의 포지셔닝 선언문

포지셔닝 선언문은 제공물 전략의 주요 구성 요소를 설명하는 간결한 문서(일반적으로 단일 문장으로 구성됨)이다. 포지셔닝 선언문의 주요 목적은 제공물의 제품, 서비스, 브랜드, 가격, 인센티브, 커뮤니케이션, 그리고 유통 측면과 관련된 전술적 의사결정을 가이드 하는 것이다. 이와 같이, 포지셔닝 선언문은 모든 이해당사자들에게 제공물 전략의 본질을 전달하여 그들의 활동이 기업의 목표와 일치하는지 확인하는 것을 목적으로 한다.

포지셔닝 선언문은 기업 내 다양한 매니저들이 1) 그 기업 제공물의 타겟 고객이 누구인가, 2) 왜 그들이 경쟁자 제공물보다 그 기업의 제공물을 선택하는가, 그리고 3) 이 제공물이 그 기업에 어떻게 혜택을 주는가 등과 같은 제공물 전략을 정확하게 이해하지 못할 수 있기 때문에 중요한 역할을 한다. 따라서 포지셔닝 선언문은 그 기업의 모든 관련된 실체에게 제공물 전략에 대한 공유된 관점을 제공하는 것을 목표로 한다.

포지셔닝 선언문은 다양한 기업 실체들에게 제품의 전략을 알리는 것 외에도 기업의 외부 협력자(연구 개발 및 제품 설계 파트너, 광고 및 PR 대행업체, 채널 파트너, 그리고 외부 영업조직을 포함)가 이 전략을 올바르게 이해하도록 하는 데 중요한 역할을 한다. 이러한 실체들은 일반적으로 기업의 목표와 전략적 이니셔티브에 익숙하지 않기 때문에 제공물의 전략을 기업의 협력자에게 전달하는 것이 특히 중요하다.

포지셔닝 선언문은 종종 제공물의 포지셔닝과 혼동된다. 이 두 개념은 직접적으로 관련되어 있지만, 한 기업의 전략의 서로 다른 측면을 나타낸다. 제공물의 포지셔닝은 제공물의 가치 제안의 핵심 측면에 초점을 맞추며 범위가 더 좁다. 이와는 대조적으로, 포지셔닝 선언문은 더 넓은 범위를 가지며 제공물의 포지셔닝뿐만 아니라 제공물의 타겟 고객도 포함한다.

포지셔닝 선언문은 브랜드 모토 및 커뮤니케이션 태그라인과도 혼동된다. 이는 이 세 가지 모두가 제공물 전략의 어떠한 측면들을 나타내 주기 때문이다. 그러나, 그들의 유사성에도 불구하고, 이들은 서로 다른 기능을 가지고 있고 서로 다른 오디언스들을 위해 작성된 것이다. 포지셔닝 선언문은 기업 직원 및 협력자를 목표로 하는 내부 문서이며, 고객이 볼 수 있도록 의도된 것은 아니다. 반면에, 브랜드 모토와 커뮤니케이션 태그라인은 기업의 고객을 위해 명시적으로 작성된다. 결과적으로, 브랜드 모토와 커뮤니케이션 태그라인은 고객의 관심을 끌기 위해 고안된 눈에 잘 띄고 기억에 남는 문구를 사용하는 반면, 포지셔닝 선언문은 표현의 형식보다는 논리에 중점을 두고 간결하게 작성된다.

예를 들어, 질레트의 포지셔닝 선언문은 다음과 같이 쓸 수 있다: 면도하는 모든 남성에게 질레트는 가장 혁신적인 면도 기술을 사용하기 때문에 최고의 면도 경험을 제공한다. 질레트의 브랜드 모토는 훨씬 더 간결하고 기억에 남는다: 질레트. 남자가 얻을 수 있는 최고의 것. 마지막으로, 질레트의 퓨전 프로글라이드 면도기용 커뮤니케이션 태그 라인 중 하나는 면도기의 특정 측면을 강조한다: 덜 끌리고 덜 당긴다(Less Tug and Pull). 같은 맥락에서, BMW의 포지셔닝 선언문은 BMW는 궁극의 드라이빙 머신으로 설계돼 성능을 중시하는 운전자들에게 최적의 차량이라고 표현될 수 있다. BMW의 브랜드 모토는 다음과 같다: 궁극의 드라이빙 머신. 최근 광고의 태그라인은: BMW. 우리는 단 한 가지만 만든다: 궁극의 드라이빙 머신.

오디언스에 따라, 세 가지 유형의 포지셔닝 선언문이 있다: 1) **고객 중심 포지셔닝 선언문**: 타겟 고객에 대한 제공물의 가치 제안을 명확히 설명한다; 2) **협력자 중심 포지셔닝 선언문**: 기업의 협력자를 위한 제공물의 가치 제안을 명확히 설명한다; 3) **기업 중심 포지셔닝 선언문**: 이것은 기업 이해관계자를 위한 제공물의 가치 제안을 명확히 설명한다. 이러한 세 가지 유형의 포지셔닝 선언문은 다음 절에서 더 자세히 설명한다.

고객 초점의 포지셔닝 선언문

고객 초점의 포지셔닝 선언문은 단연코 가장 많이 사용되는 포지셔닝 선언문 유형이다. 일반적인 고객 초점 포지셔닝 선언문에는 1) 타겟 고객, 2) 준거 프레임(frame of reference), 그리고 3) 핵심 혜택 이라는 세 가지 구성요소가 포함된다. 포지셔닝 선언문의 이러한 세 가지 측면은 아래에 요약되어 있다.

- **타겟 고객**은 기업이 제공물을 그에 맞추어 만들어 주는 구매자이다. 이러한 고객은 제공물을 통해 얻고자 하는 핵심 혜택뿐만 아니라 인구 통계 및/또는 행동 프로파일에 의해 정의된다.
- **준거 프레임**은 제공물을 정의하는 데 사용되는 참조 포인트(reference point)를 나타낸다. 준거 프레임은 비교를 사용하지 않을 수도(noncomparative) 있고 비교를 사용할 수도(comparative) 있다. 비교를 사용하지 않는 프레임워크는 제공물을 다른 제공물과 명시적으로 비교하지 않고 제공물이 달성하고자 하는 고객 니즈와 제공물을 연관 짓는 반면, 비교를 사용하는 프레임 워크는 제공물을 다른 제공물과 비교하여 정의한다.
- **주요 혜택**은 고객이 제공물을 고려하고, 구매하고, 사용하는 주된 이유를 알려준다. 주요 혜택은 일반적으로 타겟 고객을 위한 제공물의 가치를 정의하는 핵심 가치 동인(key value driver)을 강조한다. 또한 주요 혜택에는 제공물이 이러한 혜택을 주장할 수 있는 이유를 정당화하는 것도 포함될 수 있다.

고객 초점의 포지셔닝 선언문은 기업(자사)이 고객 가치를 창출하는 방법에 대한 청사진이다. 따라서 고객 초점의 포지셔닝 선언문이 답해야 하는 핵심 질문은 다음과 같다: 제공물의 타겟 고객은 누구이며, 그들은 왜 자사의 제공물을 구입하고 사용하려고 하는가?

고객 중심 포지셔닝 선언문의 구성과 핵심 요소는 다음과 같은 사례를 통해 설명할 수 있다.

사례 A (非비교형 포지셔닝): [타겟 고객]에게 [제공물]은 [혜택의 정당성] 때문에 [주요 혜택]을 제공하는 [준거 프레임]을 제공한다.

- 전동 공구를 사용하여 생계를 유지하는 개인사업자를 위해 디월트는 튼튼하게 설계되었으며 48시간 이내에 수리 또는 교체를 보증하는 신뢰할 수 있는 전문가용 공구를 제공한다.

사례 A (비교형 포지셔닝): [타겟 고객]에게 [제공물]은 [혜택의 정당성] 때문에 [경쟁자]보다 더 나은 [주요 혜택]을 제공하는 [준거 프레임]을 제공한다.

- 전동 공구를 사용하여 생계를 유지하는 개인사업자를 위해 디월트는 튼튼하게 설계되었으며 48시간 이내에 수리 또는 교체를 보증하므로 다른 어떤 브랜드보다 신뢰할 수 있는 전문가용 공구를 제공한다.

사례 B (非비교형 포지셔닝): [타겟 고객]에게 [제공물]은 [혜택의 정당성] 때문에 [주요 혜택]을 제공하는 [준거 프레임]을 제공한다.

- 질레트 퓨전은 면도하는 모든 남성들에게 가장 혁신적인 면도 기술을 사용하기 때문에 최고의 면도 경험을 제공하는 면도기이다.

사례 B (비교형 포지셔닝): [타겟 고객]에게 [제공물]은 [혜택의 정당성] 때문에 [경쟁자]보다 더 나은 [주요 혜택]을 제공하는 [준거 프레임]을 제공한다.

- 면도를 하는 모든 남성에게 질레트 퓨전은 최신 면도 기술이 적용되어 있어 마하3보다 더 나은 면도 경험을 제공하는 면도기이다.

사례 C (非비교형 포지셔닝): [타겟 고객]에게 [제공물]은 [혜택의 정당성] 때문에 [주요 혜택]을 제공하는 [준거 프레임]을 제공한다.

- 마운틴듀는 카페인 함량이 매우 높아 잠잘 시간이 부족한 젊고 활동적인 소비자들에게 필요한 에너지를 주는 청량음료다.

사례 C (비교형 포지셔닝): [타겟 고객]에게 [제공물]은 [혜택의 정당성] 때문에 [경쟁자]보다 더 나은 [주요 혜택]을 제공하는 [준거 프레임]을 제공한다.

- 마운틴듀는 카페인 함량이 매우 높아 잠잘 시간이 부족한 젊고 활동적인 소비자들에게 다른 어떤 브랜드보다 많은 에너지를 주는 청량음료다.

사례 D (非비교형 포지셔닝): [타겟 고객]에게 [제공물]은 [혜택의 정당성] 때문에 [주요 혜택]을 제공하는 [준거 프레임]을 제공한다.

- 게토레이는 수분을 보충하고, 영양분을 보충하며, 에너지를 공급하기 때문에 운동선수들에게 좋은 수분 보충제이다.

사례 D (비교형 포지셔닝): [타겟 고객]에게 [제공물]은 [혜택의 정당성] 때문에 [경쟁자]보다 더 나은 [주요 혜택]을 제공하는 [준거 프레임]을 제공한다.

- 게토레이는 물이 할 수 없는 방식으로 수분을 보충하고, 영양소를 보충하고, 에너지를 공급해 주기 때문에 운동선수들에게 더 나은 수분 보충제이다.

부록 B. 포지셔닝 선언문 작성

협력자 초점의 포지셔닝 선언문

타겟 고객을 위한 가치 창출은 중요하지만, 제공물의 성공을 보장하는 한 가지 측면에 불과하다. 제공물이 성공하기 위해서는 타겟 고객뿐만 아니라 기업의 협력자에게도 가치를 창출해야 한다. 따라서, 매니저들은 고객 초점의 포지셔닝 선언문을 개발하는 것 외에도, 협력자에 대한 제공물의 가치를 나타내는 포지셔닝 선언문을 개발해야 한다.

협력자에 초점을 맞춘 포지셔닝 선언문은 고객에 초점을 맞춘 포지셔닝 선언문과 유사하다. 주요 차이점은 타겟 고객을 나타내 주는 대신 이러한 고객을 위한 제공물의 가치 제안의 주요 측면을 나타내는 것이다. 기업의 주요 협력자를 나타내 주고 이러한 협력자를 위한 제공물의 가치 제안의 주요 측면을 설명한다. 협력자 중심의 포지셔닝 선언문이 답변해야 하는 주요 질문은 다음과 같다: 제공물의 핵심 협력자는 누구이며, 그들은 왜 기업의 제공물을 지원하는가?

일반적인 협력자 중심의 포지셔닝 선언문은 다음과 같은 세 가지 주요 구성요소로 구성된다. 1) **협력자**, 2) **준거 프레임**, 그리고 3) **핵심 혜택**. 협력자 초점의 포지셔닝 선언문의 전반적인 구조는 고객 중심적 선언문의 구조와 유사하다. 협력자 초점의 포지셔닝 선언문의 예는 다음과 같다:

사례 A (非비교형 포지셔닝): [제공물][준거 프레임]은 [주요 혜택] 때문에 [협력자]를 위한 훌륭한 선택이다.
- 디월트 전동공구는 수익성이 좋기 때문에 소매업자들에게 좋은 선택이다.

사례 A (비교형 포지셔닝): [제공물][준거 프레임]은 [주요 혜택] 때문에 [협력자]를 위해 [경쟁자]보다 더 나은 선택이다.
- 디월트 전동 공구는 할인점으로부터 가격 보호를 제공하기 때문에 소매업자들에게 마키타보다 더 나은 선택이다.

사례 B (非비교형 포지셔닝): [주요 혜택]을 추구하는 [협력자]를 위해, [혜택의 정당성] 때문에 [제공물]이 훌륭한 [제품 카테고리]이다.

- 수익 증대를 추구하는 대량 시장 소매업체들을 위해 질레트 퓨전은 높은 이익률을 창출할 수 있는 소비재를 제공한다.

사례 B (비교형 포지셔닝): [주요 혜택]을 추구하는 [협력자]를 위해, [혜택의 정당성] 때문에 [제공물]이 [경쟁자]보다 더 나은 [준거 프레임]이다.

- 시장 점유율을 높이려는 대량 시장 소매업자들을 위해, 질레트 퓨전은 질레트 마하3보다 높은 이익률을 창출할 수 있는 소비재를 제공한다.

기업 초점의 포지셔닝 선언문

타겟 고객과 협력자에 대한 가치를 창출하는 것은 중요하지만, 제공물의 시장 성공을 보장하기에 충분하지 않다. 성공하기 위해서는 제공물이 기업을 위한 가치를 창출해야 한다. 따라서, 타겟 고객 및 협력자에 대한 제공물의 가치를 설명하는 포지셔닝 선언문을 개발하는 것과 더불어, 매니저는 기업을 위한 제공물의 가치를 설명해야 한다.

기업에 초점을 맞춘 포지셔닝 선언문은 제공물을 관리하는 기업의 전략적 비즈니스 단위를 나타내고 그 비즈니스 단위와 기업을 위한 핵심 가치 제안을 설명한다. 기업 초점의 포지셔닝 선언문은 제공물이 목표를 달성하는 데 어떻게 도움이 될 것인지를 명확히 함으로써 고위 경영진 및 핵심 이해관계자(예: 기업의 디렉터)에게 제공물의 효과적 실행가능성을 정당화하는 것을 목표로 한다. 이 포지셔닝 선언문이 반드시 답해야 하는 핵심 질문은 다음과 같다: 이 비즈니스 단위와 이 기업이 왜 이 제공물에 투자해야 하는가?

일반적인 기업 초점의 포지셔닝 선언문은 1) 기업, 2) 준거 프레임, 그리고 3) 핵심 혜택이라는 세 가지 주요 요소로 구성된다. 기업 초점의 포지셔닝 선언문의 전반적인 구조는 고객 중심 및 협력자 초점의 선언문 구조와 유사하다. 기업 초점의 포지셔닝 선언문의 사례는 다음과 같다:

사례 A (非비교형 포지셔닝): [제공물]은 [제공물에서 얻는 주요 혜택] 때문에 [기업]을 위해 훌륭한 [준거 프레임]이다.
*   디월트 전동 공구는 높은 이익률을 제공하기 때문에 블랙앤데커를 위해 훌륭한 선택이다.

사례 A (비교형 포지셔닝): [제공물]은 [주요 혜택] 때문에 [기업]을 위해 [대안적 옵션]보다 더 나은 [준거 프레임]이다.
*   디월트 전동 공구는 마진이 더 크고 판매량이 더 많기 때문에, 블랙앤데커를 위해 블랙앤데커 프로페셔널 전동 공구보다 더 나은 전략적 옵션이다.

사례 B (非비교형 포지셔닝): [제공물]은 [제공물에서 얻는 주요 혜택] 때문에 [기업]을 위해 훌륭한 선택이다.

- 퓨전은 습식 면도 시장의 선두주자로서 질레트의 포지션을 확고히 해 주고 높은 이익률을 보장해 주기 때문에, 질레트에게 훌륭한 선택이다.

사례 B (비교형 포지셔닝): [제공물]은 [혜택의 정당성] 때문에 [기업]에게 [대안적 옵션]보다 더 훌륭한 [주요 혜택]을 제공한다.

- 퓨전은 높은 이익률을 얻을 수 있기 때문에 질레트에게 마하3보다 시장점유율을 높일 수 있는 습식 면도 시스템이다.

〉〉〉 부록 C 〈 〈 〈

브랜드 관리 플랜 작성

바보라도 누구나 물건을 팔 수는 있지만
브랜드를 만들기 위해서는 천재성, 믿음, 그리고 끈기가 필요하다.

데이비드 오길비
오길비앤매더 광고 에이전시 설립자

브랜드 관리 플랜은 기업 제공물의 브랜드 측면을 관리하는 방법에 대해 설명한다. 브랜드 관리 플랜은 기업이 목표로 하는 가치를 브랜드로 정의하기 위한 전반적인 마케팅 전략에서 파생된다. 브랜드 관리 플랜을 구성하는 논리와 그 플랜의 핵심적 측면이 다음 섹션에 요약되어 있다.

마케팅 플랜의 구성요소로서의 브랜드 관리 플랜

브랜드 관리 플랜은 기업의 브랜드의 본질, 경쟁하는 시장, 이 시장에서 창출하고자 하는 가치, 그리고 그것이 시장 가치를 창출할 구체적인 방법을 명시한다. 따라서, 브랜드 관리 플랜은 브랜드에 대한 기업의 전략적 비전을 나타내고 이 비전을 실행하기 위한 도구를 설명한다.

브랜드는 기업이 시장 가치를 창출하기 위해 자체적으로 사용할 수 있는 도구 중 하나이기 때문에 브랜드 관리 플랜은 기업의 전반적인 마케팅 플랜의 일부이다. 이 두 플랜의 주요 차별점은 그 범위(scope)다. 마케팅 플랜은 제품, 서비스, 브랜드, 가격, 인센티브, 커뮤니케이션, 그리고 유통 등 제공물의 측면을 포함한 광범위한 의사결정을 다루는 반면, 브랜드 관리 플랜은 브랜드 관리와 관련된 이슈에만 초점을 맞춘다. 이러한 맥락에서, 브랜드 관리 플랜은 기업이 자사 브랜드로 달성하고자 하는 목표와 이를 달성하기 위한 구체적인 활동을 설명한다.

브랜드 관리 플랜은 한 번 개발되면 실행에 참여하는 당사자들 사이에서 공유될 수 있도록 문서로 확립되어야 한다. 이러한 맥락에서, 브랜드 관리 플랜은 기업의 브랜드별 목표를 정의하고, 이러한 목표 달성을 위한 행동 방안을 설명하고, 이러한 목표를 향한 진척 상황을 평가하기 위한 가이드라인을 제공하는 문서이다. 브랜드 관리 플랜은 기업의 전략적 플래닝 프로세스의 가시적인 결과로서 기업의 브랜드의 생성, 성장, 그리고 방어를 가이드한다.

비즈니스 문서로서 브랜드 관리 플랜은 8개의 주요 섹션으로 구성된다: 1) 브랜드 관리 플랜의 주요 측면을 설명하는 경영자 요약, 2) 브랜드가 운영되는 환경에 대한 관련 배경을 제공하는 상황 개요, 3) 기업이 브랜드와 함께 달성하고자 하는 목표, 4) 타겟 시장에 의해 정의된 브랜드 전략과 브랜드가 이 시장에서 창출하고자 하는 가치, 5) 브랜드 설계와 커뮤니케이션의 주요 측면을 나타내는 브랜드 전술, 6) 브랜드 전략과 전술을 실행하는 절차, 7) 기업이 브랜드 성과를 통제하는 방식, 8) 그리고 상황 개요 및 제안된 행동 방안의 다양한 측면과 관련된 추가 정보를 제공하는 도표.

브랜드 관리 플랜의 개별 구성요소는 그림 1(다음 페이지)에 요약되어 있다.

그림 1. 브랜드 관리 플랜의 구성

경영자 요약

이 기업의 브랜드 관리 플랜의 핵심적인 측면은 무엇인가?

상황 개요

기업	시장
이 기업과 브랜드의 역사, 문화, 자원, 제공물, 그리고 지속되는 활동은 무엇인가	이 브랜드가 그 안에서 경쟁하거나 경쟁할 시장의 핵심적인 측면은 무엇인가?

목표

초점	벤치마크
기업이 제공물과 함께 달성하고자 하는 핵심 결과(outcome)은 무엇인가?	이 목표 달성을 위한 기준은 무엇인가? (시간적 및 정량적)

전략

타겟 시장	가치 제안
브랜드의 타겟 고객, 경쟁자, 그리고 협력자는 누구인가? 기업의 자원과 시장의 컨텍스트는 무엇인가?	타겟 고객, 협력자, 그리고 기업을 위한 이 브랜드의 가치 제안은 무엇인가?

전술

설계	커뮤니케이션
브랜드를 정의하는 핵심 요소(식별자 및 참조자)는 무엇인가?	이 브랜드를 타겟 고객에게 연관시키기 위해 사용되는 수단(매체 및 크리에이티브 집행)은 무엇인가?

실행

개발	전개
브랜드는 어떻게 개발되는가?	이 브랜드를 시장에 출시하기 위해 어떤 프로세스가 사용되는가?

통제

성과	환경
기업은 브랜드 관리 목표 대비 진척도를 어떻게 평가할 것인가?	새로운 기회와 위협을 파악하기 위해 기업은 환경을 어떻게 모니터링할 것인가?

도표

이 브랜드 관리 플랜을 뒷받침하는 세부사항과 근거자료는 무엇이 있는가?

브랜드 관리 플랜의 백본(척추)는 브랜드 행동 플랜으로, G-STIC 프레임워크를 따라 브랜드 관리의 목표, 전략, 전술, 실행, 그리고 통제 측면을 정의한다. 간단히 말해서, 브랜드 행동 플랜은 브랜드가 추구하는 목표와 이 목표를 달성하는 방법을 정의한다.

브랜드 관리 플랜의 핵심 구성 요소

브랜드 관리 플랜의 전반적인 구성과 8가지 핵심 요소의 내용은 아래에 요약되어 있다.

경영자 요약

경영자 요약은 브랜드 관리 플랜의 핵심 측면에 대한 높은 수준의 개요를 제공한다. 이는 마케팅 플랜의 "엘리베이터 피치"로, 기업의 목표와 이 목표를 달성하기 위한 제안된 행동 방안에 대한 효율적이고 간결한 개요이다.

의미 있는 경영자 요약을 작성하려면 제공물에 익숙하지 않은 독자가 제안된 행동 방안의 본질을 파악할 수 있는 방식으로 정보를 제시하는 것이 핵심이다. 마케팅 플랜의 복잡성에 따라, 경영자 요약은 반 페이지에서 두세 페이지까지 걸릴 수 있다.

상황 개요

상황 개요는 제안된 행동 방안의 근거를 이해하는 데 필요한 관련 배경을 제공함으로써 브랜드 행동 플랜의 단계를 설정하는 것을 목표로 한다. 브랜드 관리 플랜을 읽는 사람들 중 일부는 시장의 세부 사항에 대해 잘 알지 못하거나 그들의 기존 지식을 당면한 문제와 쉽게 연관시키지 못할 수 있기 때문에 그러한 배경 정보를 제공하는 것이 중요하다. 상황 개요는 일반적으로 기업 개요와 시장 개요의 두 부분으로 구성된다.

- **기업 개요**는 기업의 목표, 시장 성과, 역사, 문화, 그리고 자원을 포함하여 브랜드를 관리하는 기업에 대한 관련 정보를 제공한다. 기업 개요는 그 브랜드에 대한 배경 정보를 제공하는 개요도 포함한다. 여기에는 1) 브랜드에 대한 전략적 이니셔티브와 전술적 활동들, 2) 그 브랜드와 연관된 제품과 서비스, 그리고 3) 그 기업의 포트폴리오 내의 다른 브랜드들이 포함된다.

- **시장 개요**는 다음과 같이 브랜드가 운영되는 시장의 핵심적인 측면들에 대해 다룬다: 1) 특정 니즈를 가진 고객(여기에는 기업이 브랜드를 맞춤화 하려는 고객과 무시하기로 한 고객이 모두 포함된다); 2) 이러한 고객 니즈를 충족시키는 것을 목표로 하는 브랜드 경쟁자; 3) 이러한 니즈의 충족을 도와주는 협력자; 그리고 4) 이 브랜드가 운영되는 관련 경제적, 기술적, 사회문화적, 규제적, 그리고 물리적 컨텍스트

기업이 운영되는 환경의 핵심적 측면을 설명함으로써, 상황 개요는 마케팅 플랜을 읽는 사람들에게 브랜드가 시장 가치 창출을 목표로 하는 특정 컨텍스트에 친숙해 지도록 돕는다.

목표

목표는 특정 브랜드와 함께 기업이 달성하고자 하는 결과라고 정의한다. 브랜드 목표를 정의하는 것은 다음과 같은 두가지 요소와 관련된다: 1) 초점과 2) 벤치마크

- **목표 초점**은 기업이 특정 브랜드로 달성하고자 하는 핵심적 결과물이다. 목표 초점은 특정 금전적 결과와 연관되지 않고 브랜드 파워의 증대와 같이 본질적으로 전략적일 수 있다.
- **성과 벤치마크**는 원하는 결과를 정량화하고 이 결과를 달성하기 위한 시간 프레임을 설정한다. 예를 들어, 성과 벤치마크는 1) 기업이 달성하고자 하는 브랜드 에쿼티와, 2) 기업이 얼마나 빨리 이 브랜드 에쿼티 수준에 도달하는 것을 목표로 하는지를 정의할 수 있다.

브랜드가 향하는 목표를 명확하게 정의하는 것은 브랜드 전략과 전술을 가이드 할 뿐 아니라 브랜드를 구축하기 위해 할당된 기업 자원을 결정하기 때문에 중요하다. 잘 표현된 브랜드 목표는 기업의 브랜드 구축 노력에 초점을 맞추는 동시에 성과를 측정하는 척도의 역할을 하며 브랜드 성공의 궁극적인 기준이 된다.

전략

전략은 브랜드의 타겟 시장과 그 시장에서 창출하고자 하는 가치를 분명하게 나타낸다. 따라서, 브랜드 전략은 타겟 시장과 가치 제안이라는 두 가지 요소로 정의된다.

- **타겟 시장**은 1) 브랜드의 타겟 고객, 2) 동일한 고객을 타겟으로 하는 경쟁자, 3) 기업과 협력하여 고객 가치를 창출하는 협력자, 4) 제공물을 관리하는 기업, 그리고 5) 브랜드가 운영되는 컨텍스트가 무엇인지 나타낸다. 브랜드의 타겟 시장을 정의하는 요소는 타겟 고객의 선택에 달려 있으며, 이는 타겟 시장의 다른 측면들을 결정한다.
- 브랜드의 **가치 제안**은 선택된 타겟 시장에서 브랜드가 창출하고자 하는 가치를 나타낸다. 브랜드의 가치 제안은 고객, 기업, 그리고 협력자 가치의 세 가지 측면을 가지고 있다. 브랜드 가치 제안의 고객 측면은 일반적으로 브랜드 가치의 다른 측면들을 이끌고 가는 한 측면이다.

브랜드 전략은 전반적인 브랜드 목표를 따르며 브랜드가 이 목표를 달성하는 방법을 나타낸다. 브랜드 전략은 일반적으로 브랜드 목표에 의해 정의된 시간 수평축과 일치하는 장기적인 시간 범위를 갖는다. 브랜드 전략의 본질은 브랜드의 타겟 고객을 요약하고 고객이 이 브랜드를 선택해야 하는 주요 이유를 설명하는 브랜드 포지셔닝 선언문에 담겨 있다.

전술

전술은 브랜드 전략을 브랜드의 핵심 측면을 정의하는 일련의 실행 가능한 의사결정으로 변환한다. 브랜드 전술에는 브랜드 설계와 브랜드 커뮤니케이션이라는 두 가지 요소가 포함된다.

- **브랜드 설계**는 브랜드의 본질을 규정하는 요소들을 명확하게 보여준다. 브랜드 설계는 브랜드 식별자(brand identifier)와 브랜드 참조자(brand referents)에 대한 것이다. 브랜드 식별자는 브랜드를 알아볼 수 있게 하고 경쟁사와 차별화하기 위해 기업이 만들고, 관리하고, 소유하는 것을 말하고(예: 브랜드의 이름, 로고, 모토, 캐릭터, 사운드, 제품 디자인, 포장 등), 브랜드 참조자는 브랜드 이름과 연결하여 기업이 의미를 강화하고자 하는 대상이다(예: 니즈, 혜택, 경험, 상황, 활동, 장소, 사람, 사물, 제품 및 서비스, 그리고 다른 브랜드 등).
- **브랜드 커뮤니케이션**은 원하는 브랜드 이미지를 마음속에 구축하기 위해 브랜드 설계(식별자 및 참조자)를 타겟 고객과 연관시킨다. 브랜드 커뮤니케이션 결정에는 브랜드와 고객 접점을 정의하는 브랜드 미디어의 선택, 그리고 브랜드 전략 및 전술의 다양한 측면을 표현하는 데 사용되는 수단(예: 메시지의 워딩, 카피 레이아웃, 동영상 스크립트, 그리고 배경음악 조율)을 정의하는 크리에이티브 실행이 포함된다.

브랜드 전술은 브랜드를 정의하는 속성을 설계한 후 브랜드의 본질을 담아내는 방식으로 타겟 고객에게 이러한 속성을 전달하고자 하는 브랜드의 전략과 지향점에 따라 가이드 된다. 이러한 맥락에서 브랜드 전술은 브랜드를 시장 현실로 만들기 위한 로드맵을 정의한다.

실행

실행은 브랜드의 전략과 전술을 현실로 만드는 절차를 설명한다. 특히, 실행에는 브랜드별 자원을 개발하고 브랜드를 시장에 **전개하는** 두 가지 요소가 포함된다.

● 자원 **개발**은 기업이 전략과 전술을 실행하는 데 필요한 자산과 역량을 개발하는 프로세스를 나타낸다. 여기에는 브랜드 식별자에 대한 지적재산권 확보, 브랜드 대변인(광고 등 주요 커뮤니케이션 활동에서 브랜드를 대표하는 인물) 계약, 브랜드 커뮤니케이션에 필요한 매체 확보 등의 활동이 수반된다.
● 브랜드 **전개**는 타겟 오디언스에게 이 브랜드를 알림으로써 시장에 전달하는 프로세스를 설명한다. 여기에는 1) 브랜드 런칭의 조율, 2) 여러 미디어 채널 간의 브랜드 커뮤니케이션 스케줄 수립, 그리고 3) 체험적 활동과 이벤트의 관리가 포함된다.

브랜드 관리 플랜의 실행 측면은 브랜드의 전략과 전술을 고객의 마음속에 의미 있는 브랜드 이미지로 전환시키는 것을 목표로 한다. 그 다음, 실행의 성공은 브랜드에 대한 대중의 인식이 기업이 원하는 브랜드 이미지와 어느 정도 일치하느냐에 따라 측정된다.

통제

통제는 브랜드의 시장 성과를 최적화하기 위해 기업의 성과를 평가하는 프로세스를 말한다. 통제에는 두 가지 요소가 수반된다. 즉, 브랜드의 목표에 대한 진척 상황을 평가하고 브랜드가 운영되는 **시장 컨텍스트**를 분석하는 것이다.

● **목표-진척 분석**은 목표 대비 브랜드의 시장 성과를 추적하는 프로세스를 정의한다. 예를 들어, 목표-진척 분석은 브랜드가 타겟 고객들 사이에서 원하는 인지도를 달성했는지 여부를 검토할 수 있다.
● **시장 컨텍스트 분석**은 기업이 새로운 브랜드 관련 기회와 위협을 알아내기 위해 시장 환경을 모니터링하는 프로세스라고 정의된다. 예를 들어, 상황 분석은 브랜드를 포지셔닝하는 데 사용할 수 있는 새로운 소비자 트렌드의 출현을 살펴보는 것이 포함될 수 있다.

브랜드 관리 플랜의 통제 구성요소는 기업이 결정된 행동 방안의 이행을 진행할 수 있는지, 현재의 브랜드 관리 플랜을 재평가 및 수정해야 하는지, 또는 브랜드 목표에 도달하기 위해 현재의 행동 방안을 포기하고 새로운 전략을 개발할 필요가 있는지를 나타낸다. 브랜드 관리 플랜의 통제 측면을 실행하기 위한 실질적인 도구는 브랜드 감사이며, 이는 브랜드의 현재 상태를 종합적으로 분석하는 것을 포함한다.

부록

도표는 플랜 내에서 그리고 프리젠테이션 포맷 내에서 수행하는 기능이 다양하다. 일반적인 브랜드 관리 도표로는 1) 브랜드 디자인 가이드라인, 2) 브랜드 커뮤니케이션 플랜, 그리고 3) 브랜드 감사 등이 있다.

- **브랜드 디자인 가이드라인**은 다양한 시장, 제공물, 그리고 미디어 형식에 걸쳐 일관된 브랜드 프레젠테이션을 달성하기 위해 브랜드 요소를 사용해야 하는 방법을 명시한다. 일반적인 유형의 브랜드 디자인 가이드라인에는 브랜드 이름, 로고, 타이포그래피, 그리고 색상 사용에 대한 세부 사양이 포함된다.
- **브랜드 커뮤니케이션 플랜**은 1) 타겟 오디언스, 2) 커뮤니케이션 메시지, 3) 사용될 미디어와 크리에이티브 솔루션, 4) 커뮤니케이션을 전개하고 관리하는 절차, 그리고 5) 커뮤니케이션 효과성 측정 방법 등 브랜드 커뮤니케이션 캠페인의 핵심 측면을 설명한다.
- **브랜드 감사**는 브랜드의 현재 상태와 그것이 시장 가치를 창출하고 확보하는 방법을 평가한다. 브랜드 감사는 일반적으로 브랜드 관리 플랜의 통제라는 측면을 다룬다.

도표의 주요 기능은 브랜드 관리 플랜에 나타난 분석과 그 결과로서의 행동 방안 도출을 돕는 것이다. 따라서, 브랜드 관리 플랜에 포함된 도표의 내용, 수, 그리고 종류는 이 플랜의 복잡성과 이를 적절히 이해하고 실행하기 위해 얼마 만큼의 추가 정보가 필요한가의 정도에 따라 결정된다.

>>> 부록 D <<<

커뮤니케이션 플랜 작성

광고는 사람들에게 이렇게 말한다.
"여기 우리가 가진 것이 있습니다. 이것이 여러분에게 도움이 될 것입니다.
여기 그것을 얻는 방법이 있습니다."

레오 버넷
레오 버넷 광고 에이전시 설립자

시장의 성공은 타겟 오디언스 사이에서 기업의 제공물에 대한 인지도를 창출해 주는 효과적으로 실행가능한 커뮤니케이션 캠페인 없이는 거의 불가능하다. 커뮤니케이션 캠페인의 성공 여부는 결국 기업의 커뮤니케이션 플랜에 의해 크게 좌우된다. 이 플랜은 기업이 관련된 시장 실체(타겟 고객, 협력자, 기업 직원, 그리고 이해관계자)에게 제공물의 특정한 속성을 알리는 방법을 나타낸다. 커뮤니케이션 플랜 구성의 논리와 핵심적인 측면은 다음 섹션에 요약되어 있다.

마케팅 플랜의 구성 요소로서의 커뮤니케이션 플랜

커뮤니케이션 플랜은, 제공물의 커뮤니케이션의 세부 사항을 더 자세히 설명하기 위해, 전략적 마케팅 플랜이라는 기반 위에서 만들어진다. 핵심적인 차이점은 마케팅 플랜에서와 같이 제공물의 모든 측면을 다루는 대신, 커뮤니케이션 플랜은, 제안된 커뮤니케이션 캠페인의 배경을 제공하기 위해, 제공물의 커뮤니케이션 측면에만 초점을 맞추고 (주로 이 마케팅 플랜의 상황 개요 부분에 나오는) 마케팅 플랜의 다른 측면을 간략하게 설명한다는 것이다.

별도의 커뮤니케이션 플랜의 필요성은 실무적인 고려에 의해 주도된다. 즉 제공물의 커뮤니케이션을 책임지는 매니저들(예: 광고, PR, 그리고 소셜 미디어 에이전시)에게 커뮤니케이션 의사결정을 가이드하는 핵심적이고 간결한 문서를 제공하기 위함이 그것이다. 따라서, 커뮤니케이션 플랜은 일반적으로 전반적인 마케팅 플랜의 개요에서 시작하여 특정 커뮤니케이션 캠페인의 세부 사항을 설명하기 위해 제공물의 커뮤니케이션 측면에 초점을 맞춘다.

기업의 커뮤니케이션 활동은 제3장에서 설명된 마케팅 플랜의 구성을 동일하게 반영하는 구조를 따르는 커뮤니케이션 플랜에 기술되어 있다. 커뮤니케이션 플랜은 경영자 요약에서 시작하여 상황 개요로 이어진다. 그 다음, 목표를 설정하고, 커뮤니케이션 전략을 수립하고, 기업 커뮤니케이션의 전술적 측면을 설명하고, 특정 커뮤니케이션 활동을 구현하기 위한 계획을 구체적으로 나타내고, 커뮤니케이션 캠페인의 진행 상황을 모니터링하기 위한 통제 도구들을 정의하고, 관련된 도표로 마무리된다. 커뮤니케이션 플랜의 핵심 요소는 그림 1(다음 페이지)에 나와 있다.

그림 1. 커뮤니케이션 플랜의 구성

경영자 요약

이 기업의 커뮤니케이션 캠페인의 핵심적인 측면은 무엇인가?

상황 개요

기업	시장
이 기업의 역사, 문화, 자원, 제공물, 그리고 지속되는 활동은 무엇인가	이 기업이 경쟁하는 시장의 핵심적인 측면은 무엇인가?

목표

초점	벤치마크
이 기업의 커뮤니케이션의 초점은 무엇인가?	이 목표 달성을 위한 기준은 무엇인가? (시간적 및 정량적)

전략

타겟 오디언스	메시지
이 기업의 타겟 오디언스는 누구인가?	이 기업이 알리고자 하는 메시지는 무엇인가?

전술

미디어	크리에이티브
이 오디언스는 이 기업의 커뮤니케이션을 어디에서 마주치게 될 것인가?	기업의 메시지는 어떻게 표현될 것인가?

실행

개발	전개
이 기업의 메시지를 알리기 위해 개발되고 획득되는 데 필요한 리소스는 무엇인가?	이 기업의 메시지를 타겟 오디언스에게 전달하는 프로세스는 무엇인가?

통제

성과	환경
이 기업은 커뮤니케이션 캠페인의 효과성을 어떻게 평가할 것인가?	떠오르는 기회와 위협을 파악하기 위해 이 기업은 환경을 어떻게 모니터링할 것인가?

두표

이 기업의 커뮤니케이션 플랜을 뒷받침하는 세부사항과 근거자료는 무엇이 있는가?

커뮤니케이션 플랜의 핵심적인 구성 요소

전반적인 마케팅 플랜과 유사하게, 커뮤니케이션 플랜은 경영진 요약, 상황 개요, 목표, 전략, 전술, 실행, 통제, 그리고 부록이라는 8가지 핵심 요소로 구성된다.

경영자 요약

경영자 요약은 커뮤니케이션 플랜의 핵심 측면에 대한 개요를 제공한다. 여기에는 일반적으로 커뮤니케이션 플랜의 목표, 전략, 전술, 실행, 그리고 통제라는 요소의 관련된 측면들이 포함된다. 경영자 요약의 목적은 독자에게 커뮤니케이션 플랜의 핵심적 측면을 나타내는 것이다.

상황 개요

커뮤니케이션 플랜의 상황 개요 섹션은 제공물이 운영되는 관련 컨텍스트를 제공하고, 커뮤니케이션 플랜과 전체 마케팅 플랜 간의 일관성을 보장하는 것을 목표로 한다. 상황 개요 섹션은 일반적으로 기업 개요와 시장 개요의 두 부분으로 구성된다.

- **기업 개요**는 기업에 대한 관련된 정보를 제공하며, 기업의 목표, 시장 성과, 기업 역사, 기업 문화, 그리고 자원 등이 이에 포함된다. 기업 개요에는 제공물의 커뮤니케이션 캠페인 개발과 관련된 시장 제공물(제품, 서비스, 브랜드, 가격, 인센티브, 커뮤니케이션, 그리고 유통)의 핵심 측면에 대한 배경 정보를 제공하는 개요도 포함된다.
- **시장 개요**는 커뮤니케이션이 이루어지는 다음과 같은 시장의 핵심적 측면을 설명한다: 기업이 목표로 하는 고객뿐만 아니라 기업이 무시하기로 선택한 고객도 포함한, 특정한 니즈를 갖는 고객들; 이러한 고객을 타겟팅하는 경쟁자; 기업과 경쟁자가 이러한 고객을 위한 가치를 창출할 수 있도록 지원하는 협력자; 그리고 기업이 운영되는 경제적, 기술적, 사회문화적, 규제적, 그리고 물리적 컨텍스트.

기업이 운영되는 환경의 핵심적 측면을 간략하게 설명해 줌으로써, 상황 개요는 대상 제공물에 의해 시장 가치가 창출되는 특정 컨텍스트에 대해 커뮤니케이션 플랜의 독자들이 익숙해 지는 데에 도움을 준다.

목표

커뮤니케이션 플랜의 목표 섹션은 커뮤니케이션 캠페인을 통해 원하는 결과를 정의한다. 커뮤니케이션 목표의 정의에는 초점와 벤치마크라는 두 가지 요소가 포함된다.

- 목표 **초점**이란 기업이 커뮤니케이션 캠페인을 통해 달성하고자 하는 주요 결과를 말한다. 공통적인 커뮤니케이션 목표 초점은 인지도를 창출하고, 관심도를 일으키고, 선호도 강화하고, 그리고 행동을 촉진하는 것 등이 포함된다.
- **성과 벤치마크**는 달성해야 할 특정 수준을 정의하고 이 결과를 달성하기 위한 시간 프레임을 설정하여 원하는 결과를 정량화 한다.

예를 들어, 커뮤니케이션 목표에는 제품 출시 전(시간적 벤치마크)에 도시 지역의 20% 젊은 성인(정량적 벤치마크) 사이에서 기업의 신제품에 대한 최초상기도(목표 초점)를 창출하는 것이 포함될 수 있다.

전략

커뮤니케이션 전략은 제공물의 전반적인 마케팅 전략을 직접적으로 따르며, 두 가지 핵심 요소, 즉 타겟 오디언스와 전달될 메시지로 구성된다.

● **타겟 오디언스**는 커뮤니케이션 캠페인의 수신자를 말한다. 제공물의 타겟 오디언스는 타겟 고객에 국한되지 않는다. 타겟 오디언스에는 타겟 고객 외에도 구매자, 영향력 행사자, 협력자, 기업 직원, 기업 이해관계자, 그리고 사회 전반이 포함될 수 있다.

● **메시지**는 전달될 정보와 이 정보가 관련된 시장 실체를 위해 창출할 가치를 정의한다. 메시지는 제품, 서비스, 브랜드, 가격, 인센티브, 그리고 유통과 같은 하나 이상의 제공물의 속성을 포함할 수 있다. 따라서, 1) 제품 및 서비스에 관련된 메시지는 타겟 오디언스에게 기업의 제품과 서비스의 특징에 대해 알려주고, 2) 브랜드 관련 메시지는 기업 또는 제공물 브랜드의 정체성과 의미에 초점을 두고, 3) 가격과 관련된 메시지는 제공물의 가격을 알려주고, 4) 인센티브 관련 메시지는 판매 촉진, 수량 할인, 그리고 보너스 제공과 같은 제공물 관련 인센티브를 알려주고, 5) 유통 관련 메시지는 유통 채널 내에서 제공물의 가용성을 강조하여 나타내 준다.

효과적으로 실행하기 위해, 커뮤니케이션 전략은 전반적인 커뮤니케이션 목표에 맞춰져야 하며, 기업이 이 목표를 달성하는 방법을 설명해야 한다.

전술

커뮤니케이션 전술은 타겟 오디언스에게 메시지를 전달하기 위해 사용되는 미디어와 크리에이티브 수단을 보여준다.

- **미디어**는 기업이 타겟 오디언스에게 메시지를 전달하기 위해 사용하는 수단을 정의한다. 커뮤니케이션을 시작하는 실체에 따라 미디어는 **아웃바운드**와 **인바운드**라는 두 가지 유형으로 나눌 수 있다. 아웃바운드 미디어는 기업에서 시작한 커뮤니케이션을 말한다. 가장 일반적인 형태의 아웃바운드 미디어에는 광고, PR, 소셜 미디어, 직접 마케팅, 인적 판매, 이벤트 후원, 제품 배치, 제품 기반 커뮤니케이션, 그리고 제품 샘플과 무료 체험이 포함된다. 인바운드 미디어는 기업이 아닌 일반 대중이 시작한 커뮤니케이션을 말한다. 일반적인 인바운드 미디어 유형에는 온라인 검색, 개인적 상호작용, 전화, 온라인 포럼, 이메일, 그리고 우편이 포함된다.
- 커뮤니케이션의 **크리에이티브** 측면은 선택된 메시지를 전달하는 데 사용되는 특정한 접근 방식(예: 특정 텍스트 및 이미지)을 말한다. 크리에이티브 솔루션의 개발은 메시지 어필과 실행 형식이라는 두 가지 핵심 의사결정을 포함한다. 메시지 어필은 기업의 메시지를 전달하는 데 사용되는 접근 방식(예: 정보 기반 또는 감정 기반)을 말한다. 실행 포맷은 선택한 미디어 포맷이라는 수단을 사용하여 특정한 어필을 전달하기 위해 사용되는 특정한 방법을 말한다. 다양한 유형의 미디어는 서로 다른 크리에이티브 수단을 활용하는 경향이 있기 때문에, 크리에이티브 솔루션은 선택한 미디어에 따라 종종 달라진다.

커뮤니케이션 전술은 타겟 고객에게 원하는 메시지를 효과적이고 비용 효율적인 방식으로 전달할 수 있도록 지원하는 커뮤니케이션 전략에 의해 가이드 된다.

실행

실행은 커뮤니케이션 전략과 전술을 시장에 실제로 적용하는 프로세스를 정의한다. 구체적으로 커뮤니케이션 플랜의 실행 측면에는 플랜 실행에 필요한 자원 개발, 실제 커뮤니케이션 캠페인 개발, 이 캠페인을 타겟 시장에 전개하는 것이 포함된다.

- **자원 개발**에는 기업이 커뮤니케이션 캠페인을 운영하는 데 필요한 자원을 확보하도록 보장하는 것이 포함된다. 여기에는 우수한 인재를 채용하고(크리에이티브 팀, 리서치 팀, 배우/대변인), 협력자를 파악하고(광고, PR, 온라인 에이전시; 미디어 파트너; 공동 프로모터), 그리고 캠페인에 필요한 자원을 확보하는 일 등이 포함된다.
- **캠페인 개발**에는 관련 미디어(시청각 매체의 방송 시간, 인쇄 매체의 광고 공간, 온라인, 그리고 옥외 매체 광고 공간)를 확보하고 타겟 오디언스와 공유할 커뮤니케이션(예: 광고, 인쇄 광고, 온라인 배너, 그리고 기타 제공물-관련 콘텐츠)을 만드는 작업이 포함된다.
- **상업적 전개**는 타겟 시장에서 커뮤니케이션 캠페인을 런칭하는 것을 말한다. 이것은 유료 검색 결과에서 높은 순위를 확보하기 위한 광고 집행, 다양한 매체에 광고 게재, 개발된 콘텐츠 게시, 그리고 관련 키워드 입찰을 포함한다.

효과성을 높이기 위해, 실행 플랜은 커뮤니케이션 전략 및 전술과 잘 정렬되어야 하며, 이를 현실화할 수 있도록 충분한 세부 정보를 제공해야 한다.

통제

커뮤니케이션 플랜의 통제 섹션은 기업이 커뮤니케이션 플랜의 적절한 실행을 보장하는 방법을 나타낸다. 통제 섹션은 1) 커뮤니케이션 효과 측정과, 2) 커뮤니케이션 환경 모니터링이라는 두 가지 주요 이슈를 다룬다.

- **커뮤니케이션 효과 측정**은 커뮤니케이션 목표를 향한 적절한 진척을 보장하는 것을 목표로 한다. 이를 위해, 커뮤니케이션 플랜의 이 섹션에서는 커뮤니케이션 성과를 측정하는 방법(예: 주요 성과 지표)을 정의하고 성과 평가가 실행되는 프로세스를 나타낸다.
- **환경 모니터링**은 시장 환경이 변화하는 상황에서 커뮤니케이션 플랜이 적절한지 확인하는 것을 목표로 한다. 특히, 커뮤니케이션 플랜의 이 섹션은 커뮤니케이션 기회와 위협을 파악하기 위해 시장 정보를 수집하는 것과 관련된 프로세스를 나타낸다.

커뮤니케이션 플랜의 통제 측면은 기업이 결정된 행동 방안의 이행을 진행할지, 현재의 커뮤니케이션 플랜을 재평가·수정할지, 아니면 현재의 행동 방안을 포기하고 기업이 목표를 달성할 수 있는 새로운 행동 플랜을 구상할지 여부를 나타낸다.

도표

도표 섹션에는 커뮤니케이션 플랜을 지원하는 표, 차트, 그리고 부록의 형태로 추가 세부 정보가 제공된다. 일반적인 커뮤니케이션 도표에는 커뮤니케이션 예산, 커뮤니케이션 스케줄, 광고 플랜, PR 플랜, 소셜 미디어 플랜, 인바운드 커뮤니케이션 플랜, 그리고 커뮤니케이션 효과 측정 방법 등이 포함된다.

> > > 부록 E < < <

의미 있는 도표 만들기

설명하기 위해 책으로 수십 페이지가 필요한 것을
그림은 나에게 한 번에 보여준다.

이반 투르게네프, 러시아 소설가이자 극작가

도표는 마케팅 플랜의 특정한 측면에 대한 자세한 정보를 제공한다. 목표 달성을 위한 마케팅 플랜의 능력(기업의 활동을 가이드하고 관련된 시장의 실체들에게 기업 제공물의 세부적인 내용을 알리는 것)에 대한 중요성에도 불구하고, 매니저들은 도표를 마케팅 플랜의 필수 요소라기보다는 추후에 고려할 사항 정도로 간주하기도 한다. 이 부록의 목적은 마케팅 플랜의 논리를 보강하고 명료성을 증대시키는 의미 있는 도표 제작의 핵심 원칙을 설명하는 것이다.

올바른 내용 선택하기

도표의 주된 목적은 관련된 정보를 효과적으로 알리는 것이다. 따라서 도표의 효과성은 마케팅 플랜의 이론적 근거와 세부 사항을 이해하는 데 얼마나 도움을 주느냐에 달려있다. 따라서 효과적인 도표는 1) 필요한 정보를 담아야 하고, 2) 구체적이어야 하고, 3) 명확해야 하고, 4) 간결해야 하며, 그리고 5) 스타일면에서 기능적이어야 한다.

- **필요성.** 도표는 정해진 목표와 제안된 행동 방안과 관련성 있는 정보를 나타내야 한다.
- **구체성.** 도표는 본문에서 만들어진 특정한 포인트를 표현하기 때문에, 도표는 이 플랜의 본문에 포함된 주요 텍스트와 관련되어야 하며 각 도표는 본문 내에서 참조되어야 한다(각 도표는 본문의 내용과 매칭되어야 한다).
- **명료성.** 도표는 독자가 반드시 본문을 참조하지 않고도 그 의미를 이해할 수 있도록 완전성이 있어야 한다. 이를 위해 도표마다 타이틀이 있어야 한다.
- **간결성.** 도표에는 의도하는 특정한 포인트에 직접적으로 관련된 정보만 포함되어야 한다.
- **스타일면에서의 기능성.** 도표의 기능성이 그 스타일을 능가해야 한다. 이를 위해 도표는 시각적으로 주의를 산만하게 하는 디테일을 피하고 본문의 다른 도표와 양식적으로 일치해야 한다.

이러한 원칙을 따르는 잘 디자인 된 도표는 마케팅 플랜에 명시된 정보에 깊이와 명료성을 모두 증대시킬 수 있으며, 따라서 적절한 실행을 도와줄 수 있다.

올바른 포맷 결정

그 형식에 따라, 대부분의 도표는 표, 그림, 부록의 세 가지 유형 중 하나에 속하게 된다.

- **표**(tables)는 일반적으로 비교를 쉽게 하기 위해 열과 행으로 배열된 정확한 숫자 값을 보여준다. 표를 사용하면 대량의 데이터를 효율적으로 표시할 수 있으며, 시장 리서치 및 재무적 데이터에 주로 사용된다.
- **그림**(figures)에는 표 외에도 여러가지 유형의 일러스트레이션이 포함된다. 그림에는 그래프, 차트, 사진, 드로잉, 또는 다른 일러스트레이션 등이 있다. 각 그림은 특정한 포인트를 제시해야 하며, 그 자체로 명료성과 정보성을 가져야 한다.
- **부록**(appendices)은 플랜의 본문에 싣는다면 자칫 읽기에 방해가 될 수 있는 특정 이슈에 대한 자세한 정보를 제공한다. 부록은 표, 그림, 또는 텍스트를 포함할 수 있으며 부수적으로 관련된 데이터 또는 매우 상세한 데이터에 사용된다.

도표 형식의 선택은 도표에 포함된 정보의 유형과 마케팅 플랜에서 이 정보가 수행하는 역할에 따라 달라진다.

도표의 구성

도표는 이해를 쉽게 해 주는 방향으로 개발되어야 한다. 이를 위해 대부분의 도표에는 레이블, 타이틀, 개요, 본문, 노트, 그리고 출처가 포함된다.

- **레이블**(label)은 도표의 유형(예: 표, 그림, 또는 부록)을 나타내며 필요한 경우 번호가 붙는다.
- **타이틀**(title)은 도표의 핵심(즉, 이 도표가 무엇을 나타내고자 하는지)을 설명한다.
- **개요**(outline)는 도표에 의해 만들어진 핵심 포인트들을 나타낸다.
- 도표의 **본문**(body)에는 도표에 의해 전달되는 핵심적 정보가 포함된다.
- **노트**(note)에는 도표를 읽는 사람이 도표를 더 잘 이해할 수 있도록 도와주는 다양한 정보가 포함되어 있다(예: 도표를 개발하는 과정에서 수립한 가정 등).
- **출처**(source)는 도표에 사용된 사실기반의 정보의 출처를 나타낸다.

그림 1. 표에서 제공되는 정보의 구성

레이블 ⇨ 그림 1

타이틀 ⇨ 가격탄력성 분석

개요 ⇨ 시장X에서의 코크, 펩시, RC콜라의 가격 및 교차 가격 탄력성

본문 ⇨

브랜드	코크	펩시	RC콜라
코크	-1.9	0.4	0.8
펩시	0.4	-2.2	0.7
RC콜라	0.2	0.2	-3.1

노트 ⇨ 노트: 각 셀의 숫자는 가격의 백분율 변화로 인한 판매량의 백분율 변화를 나타낸다. 표의 대각선을 따라 표시된 셀은 브랜드 자체의 가격 탄력성을 나타낸다. 대각선 위치 밖에 있는 셀은 첫번째 행에 나열된 브랜드의 가격 변동이 첫번째 열에 나열된 브랜드의 판매량에 미치는 영향을 나타낸다.

출처 ⇨ 출처: 자체 보유 데이터

부록 E. 의미 있는 도표 만들기

그림 2. 그림에서 제공되는 정보의 구성

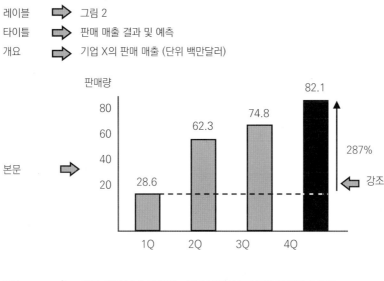

레이블 ➡ 그림 2

타이틀 ➡ 판매 매출 결과 및 예측

개요 ➡ 기업 X의 판매 매출 (단위 백만달러)

본문 ➡

판매량

82.1

74.8

62.3

28.6

287%

강조

1Q 2Q 3Q 4Q

참고 ➡ 참고: 판매 매출 데이터는 해외 비즈니스 수익을 제외한 수치임.
4분기 매출은 예상치 임.

출처 ➡ 출처: 자체 보유 데이터

대부분의 도표는 마케팅 플랜의 특정 포인트를 나타내거나 뒷받침하는 것을 목표로 하기 때문에, 도표는 종종 특정 데이터 포인트(그림 1)와 변화의 크기(그림 2)와 같이 이용 가능한 정보의 특정한 측면에 플랜을 읽는 사람들의 주의를 집중시킴으로써 편익을 제공한다.

도표로서의 그림의 활용

그림(figures)은 이해하기 쉬운 시각적 형식으로 정보를 제시하기 때문에 마케팅 플랜 수립에 자주 사용된다. 가장 일반적인 그림 유형으로는 선 차트, 세로막대형 차트, 막대형 차트, 파이 차트, 행렬(행과 열로 구성된 도표), 포지셔닝 맵, 흐름도, 그리고 조직도가 있다.

선 차트

선 차트(line chart)는 가장 인기 있는 유형의 그림 중 하나다. 가장 그리기 쉽고, 가장 콤팩트하며, 추세가 증가하는 지, 감소하는지, 오르락내리락 하는지, 또는 일정하게 유지되는지 구별하기 위해 가장 명확한 그림을 나타낸다(그림 3).

그림 3. 선 차트

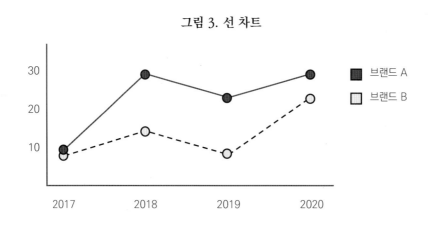

세로막대형 차트

세로막대형 차트(column chart)는 수준이나 크기를 강조하며 설정된 기간 내에 발생하는 활동에 대한 데이터에 더 적합하다. 세로막대형 차트는 세 개의 일반적인 유형으로 나뉜다. (그림 4) 단일 열 차트(single-column charts)는 특정한 요인(대부분 시간)의 함수로서 항목의 크기 변화를 보여준다. 그룹화된 열 차트(grouped-column charts)는 둘 이상의 항목 간의 관계를 특정 요인의 함수로 보여준다. 하위분할형(subdivided charts) 차트는 전체 중 각각의 요소들을 실제 값 또는 백분율로 표시하는 데 사용된다.

그림 4. 세로막대형 차트

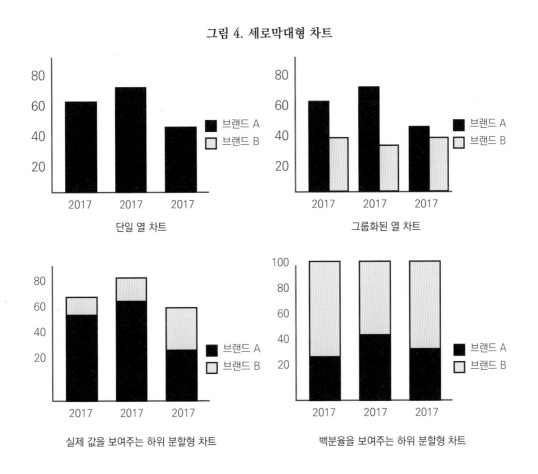

가로막대형 차트

가로막대형 차트(bar chart)는 일반적으로 시간 외의 카테고리들 사이에서 데이터를 비교하는 것을 제외하면 세로막대형 차트와 유사하다(그림 5). 데이터 유형에 따라 가로막대형 차트에는 단일 막대(single bar)일 수도 있고 여러가지 데이터 포인트가 포함된 하위분할형 막대(subdivided bar)일 수도 있다.

그림 5. 가로막대형 차트

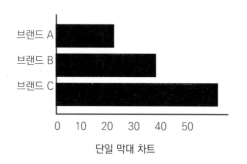
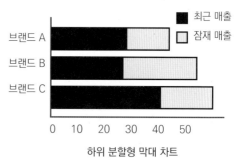

부록 E. 의미 있는 도표 만들기

파이 차트

파이 차트(pie chart)는 전체의 비율로 부분을 보여주는 정보를 시각적으로 표현한 것이다. 파이 차트는 시장 점유율 및 고객 세분시장과 같은 상호 배타적이고(mutually exclusive: 교집합이 없고) 합치면 완전한(collectively exhaustive: 합집합이 전체집합인) 요인을 나타내는 데 주로 쓰인다(그림 6). 특정 영역의 구성을 설명하기 위해, 파이 차트에 막대가 사용되기도 하며, 이 때 파이의 한 섹션이 100% 세로막대형 차트로 다시 나뉘어 표현된다.

그림 6. 파이 차트

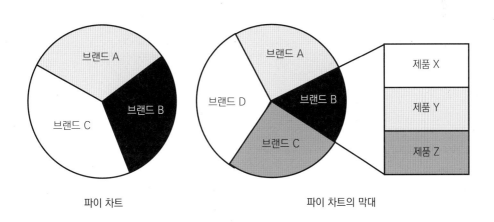

파이 차트   파이 차트의 막대

매트릭스

매트릭스(matrix: 행렬)는 둘 이상의 변수에 의해 주어진 질적(정성적) 데이터를 정리하여 나타내기 위한 일반적인 도구이다. 매트릭스는 변수 중 하나의 결과가 다른 변수 값의 함수인 경우에 특히 유용하다. 가장 간단하고 가장 많이 쓰이는 것 같은 매트릭스 형태는 두 개의 변수로 구성된 2×2 매트릭스이다. (그림 7)

그림 7. 2×2 매트릭스

지각도

지각도(perceptual map)는 제품들, 서비스들, 또는 기업들 사이에서 지각된 관계가 공간적으로 표현된 것이다(그림 8). 지각도는 몇 개의 차원을 가질 수 있다. 2차원 맵이 가장 일반적이고 가장 쉽게 해석할 수 있는 반면, 보다 복잡한 다속성 지각도는 사람들의 선호에 대한 더 심도 깊은 이해를 제공한다. 시장에 나와 있는 제공물들을 표시하는 것 외에도, 지각도는 제공물의 다양한 측면에 대한 고객의 이상적인 조합을 반영하는 소비자의 이상적 포인트를 표시할 수 있다. 지각도는 종종 제공물의 포지셔닝을 설명하는 데 사용되므로 지각도를 포지셔닝 맵이라고 부르기도 한다.

그림 8. 지각도

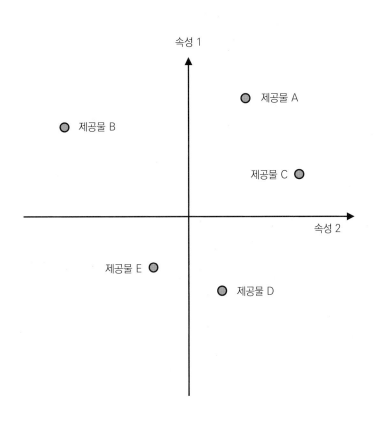

흐름도

흐름도(flowcharts)는 비즈니스 프로세스를 시각화하고 구조를 추가하여 더 쉽게 설명하고 이해할 수 있도록 한다. 흐름도는 일반적으로 프로세스 내의 주요 단계와 개별 구성 요소 간의 관계를 그래픽적으로 나타내는 데 사용된다(그림 9).

그림 9. 흐름도

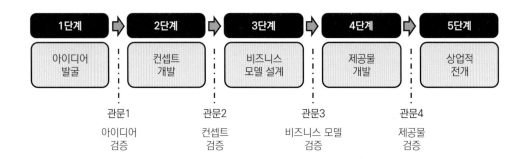

프로젝트 관리 차트

프로젝트 관리 차트(project-management chart)는 특정 프로젝트 관리의 절차를 보여준다. 프로젝트 관리 차트를 개발하기 위한 일반적인 접근 방식은 수직 축에 수행해야 할 모든 작업을 나열하고 수평 축에 각 작업을 완료하기 위한 타임라인을 나타내는 것이다(그림 10). 각각의 작업이 서로 다른 팀에 할당된 경우, 가로 막대는 팀들을 가로질러(여러 팀들에 걸쳐) 일어나는 작업 할당을 나타낸다.

그림 10. 프로젝트 관리 차트

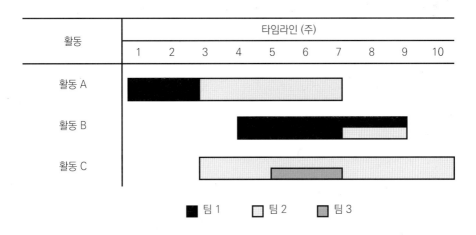

조직도

조직도(organizational chart)는 조직의 내부 구조와 그 구성 요소들 간의 관계를 나타내는 다이어그램이다(그림 11). 조직도에는 기능적 책임 외에도 각 조직 단위에서 주요 직원의 이름과 직책이 포함될 수 있다.

그림 11. 기능별 조직도

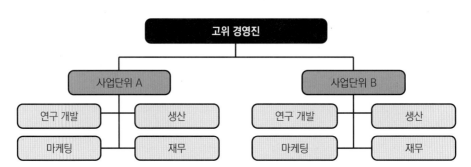

>>> 부록 F <<<

성과 측정치 및 분석

측정할 수 있는 모든 것이 중요하지도 않고,
중요한 모든 것을 측정할 수 있는 것도 아니다.

알버트 아인슈타인
이론 물리학자

성과 지표는 기업의 마케팅 플랜의 목표 및 통제라는 측면을 정의하는 데 중요한 측면이다. 따라서, 기업은 목표를 설정할 때, 제공물을 통해 달성하고자 하는 특정한 측정치(예를 들어 순이익, 시장점유율, 또는 판매량)를 정의해야 한다. 같은 맥락에서, 마케팅 플랜의 통제라는 측면은 기업의 성과를 평가할 지표를 정의해야 한다. 주요 성과 지표 및 관련된 분석은 다음 섹션에서 다룬다.

성과 측정치

성과 측정치를 통해 기업은 목표를 향한 진척 상황을 모니터링할 수 있다. 대부분의 성과 지표는 세 가지 카테고리로 나뉠 수 있다: 1) 기업이 달성하고자 하는 궁극적 목표와 직접 관련이 있는 기업 측정치; 2) 기업의 행동에 대한 고객 반응을 포함시키는 고객 측정치; 3) 제품, 서비스, 브랜드, 가격, 인센티브, 커뮤니케이션, 그리고 유통이라는 핵심 속성에 대한 기업의 제공물을 묘사하는 마케팅 믹스 측정치. 아래에는 이러한 세 가지 유형의 성과 측정치가 요약되어 있다.

기업 측정치

- 연평균 성장률(compound annual growth rate: CAGR): 특정 기간 동안의 투자에 대한 해당 연도 동안의 성장률이다.

- 매출 총 이익률(gross margin 또는 profit margin): 총 매출에 대한 총 이익의 비율을 말한다. 매출 총 이익률에 대한 분석은 제품이나 서비스의 단위 판매 가격(unit selling prices), 단위 원가(unit cost), 단위 판매량(unit volume) 등을 암묵적으로 포함하기 때문에 유용한 도구이다. 매출 총 이익률은 공헌 이익과 다르다(공헌이익에 대해서는 뒤에 논의한다). 공헌 이익에는 모든 변동 비용이 포함되는 반면 매출 총 이익률 에서는 변동 비용의 일부가 포함되지만 전부는 포함되지 않는다. (예를 들면 판매비, 마케팅비, 운송비 같은 비용은 변동 비용에 속하지만 매출 원가에는 속하지는 않는다)

$$\text{매출총이익률} = \frac{\text{매출총이익}}{\text{총 매출}} = \frac{\text{총 이익} - \text{매출 원가}}{\text{총 매출}}$$

- 매출 총 이익(gross profit): 총 매출과 총 매출 원가 사이의 차이를 말한다. 매출 총 이익은 단위당으로도 계산될 수 있는데, 이 때는 단위 판매 가격에서 제품 단위당 원가를 빼면 된다. 예를 들어, 한 기업이 100개의 단위를 판매하는데, 각 단위의 (판매)가격은 1달러이고 각 단위의 생산 원가는 0.3달러라고 하자. 그러면 단위 총이익은 0.7달러이고, 전체 매출 총이익은 70달러이며, 단위 총이익률과 전체 총이익률은 70%로 동일하다.

$$\text{매출 총 이익}_{\text{전체}} = \text{매출}_{\text{전체}} - \text{매출 원가}_{\text{전체}}$$

$$\text{매출 총 이익}_{\text{단위}} = \text{가격}_{\text{단위}} - \text{매출 원가}_{\text{단위}}$$

- 총 매출(gross revenue): 기업의 비즈니스 활동에서 얻은 총 수입(receipts: 판매액)이다.

- 손익 계산서(income statement 또는 profit and loss statement): 손익 계산서는 특정 기간 동안 기업의 수입(income)과 비용(expenses)을 나타내는 재무적 문서이다. 이것은 일반적으로 매출(revenue), 원가(costs), 운영 비용(operating expense), 영업 이익(operating income), 그리고 순이익(earning = net income) 등을 보여준다. (그림 1).

그림 1. 손익 계산서

총 매출	
판매 매출	$ 18,000
반품 및 수당	(3,000)
총 매출	15,000
매출 원가	
제품 원가	(4,500)
서비스 원가	(1,500)
총 매출 원가	(6,000)
매출 총 이익	9,000
총 마진	60%
운영 비용	
판매 및 마케팅	5,000
판매 및 관리	1,000
연구 및 개발	1,500
총 운영 비용	7,500
영업 이익	1,500
영업 이익률	10%
기타 매출 (비용)	
이자 비용	(250)
감가상각비 및 무형자산상각비	(100)
법인세 비용	(400)
총 기타 매출 (비용)	(750)
순 이익	750
순 이익률	5%

- 내부 수익률(internal rate of return: IRR): 투자된 자본에서 얻을 수 있는 연간 유효 복리 수익률이다. 투자수익률(yield on investment)이라고 말하기도 한다.

- 시장 점유율(market share): 나의 브랜드가 속한 제품 카테고리 내의 모든 제공물의 전체 판매량 중에서 나의 제공물이 차지하는 비율이다. 시장 점유율은 내 제공물의 판매량을 카테고리 내의 전체 판매량으로 나누어 결정된다. 판매량(sales)는 매출(금액) 또는 개수(unit: 판매된 아이템 개수 또는 서비스를 제공한 고객 수)를 기준으로 할 수 있다.

$$\text{시장 점유율} \ = \ \frac{\text{주어진 시장에서 제공물의 판매량}}{\text{주어진 시장의 전체 판매량}}$$

- 순 이익(net earning): 순 이익(net income)을 참고할 것.

- 순 이익(net income): 총 매출(gross revenue)에서 특정 기간 동안의 모든 원가 및 비용을 뺀 것이다. 모든 원가 및 비용에는 매출 원가(cost of good sold), 운영 비용(operating expenses), 감가상각비(depreciation), 이자(interest), 그리고 세금(taxes)이 포함된다.

$$\text{순 이익} \ = \ \text{총 매출} \ - \ \text{총 원가}$$

- 순 이익률(net margin): 총 매출(gross revenue) 대비 순 이익(net income)의 비율을 말한다. (주. 실제로는 net margin이라는 말보다 net profit margin이라는 말이 더 많이 쓰인다)

$$\text{순 이익률} \ = \ \frac{\text{순 이익}}{\text{총 매출}}$$

- 운영 비용(operating expenses): 매출을 일으키기 위해 발생하는 주요 비용(판매, 마케팅, 연구개발, 판매관리 등에 드는 비용) 중에서 매출원가(cost of goods sold)를 제외한 것을 말한다.

- 영업 이익(operating income): 매출 총 이익(gross profit)에서 운영 비용(operating expenses)를 뺀 금액이다. 영업 이익은 기업의 자본 구조에서 발생하는 이자 비용과 관계없이 현재의 운영에서 발생하는 기업의 수익성을 나타낸다.

$$영업\ 이익\ =\ 매출\ 총\ 이익 - 운영\ 비용$$

- 영업 이익률(operating margin): 총 매출 대비 영업 이익의 비율을 말한다.

$$영업\ 이익률\ =\ \frac{영업\ 이익}{총\ 매출}$$

- 투자 수익률(return on investment: ROI): 어떤 수입(income)을 얻기 위해 필요한 투자에 대한 순이익(net income)의 비율.

$$투자\ 수익률\ =\ \frac{투자로부터의\ 수입\ -\ 투자\ 금액}{투자\ 금액}$$

● 마케팅 투자 수익률(return on marketing investment: ROMI): 기업의 마케팅 지출의 효율성을 측정하는 척도로서, 순이익(net income), 매출(revenue), 시장 점유율(market share), 또는 공헌 이익(contribution margin) 등의 증가라는 관점에서 주로 계산된다. ROMI는 또한 전반적인 마케팅 지출과 관련하여 계산될 수도 있고, 또는 특정 마케팅 믹스 변수(예: 브랜드, 인센티브, 또는 커뮤니케이션)와 관련하여 계산될 수도 있다.

$$\text{마케팅 투자 수익률} \ = \ \frac{\text{마케팅 투자로부터 창출된 순이익 증가분}}{\text{마케팅에 투자한 금액}}$$

● 매출 수익률(return on sales: ROS): 순이익(net income)을 판매 매출(sales revenue)로 나눈 백분율이다.

$$\text{매출 수익률} \ = \ \frac{\text{순 이익}}{\text{판매 매출}}$$

고객 측정치

● 브랜드 개발 지수(brand development index: BDI): 특정 지역에서 특정 제공물(또는 특정 브랜드와 관련된 제품 라인)의 판매량이 전체 시장 잠재량 중에서 차지한 정도를 나타내는 측정치이다. BDI는 특정 시장(시장A)에서 주어진 브랜드의 판매 잠재량을 정량적으로 나타낸 것이다.

$$\text{브랜드 개발 지수} = \frac{\text{제공물의 전체 매출 중 시장A에서의 매출 비율}}{\text{시장A의 전체 시장 대비 비율}}$$

● 카테고리 개발 지수(CDI): 특정 카테고리의 판매량이 특정 지역 내 총 시장 잠재량 중에 얼마나 차지했는지를 나타내는 척도이다. CDI는 특정 시장(시장A) 내에서 특정 카테고리의 판매 잠재량을 정량적으로 나타낸 것이다.

$$\text{카테고리 개발 지수} = \frac{\text{카테고리의 전체 매출 중 시장A에서의 매출 비율}}{\text{시장A의 전체 시장 대비 비율}}$$

● 전환율(conversion rate): 제공물을 한 번이라도 구입해 본 잠재고객들의 수를 제공물을 알고 있는 고객의 총 수로 나눈 비율을 말한다.

$$\text{전환율} = \frac{\text{현재 및 과거 고객}}{\text{이 제공물을 인지하고 있는 잠재 고객}}$$

- 고객 이탈율(customer attrition rate): 이탈율(churn rate)이라고도 하며, 특정 기간 동안 기업의 제품 사용을 중단한 고객의 수를 해당 기간 동안의 평균 총 고객 수로 나눈 비율이다.

$$이탈율 \; = \; \frac{제공물을 \; 거부한 \; 고객 \; 수}{총 \; 고객 \; 수}$$

- 고객 에쿼티(customer equity): 고객이 이 기업과 관계를 맺는 동안 기업을 위해 창출할 수 있는 금전적 및 전략적 가치. 고객 에쿼티는 기업이 이 고객으로부터 얻을 가능성이 높은 (미래의) 전체적인 수익 흐름(돈의 시간 가치에 따라 조정됨)이 포함되므로 고객의 현재 수익성을 넘어서는 개념이다. 고객은 적어도 세 가지 방법으로 기업을 위해 가치를 창출할 수 있다: 1) 기업의 제품과 서비스의 구매를 통해 기업의 매출(및 수익)을 직접 창출함(직접적 가치), 2) 기업의 제품과 서비스를 다른 구매자에게 알림(커뮤니케이션 가치), 그리고 3) 기업에 정보를 제공함으로써 기업의 운영의 효과성 및 효율성을 높이는 데 도움을 줌(정보 가치).

- 침투율(penetration rate): 총 잠재 고객 수 중에서 제공물을 한 번 이상 구매해 본 고객 수의 비율

$$침투율 \; = \; \frac{현재 \; 및 \; 과거 \; 고객}{잠재 \; 고객}$$

- 유지율(retention rate): 현재의 구매 주기(월, 분기, 또는 연도) 동안 제공물을 구입한 고객 수를 직전 주기 동안 제공물을 구입한 고객 수로 나눈 비율. '제공물을 재구매한 고객의 수' 나누기 '제공물을 최소 한 번 이상 구입해 본 사람의 수'로 나눈 것으로 표현하기도 한다.

$$유지율 \; = \; \frac{현재 \; 기간 \; 동안의 \; 활성 \; 고객 \; 수}{지난 \; 기간 \; 동안의 \; 활성 \; 고객 \; 수}$$

제품 및 서비스 측정치

● **순 고객 추천 지수(net promoter score)**: 기업의 제품 및 서비스에 대한 고객의 선호도를 측정하기 위해 설계된 널리 사용되는 측정치. 이에 대한 기본적인 발상은 매우 간단하다. 기업의 현재 및 잠재 고객에게 기업의 제품 또는 서비스를 다른 사람에게 추천할 의향이 있는지에 대해 질문하는 것이다. (예: "이 제품/서비스를 친구 또는 동료에게 추천할 가능성은 얼마나 되나요?") 응답은 일반적으로 0-10 척도로 점수가 매겨지며, 0은 추천 가능성이 매우 낮다는 의미이고 10은 매우 높다는 의미이다. 고객의 반응에 따라, 추천자(promoters: 9등급 또는 10등급), 수동 추천자(passives: 7등급 또는 8등급), 비 추천자(detractors: 6등급 또는 6등급 이하) 중 하나로 고객을 나눈다. 순 고객 추천 지수는 기업의 추천자와 비추천자의 비율 차이로 계산된다. 예를 들어, 한 기업 고객의 40%가 추천자로 분류되고 25%가 비추천자로 분류되는 경우, 기업의 순 고객 추천 지수는 15%이다.

● **제품/서비스 선호도(product/service preferences)**: 제품/서비스가 현재 및 잠재 고객에게 어필하는 정도를 나타내는 척도. 선호도는 절대적인 조건(예: 시장의 다른 제품 및 서비스와 관계 없이) 또는 다른 제품과 관련하여(예: 기업의 제품 및 서비스가 경쟁업체의 제품 및 서비스보다 더 우수하다고 인식되는 정도) 측정할 수 있다. 선호도는 일반적으로 선호의 감정(valence: 긍정적 또는 부정적)과 선호의 강도(strength: 강함 또는 약함)라는 두 가지 차원으로 구성된다. 제품 및 서비스 선호도는 설문지, 컨조인트 분석, 그리고 지각도 등 다양한 테크닉을 사용해 측정할 수 있다.

● **제품/서비스 만족도(product/service satisfaction)**: 제품(서비스 포함)에 대한 고객의 경험을 측정하는 척도이다. 구매 전 뿐만 아니라 구매 후까지 측정할 수 있는 제품 선호도 측정치와 달리 만족도는 소비자가 제품이나 서비스에 대한 실제적인 경험을 가져야 한다. 만족도는 일반적으로 5점 또는 7점 척도를 사용하여 측정된다(예: 매우 불만족, 다소 불만족, 만족도 불만족도 아님, 다소 만족, 그리고 매우 만족).

● **구매 의도(purchase intent)**: 고객이 직접 밝힌, 기업의 제품 또는 서비스를 구매할 가능성. 구매 가능성을 추정하기 위한 일반적인 접근법은 다음과 같은 기준점이 있는 5점 척도를 사용한다: "반드시 구입할 것", "아마 구입할 것", "구입할 지 안 할 지 모름", "아마 구입하지 않을 것", "절대 구입하지 않을 것" 등. 과대평가 편향(응답자들이 서베이한 제품을 실제로 구매할 확률을 실제보다 과대평가하여 응답하는 경향)을 설명하기 위해, 기록된 구매 확률을 일반적으로 (낮게) 조정한다. 이러한 과대평가 편향을 수정하는 일반적인 방법은 일반화된 산업 추정치를 사용하는 것이다. 예를 들어, 소비자 패키징 상품(CPG)과 관련된 응답은 다음과 같이 수정될 수 있다. "확실히 구입하고 싶다"는 응답은 20% 낮춘다(즉, 제품을 반드시 구매하겠다고 응답한 응답자 중 80%만이 실제로 제품을 구매하게 된다). "구입하고 싶다"는 응답의 경우 (실제 구매하는 사람은) 70%까지 감소한다(아마 그 제품을 살 것이라고 말한 사람들 중 30%만이 실제로 그것을 구입하게 된다). 나머지 세 가지 카테고리로 분류되는 반응은 구매를 하지 않을 응답자라고 간주한다.

브랜드 측정치

- **브랜드 인지도**: 주어진 브랜드의 속성에 대해 개인이 알고 있는 정도를 말한다. 브랜드 인지도를 조사하는 가장 기본적인 수준은 타겟 고객이 브랜드 이름을 들어보았는지 테스트하는 것이다. 브랜드 인지도에 대한 보다 포괄적인 척도는 브랜드 이름을 넘어 브랜드 로고, 모토, 캐릭터, 사운드 마크(브랜드를 대표하는 음성적 요소), 제품 디자인, 그리고 패키징과 같이 브랜드에 특화된 속성의 일부 또는 전부를 포함하도록 확장된다. 브랜드 인지도 측정에는 특정 브랜드에만 고유하게 속하지 않은 일반적인 개념이 포함될 수 있다. 이를테면 니즈, 편익, 사용 상황, 경험, 장소, 그리고 브랜드에 특별히 관련된 사람들도 이에 포함될 수 있다. 예를 들어, 브랜드 인지도에 대한 리서치는 브랜드 로고, 캐릭터, 또는 대변인에 대한 고객의 인지도 수준을 검토할 수 있다. 브랜드 인지도에 대한 보다 포괄적인 평가는 타겟 고객이 브랜드의 이름을 잘 알고 있는지 여부 뿐만 아니라 다른 모든 요소들이 사람들의 마음속에서 적절하게 표현되고 있는지를 확인하는 것도 포함한다. 브랜드 인지도는 일반적으로 브랜드 리콜 및 브랜드 재인(recognition) 측면에서 측정된다. 브랜드 리콜의 측정은 일반적으로 응답자에게 특정 제품 카테고리, 특정 니즈 또는 특정 사용 상황에서 떠오르는 브랜드를 말해보라고 요청하는 방식으로 진행된다. 한편 브랜드 재인 측정은 일반적으로 사람들의 마인드 속에 특정 브랜드에 대한 힌트를 주고 이 브랜드에 대해 잘 알고 있는지 물어보는 방식으로 진행된다.

- **브랜드 이미지**: 개인이 특정 브랜드 이름에 대해 연관시키는 연상의 네트워크. 이러한 네트워크는 사람들의 마음 속에 존재하기 때문에 브랜드 이미지가 쉽게 관찰되지는 않는다. 따라서, 브랜드 이미지를 검토할 때는 사람들이 주어진 브랜드로부터 연상시키는 의미를 발견하는 것을 목표로 하는 리서치 방법을 사용한다. 개인이 해당 브랜드를 구성하는 요소들을 알고 있는지 여부만을 반영하는 브랜드 인지도와 달리, 브랜드 이미지는 개인의 마음속에 존재하는 독특한 브랜드 연상을 나타낸다. 따라서 브랜드 이미지에 대한 리서치를 한다는 것은 브랜드에 대한 고객의 인지도가 어느 정도 이상의 수준에 이르렀다는 것을 암시하며, 이러한 맥락에서, 브랜드가 고객의 마음 속에서 어떻게 표현되는지 살펴보는 것을 목표로 한다. 가장 간단한 형태로, 브랜드 이미지에 대한 리서치는 응답자들에게 해당 브랜드가 언급될 때 떠오르는 모든 생각을 나열하도록(이를 자유연상법이라고 한다) 요청하기도 한다. 응답자들의 답변은 이 브랜드의 연상 네트워크를 구성하는데 사용되며,

여기서 '가장 먼저' 언급 언급된 참조자와 '여러 번' 언급 된 참조자는 연상의 강도가 더 강함을 나타내는 것으로 해석된다. (참조자란 고급스러운, 내구성 높은, 세련된, 저렴한, 그리고 친근한 등의 특징을 말한다)

● **브랜드 파워**: 제공물에 대한 시장의 반응에 대해 브랜드가 갖는 임팩트를 말한다. 즉, 기업의 타겟 고객, 협력자, 이해관계자, 그리고 직원의 행동에 영향을 미치는 브랜드의 능력을 말한다. 시장 실체들(예: 고객 및 협력자)이 브랜드 이름을 알고 있을 때 제공물에 더 호의적으로 반응한다면, 브랜드가 더 큰 힘을 갖는다고 할 수 있다. 예를 들어, 브랜드 파워의 편익 중 하나는 동일한 비브랜드(브랜드가 붙지 않은) 제품과 비교하여, 고객이 브랜드가 붙은 제품에 대해 기꺼이 지불하 고자 하는 가격 프리미엄이다. 가격 프리미엄 외에도, 브랜드 파워의 다른 차원에는 다음과 같은 것들이 있다: 1) 고객 로열티의 증대, 2) 제품의 성능에 대한 인식 향상, 3) 라이센스, 상품화, 그리고 브랜드 확장 기회 증가, 4) 서비스 불일치 및 마케팅 위기에 대한 취약성 감소, 5) 가격 하락에 대한 탄력적 대응, 그리고 가격 인상에 대한 비탄력적인 대응, 6) 커뮤니케이션 효과성의 증대, 그리고 7) 채널 파워의 증대.

● **브랜드 에쿼티**: 브랜드가 자신의 전체 기간 동안 창출할 수 있는 재무적 수익으로 표현되는 브랜드의 금전적 가치. 고객의 마음속에서 브랜드가 만들어 내는 가치를 나타내는 브랜드 파워와 달리, 브랜드 에쿼티는 기업이 얻을 수 있는 브랜드의 가치를 나 타낸다. 브랜드 에쿼티는 브랜드 파워의 함수이자, 기업이 그 브랜드 파워를 얼마나 잘 활용하는가에 대한 함수이다. 브랜드 에쿼티는 고객 기반, 판매량, 그리고 프라이싱에도 영향을 준다. 브랜드 에쿼티를 측정하는 일반적인 접근법에는 다음과 같은 것들이 있다: 1) 가치평가 시점의 브랜드 구축 비용에 기초한 브랜드 에쿼티 계산(원가 기반 접근법); 2) 브랜드가 붙은 제품과 기능적으로 동등 하지만 브랜드가 붙지 않은 제품에서 발생하는 현금 흐름과의 차이에 기초한 브랜드 에쿼티 계산(시장 기반 접근법), 3) 브랜드의 미래 수익에서 파생된 현금 흐름의 순 현재 가치에 기초한 브랜드 에쿼티 계산(재무적 접근).

가격 및 인센티브 측정치

- 교차 가격 탄력성(cross-price elasticity): 다른 제공물 가격의 백분율 변화로 인해 발생한 특정 제공물의 판매량 변화 비율 (예: 맥주 가격의 상승이 와인 수요의 증가를 야기할 수 있음)

- 인센티브 비율(incentives ratio): 기업의 전체 매출과 비교한 인센티브가 포함된 매출의 백분율.

$$\text{인센티브 비율} \quad = \quad \frac{\text{인센티브를 포함한 판매 매출}}{\text{전체 판매 매출}}$$

- 통과 인센티브 비율(pass-through incentives ratio): 특정 채널 구성원이(예: 소매업체가) 고객에게 제공한 인센티브 대비, 그 채널 구성원에게 (예: 제조업자가) 제공한 인센티브의 비율.

$$\text{통과 인센티브 비율} \quad = \quad \frac{\text{채널 구성원에 의해 고객에게 제공되는 인센티브}}{\text{채널 구성원에게 제공되는 인센티브}}$$

- 가격 탄력성(price elasticity): 특정 제품 또는 서비스에 대한 가격 변화 비율(DP%)에 대한 판매 수량 변화 비율(DQ%)을 말한다. 대부분의 경우 가격이 상승할 때 수요가 감소하므로 이 비율은 마이너스이지만, 실무적 사용을 위해 절대값이 사용되기 때문에 가격탄력성은 (편의상) 양수로 나타나는 경우가 많다.

$$Ep = \frac{\Delta Q\%}{\Delta P\%} = \frac{\Delta Q \cdot P}{\Delta P \cdot Q}$$

예를 들어, 가격 탄력성이 –2라면, 5%의 가격 상승으로 인해 판매 수량은 10% 감소한다. 가격탄력성(의 절대값)이 1보다 큰 경우에 수요가 탄력적이라고 말하는데, 이는 가격의 변화가 수요량의 더 큰 변화를 야기한다는 것을 의미한다. 반면, 가격탄력성(의 절대값)이 1보다 작은 경우에는 수요가 비탄력적이라고 하는데, 이는 가격의 변화가 수요량의 더 작은 변화를 가져온다는 것을 의미한다. (즉, 가격의 변화율보다 수요의 변화율이 적은 것을 의미한다) 가격탄력성의 절대값이 1일 때, 수요는 동일비율(unitary)이라고 말하는데, 이는 가격의 변화가 동일한 만큼의 수요의 변화라는 결과를 낳는다는 것을 의미한다. 가격탄력성은 비례적 변화를 반영하기 때문에(수치 자체 보다는 수치의 변화율을 따지기 때문에) 가격과 수량이 표현되는 단위에 의존하지 않는다. 더욱이 가격탄력성은 초기값(변동 전의 값)의 함수이기 때문에 가격 변동의 절대값이 같아도 서로 다른 가격점에서 서로 다른 가격탄력성 값으로 이어질 수 있다. 예를 들어, 가격을 5센트 낮춤으로써 발생하는 판매량 감소는 최초 가격이 5.00달러일 때 5%가 될 수 있지만 최초 가격이 1.00달러일 때는 1%에 불과하다.

커뮤니케이션 측정치

- **광고 인지도(advertising awareness)**: (광고를 집행한) 제공물을 알고 있는 잠재 고객 수를 말한다. 인지도는 '타겟 오디언스에게 전달되는 광고의 총량'과 '인지도를 만드는 데 필요한 노출 횟수(빈도)'에 대한 함수이다. 한 번의 노출로 충분한 인지도를 창출할 수 있는 경우 인지도는 광고의 도달과 동일한 값을 갖는다.

$$인지도 \ = \ \frac{도달 \times 빈도}{인지도를 \ 창출하기 \ 위해 \ 필요한 \ 노출의 \ 수}$$

- **광고 도달(advertising reach)**: 특정 광고에 최소 한 번 이상 노출된 오디언스의 규모(동일한 오디언스의 중복 시청은 도달 범위를 증가시키지 않음). 도달은 절대적인 수치(도달된 건 수) 또는 모집단의 분수(도달된 비율)로 나타낼 수 있다. 예를 들어, 10만 가구 중 4만 가구가 특정 광고에 한 번 이상 노출된다면 광고 도달은 40%에 이른다.

- **인지율(awareness rate)**: 총 잠재 고객 수 대비, 제공물을 인지하는 잠재 고객 수를 말한다. 측정하는 방식에 따라 일반적으로 두 가지 유형의 인지로 나눌 수 있다. 즉, 응답자에게 타겟 제공물의 이름을 알려주는(지난 달에 코카콜라 광고를 본 적이 있습니까?) 보조 인지도와 응답자에게 특정 제공물을 알려주지 않는(지난 달 탄산 음료 광고 중 어떤 것을 보았습니까?) 비보조 인지도이다.

- **포인트당 비용(cost per point: CPP)**: 커뮤니케이션 캠페인의 비용을 나타내는 데 사용되는 측정값이다. CPP는 특정 인구 통계의 1%(시청률 1)에 도달하는 데 사용되는 미디어 비용을 말한다. 총 시청률(gross rating point)을 참고하라.

$$포인트당 \ 비용 \ = \ \frac{인센티브를 \ 포함한 \ 판매 \ 매출}{총 \ 시청률}$$

- 천 회 도달 비용(cost per thousand: CPM): 커뮤니케이션 캠페인의 비용을 나타내는 데 사용되는 측정값이다. CPM은 광고 메시지를 통해 1,000명의 개인 또는 가정에 도달하는 비용이다(M은 1,000을 나타내는 로마어 mille에서 나온 것이다). 예를 들어, 송출하는데 20만 달러가 들고 1천만 시청자에 이르는 텔레비전 광고는 20달러의 CPM을 가지고 있다. CPM의 인기는 여러가지 매체(예: 텔레비전, 인쇄물, 그리고 인터넷)에 걸쳐 광고 효율성의 좋은 비교 척도 역할을 할 수 있다는 데에서도 찾을 수 있다.

$$\text{천 회 도달 비용} = \frac{\text{광고 비용}}{\text{총 노출}} \times 1,000$$

- 총 시청률(gross rating point: GRP): 타겟 오디언스에 대한 광고 전달의 총량을 측정한 값이다. GRP는 '도달된 인구의 백분율' 곱하기 '노출 빈도'로 계산된다. 예를 들어, 주어진 광고가 평균 3번의 빈도로 가구의 60%에 도달했다면 미디어의 GRP는 180이 된다. GRP는 총 노출을 전체 오디언스의 크기로 나누어 계산할 수도 있다. 1 GRP는 특정 지역의 전체 오디언스의 1%를 차지한다.

$$\text{총 시청률} = \text{도달} \times \text{빈도}$$

- 목소리 점유율(share of voice): 전체 제공물 카테고리의 커뮤니케이션 지출과 비교한 기업의 커뮤니케이션 지출.

$$\text{목소리 점유율} = \frac{\text{제공물에 대한 광고비 지출}}{\text{카테고리에 대한 광고비 지출}}$$

- 타겟 시청률(target rating point: TRP): 타겟 오디언스에게 전달되는 광고의 총량을 측정한 값이다. TRP는 GRP와 비슷하지만, 그 계산은 (그 프로그램을 시청하는 전체 오디언스가 아닌) 타겟 오디언스만을 기준으로 사용한다. 따라서 1 TRP는 특정 지역 내의 타겟 오디언스 중 1%를 차지한다.

유통 측정치

- **매장 입점율(all-commodity volume: ACV):** 모든 제품 카테고리에 대해, '해당 지역 소매업체의 총 판매량'과 비교한 '그 지역에서의 자사 제공물의 연간 총 판매량'으로 계산되는 제공물 가용성 (offering's availability: 얼마나 많은 매장에서 판매되는가)의 척도를 말한다. (예를 들어, 전체 매장의 매출이 연 100억원인데 우리가 입점한 매장의 매출이 20억이라면, ACV는 20%이다)

$$\text{매장 입점율} \ = \ \frac{\text{자사 제공물을 취급하는 매장에서의 총 매출}}{\text{모든 매장에서의 총 매출}}$$

- **재고 회전율(inventory turnover):** 재고를 보충하는 횟수를 말하며, 일반적으로 평균 재고량에 대한 특정 제공물의 연간 매출의 배수로 계산된다. (예를 들어, 매출액이 100억원이고, 평균 재고금액이 20억원이라면 재고 회전율은 5이다)

- **동일 매장 매출(same-store sales):** 1년 이상 영업했으며 올해의 매출과 작년의 매출을 비교할 수 있는 과거 데이터를 갖는 매장의 매출을 측정하기 위해 소매 산업에서 사용되는 측정치를 말한다. 동일 매장 매출은 매장의 폐쇄와 새로운 체인 확장을 배제하고 원래 있었던 매장의 매출에 대해서만 측정한다.

- **매대 점유율(share of shelf space):** 지정된 지리적 영역의 전체 매대 공간과 비교한, 지정된 제공물에 할당된 매대 공간의 비율을 말한다.

- **거래 마진(trade margin):** 마케팅 채널의 각 수준에서, 단위 판매 가격에서 단위 비용을 뺀 것이다.

성과 분석

특정한 측정치를 모니터링하는 것 외에도 기업의 실적을 평가하면 기업의 마진과 손익분기점 판매량을 심층적으로 분석함으로써 혜택을 얻을 수 있다. 마진 분석은 기업의 매출총이익(gross profit), 수입(income), 그리고 총매출(gross revenue)의 관계뿐만 아니라 특정 제공물과 관련된 변동비용과 고정비용 간의 관계(공헌이익)도 연구한다. 반면, **손익분기점 분석**은 특정한 실행과 관련된 매출과 비용이 같아지는 시점, 그리고 그 이상의 수익이 발생하는 지점을 알아낸다. 손익분기 분석의 가장 일반적인 유형은 1) 고정비 투자의 손익분기량, 2) 가격 인하의 손익분기량, 3) 변동비 인상의 손익분기량, 그리고 4) 자가잠식(cannibalization)의 손익 분기율(break-even rate) 등이다. 마진과 손익분기라는 두 가지 유형의 성과 분석이 아래에 요약되어 있다.

마진 분석

● 공헌이익(contribution margin)($): 금전적 용어로 표현되는 경우, 공헌이익은 일반적으로 총 매출(total revenue)과 총 변동비(total variable costs) 간의 차이를 나타낸다. 공헌이익은 개별 단위 별로 산정할 수도 있으며, 이 때는 단위 판매 가격과 단위 변동 원가의 차이를 나타낸다. 단위 당 마진은 금전적 용어($)로 표현되며, 이 금액을 공헌(즉, 각각의 단위가 고정비 지불에 "공헌"한 금액)이라고 칭하기도 한다.

$$\text{공헌 이익(\$)}_{\text{전체}} = \text{매출}_{\text{전체}} - \text{변동 원가}_{\text{전체}}$$

$$\text{공헌 이익(\$)}_{\text{단위}} = \text{가격}_{\text{전체}} - \text{변동 원가}_{\text{단위}}$$

- 공헌이익(contribution margin)(%): 백분율로 표현되는 경우, 공헌이익은 일반적으로 '총 매출(total revenue)과 총 변동비(total variable cost) 간의 차이'를 '총 매출'로 나눈 비율을 말한다. 공헌이익은 단위 판매 가격(unit selling price)에 대한 단위 공헌(unit contribution)의 비율로도 표현될 수 있다.

$$\text{공헌 이익(\%)} = \frac{\text{매출}_{전체} - \text{변동 원가}_{전체}}{\text{매출}_{전체}}$$

$$\text{공헌 이익(\%)} = \frac{\text{가격}_{단위} - \text{변동 원가}_{단위}}{\text{가격}_{전체}}$$

- 고정비(fixed costs): 해당 기간 내에서, 생산량에 따라 변동하지 않는 비용. 고정비의 대표적인 사례로는 연구개발비, 매스 미디어 광고비, 임대료, 부채에 대한 이자, 보험료, '플랜트 및 장비' 비용, 그리고 풀타임 노동자들의 급여 등이 있다. 고정비의 절대 크기는 생산량에 관계없이 불변한 채 유지되지만, 고정비는 볼륨이 증가함에 따라 생산 단위당으로는 점차적으로 작아지게 되는데, 이러한 감소는 고정비가 할당되는 생산 단위가 증가하기 때문에 발생한다. 변동비를 참고할 것.

- 한계 비용(marginal cost): 한 개의 추가 단위를 생산하는 데 드는 비용

- 거래 마진(trade margin): 유통 채널의 각 수준에서 단위 판매 가격과 단위 비용 간의 차이다. 거래 마진은 금액이나 백분율로 표시될 수 있다(그림 1). 마진은 일반적으로 비용(구매 가격)이 아니라 매출(판매 가격)을 기반으로 계산된다.

그림 1. 유통 채널 마진 계산

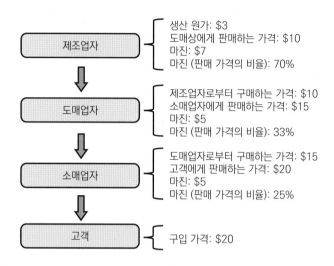

- 변동비(variable costs): 생산되는 단위에 비례하여 변동되는 비용이다. 예를 들어, '원료의 원가'와, 쿠폰, 가격 할인, 리베이트(구매자에게 추후 구매금액의 일부를 되돌려 주는 것), 증정품 등 '소비자 인센티브로 발생하는 비용'은 변동비로 보는 것이 일반적이다. 유통 채널 인센티브 및 영업조직 보상과 같은 기타 비용은, 그 비용의 구조에 따라 고정비로 분류될 수도 있고 변동비로 분류될 수도 있다(예: 고정급 vs. 성과급). 고정비도 참조할 것.

손익분기 분석

고정비 투자의 손익분기 분석(break-even analysis of a fixed-cost investment)은 기업이 연구개발비, 제품 개선 비용, 광고 캠페인 비용 등 특정 투자를 회수할 수 있는 판매량 또는 판매액을 나타낸다. 고정비 투자에 대한 손익분기 판매량(BEV)은 고정비 투자의 규모와 단위 마진의 비율이다.

$$\text{손익분기 판매량}_{\text{고정 비용 투자}} = \frac{\text{고정 비용 투자}}{\text{단위 마진}}$$

예를 들어, 변동비가 50달러이고 고정비가 5천만 달러인 100달러 가격의 제공물을 고려해 보자. 이 경우 BEV = \$50M/(\$100 - \$50) = 1,000,000 이다. 따라서 5,000만 달러의 고정비 투자가 손익분기점을 맞추려면 판매량이 1,000,000개에 도달해야 한다.

가격인하에 대한 손익분기 분석(break-even analysis of a price cut)은 '가격 인하로 인해 수익성에 미치는 영향을 중화시키기 위해 필요한 판매량 증가'를 계산한다. 손익분기점을 맞추려면, '가격 인하 후 낮아진 마진으로 인한 수익 손실'은 '낮아진 가격으로 발생하는 판매량 증가에서 발생하는 추가 수익'과 같아야 한다.

$$\text{손익분기 판매량}_{\text{가격 인하}} = \frac{\text{마진}_{\text{과거 가격}}}{\text{마진}_{\text{새로운 가격}}}$$

예를 들어, 변동비가 50달러인 제품에서, 가격이 100달러에서 75달러로 인하되었을 때 미치는 영향을 고려해보자. 이 경우, 이전 가격의 마진 = \$100 - \$50 = \$50이며, 새로운 가격의 마진 = \$75 - \$50 = \$25이다. 따라서 가격 인하로 인한 BEV = \$50/\$25 = 2이다. 따라서 가격 인하 후 손익분기점을 맞추려면 인하된 가격으로 판매하는 수량이 두 배로 늘어야 한다.

부록 F. 성과 측정치 및 분석

변동비 상승에 대한 손익분기 분석(break-even analysis of a variable-cost increase)은 기업이 변동비를 높인 후 수익도 손실도 내지 않는 판매 수량을 찾아내는 것이다. 제공물의 변동비 증가에 대한 손익분기점을 계산하는 기본 원칙은 가격 인하에 대한 손익분기점을 추정하는 것과 유사하다. 차이점은 신규 제공물이 창출하는 마진의 감소는 매출의 감소보다는 제공물의 원가의 인상에서 비롯된다는 것이다.

$$\text{손익분기 판매량}_{\text{변동 비용 증가}} = \frac{\text{마진}_{\text{과거의 변동 비용}}}{\text{마진}_{\text{새로운 변동 비용}}}$$

예를 들어, 100달러짜리 제품의 경우에서, 변동비가 50달러에서 60달러로 증가할 때 발생하는 영향을 고려해 보자. 이 경우, 변동비 변경 전의 마진 = $100 - $50 = $50이고, 변동비 변경 후의 마진 = $100 - $60 = $40이다. 따라서 변동비 증가로 인한 BEV = $50/$40 = 1.25이다. 따라서 변동비 증가 후 손익분기점을 맞추려면, 신규 매출과 기존 매출의 비율이 1.25가 되어야 한다. 즉, 판매량이 0.25만큼, 즉 25% 증가해야 한다.

자가잠식의 손익분기율(break-even rate of cannibalization): 손실을 내지 않고 기업의 기존 제공물로부터 얻을 수 있는 신규 제공물 판매량 중 최대 비율을 말한다. (다시 말해) 자가잠식 손익분기점 (BER)은, 기업이 이익도 손실도 내지 않는 지점에서, 신규 제공물에서 발생하는 매출액에 대한 기존 제공물을 자가잠식하여 발생한 매출액의 비율로 계산한다.

$$\text{손익분기율}_{\text{자가잠식}} = \frac{\text{마진}_{\text{새로운 제공물}}}{\text{마진}_{\text{과거의 제공물}}}$$

예를 들어, 한 기업이 변동비가 60달러인 70달러짜리 신제품을 출시한다고 가정해보자. 이는 변동비가 60달러인 100달러짜리 기존 제품의 판매를 잠식한다. 이 경우, 신규 제공물의 마진 = $70 - $60 = $10이고, 과거 제공물의 마진 = $100 - $60 = $40이다. 따라서, 자가잠식 손익분기율은 다음과 같이 계산할 수 있다:

자가잠식의 손익분기율은 0.25 또는 25%이며, 이는 기업에 이익이 되기 위해, 신규 제공물 판매량 중에서 기존 제공물로부터 나오는 것이 25%를 넘어서는 안된다는 것을 의미한다. 이는 판매량의 75% 이상이 경쟁 업체의 제품으로부터(경쟁업체 제품의 판매량을 빼앗아서) 또는 시장의 전체 규모 증가로 인해 발생해야 한다는 것이다.

$$\text{손익분기율}_{자가잠식} = \frac{\text{마진}_{새로운\ 제공물}}{\text{마진}_{과거의\ 제공물}} = \frac{\$10}{\$40} = 0.25$$

>>> 부록 G <<<

관련된 마케팅 프레임워크

내가 풀었던 문제 하나하나가 나중에 다른 문제를 해결하는 데 도움이 되는 규칙이 되었다.

르네 데카르트
프랑스 철학자, 수학자, 그리고 물리학자

이 책의 2장에 요약된 프레임워크(G-STIC 프레임워크, 5C 프레임워크, 3V 프레임워크, 그리고 7T 마케팅 믹스 프레임워크)는 기업이 제공물을 출시하고 관리하기 위한 마케팅 플랜을 개발하는 프로세스를 나타낸다. 또한 마케팅 분석 및 플래닝에 자주 사용되는 몇 가지 다른 프레임워크가 있다. 이러한 프레임워크는 전략, 전술, 그리고 프로젝트 관리의 세 가지 카테고리로 구성되어 있으며, 다음 섹션에서 다룬다.

전략적 프레임워크

전략적 프레임워크는 1) 기업과 관련된 이슈들, 2) 기업의 타겟 시장 선택, 그리고 3) 이 시장에서 창출하고자 하는 가치를 다룬다. SWOT 프레임워크, 다섯 가지 영향력 프레임워크, 제품-시장 성장 프레임워크 등 아래의 세 가지 프레임워크는 2장에서 논의한 세 가지 전략적 프레임워크(G-STIC, 5C, 3V)를 보완한다.

SWOT 프레임워크

SWOT 프레임워크는 기업의 전반적인 비즈니스 상태를 평가하기 위한 비교적 간단하고 직관적인 접근 방식이다. 이름에서 알 수 있듯이 SWOT 프레임워크는 기업의 **강점**과 **약점**, 그리고 운영되는 환경에 의해 기업에 주어지는 **기회**와 **위협** 등 4가지 요소를 포함한다. 이 네 가지 요소는, 기업에게 내부적인지 외부적인지, 그리고 기업의 관점에서 유리한지 불리한지에 따라 2×2 매트릭스로 구성된다(그림 1).

그림 1. 기업의 시장 포지션을 평가하기 위한 SWOT 프레임워크

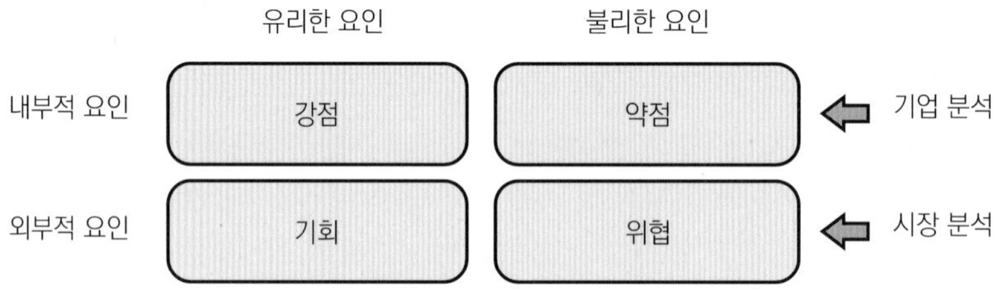

예를 들어, 충성도 높은 고객, 강력한 브랜드 이름, 특허와 등록상표, 노하우, 숙련된 직원, 그리고 희소한 자원에 대한 접근과 같은 요인들은 일반적으로 강점으로 분류되는 반면, 충성도 낮은 고객, 약한 브랜드 이름, 그리고 테크놀로지 관련 전문지식의 부족과 같은 요인들은 약점으로 간주된다. 마찬가지로, 지금껏 제대로 공략하지 못했던 새로운 고객 세분시장의 출현 그리고 유리한 경제 환경 같은 요인들은 기회로 간주되는 반면, 새로운 경쟁자의 진입, 제품 커모디티화(commoditization: 시장 내에서 제품 간에 차별성이 사라지는 현상) 증가, 그리고 구매자와 공급자의 파워 증가 등은 위협으로 간주된다.

기업의 강점을 평가할 때, 1) 강점으로 간주되는 각 요인들이 얼마나 중요한가, 2) 기업이 그러한 요인을 얼마나 보유하고 있는가, 그리고 3) 시간이 지남에 따라 기업이 이 강점을 얼마나 잘 유지할 수 있는가에 대해 고려해야 한다. 마찬가지로 약점에 대한 평가는 약점이라고 파악된 각 요인들이 1) 그 기업에게 얼마나 중요한가, 2) 그 기업과의 관련성이 얼마나 큰가, 그리고 3) 앞으로도 지속될 가능성은 얼마나 되는가를 고려해야 한다.

같은 맥락에서, 기업은 잠재적 기회를 평가할 때 두 가지 요소를 고려해야 한다. 즉, 1) 기회를 활용하여 달성할 수 있는 결과가 그 기업에게 얼마나 중요한가, 그리고 2) 기업이 그 결과를 성공적으로 달성할 가능성은 어느 정도인가를 따져 보아야 한다. 마찬가지로, 잠재적 위협에 대한 평가를 할 때, 1) 위협이 현실화될 경우 예상되는 임팩트와 2) 이 위협이 실제로 현실화될 가능성을 고려해야 한다.

SWOT 프레임워크는 제2장에서 논의한 5C 프레임워크(고객, 협력자, 기업, 경쟁자, 그리고 컨텍스트)의 재구성이라고 생각할 수도 있으며, 여기서 다섯가지의 C는 유리하거나 불리한 요소로 나뉜다. 따라서 강점과 약점에 대한 분석은 기업(company)에 초점을 맞추고, 기회와 위협의 분석은 고객, 협력자, 경쟁자, 그리고 컨텍스트에 의해 정의된 '기업이 운영되는 시장'에 대해 설명하는 나머지 4개의 C에 초점을 맞춘다.

기업의 시장 포지션을 평가한 후에는 이 포지션을 강화하기 위한 실행 가능한 전략을 개발해야 한다. SWOT 분석은 기업이 시장 성공을 보장하기 위해 채택할 수 있는 네 가지 접근 방식을 논리적으로 제시한다. 즉, 1) 강점을 강화하고, 2) 약점을 극복하고, 3) 새로운 기회를 활용하고, 그리고 4) 다가온 위협을 무력화하는 것이다. 이 네 가지 전략의 궁극적인 목표는 기업이 우수한 시장 가치를 창출하는 제공물을 설계하고, 알리고, 그리고 전달할 수 있도록 하는 것이다.

다섯 가지 영향력 프레임워크

마이클 포터가 개발한 다섯 가지 영향력(Five Forces) 프레임워크는 경쟁에 대한 산업 기반의 분석을 제공하며, 특정 산업에 진출(또는 퇴출)할 가능성을 평가하는 것과 같은 전략적인 **산업** 수준의 의사결정에 주로 사용된다. 이 프레임워크에 따르면, 산업 내 경쟁력은 다섯 가지 요인에 의해 결정된다: 1) 공급자의 협상력, 2) 구매자의 협상력, 3) 신규 진입자의 위협, 4) 대체품의 위협, 그리고 5) 기존 경쟁자들 간의 경쟁. 이 다섯 가지 요인이 합쳐져서 미치는 영향은 기업이 운영되는 경쟁 환경을 규정한다. 공급자와 구매자의 협상력이 커질수록, 신규 시장 진입자와 대체 제품의 위협도 커지고, 기존 경쟁자 간의 경쟁 강도도 커진다.

그림 2. 경쟁의 다섯 가지 영향력

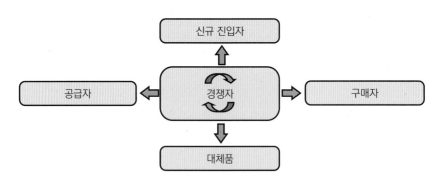

다섯 가지 영향력 프레임워크는 5C 프레임워크와 많은 유사점을 공유하는데, 두 프레임워크 모두 기업이 운영되는 시장의 분석을 용이하게 하는 것을 목표로 하기 때문이다. 동시에, 이 프레임워크들은 시장을 정의하는 방식에 차이가 있다. 다섯 가지 영향력 프레임워크는 시장에서의 경쟁을 분석하기 위해 산업의 관점을 취한다(주. 시장이 구매자의 집합을 의미한다면, 산업이란 판매자의 집합을 의미한다). 이와는 대조적으로 5C 프레임워크는 산업 중심이라기보다는 고객 중심적이며, 이는 기업이 경쟁하는 산업보다는 고객의 니즈에 따라 시장을 정의한다는 것을 의미한다. 고객 중심성의 결과로서, 5C 프레임워크는 고객 니즈를 충족하고 시장 가치를 창출하는 능력에 기초하여 경쟁자를 정의하며, 기업과 경쟁자가 동일한 산업 내에서 운영되는지에 대해서는 관심 갖지 않는다. 따라서 (다섯 가지 영향력 프레임워크에 나오는) 대체품의 개념은 5C 프레임워크의 맥락 하에서는 굳이 필요가 없다. 왜냐하면 고객의 관점에서 대체품은 특정 고객 니즈를 충족시키는 것을 목표로 하는 카테고리의 경쟁 제품에 불과하기 때문이다.

다섯 가지 영향력 프레임워크는 산업에 초점을 맞추기 때문에, 특정 산업 내의 경쟁적 구조를 분석하는 데 특히 적합성이 높다. 하지만, 시장 가치를 창출하는 제공물의 능력을 분석하는 데에 있어서는, 다섯 가지 영향력 접근 방식이 설명력(explanatory power)이 매우 낮다. 이러한 시나리오에서는 5C 프레임워크가 일반적으로 더 적합한데, 특정 산업이라는 관점 보다, 고객 중심성과 고객 니즈에 의해 정의된 '시장 관점'을 갖고 있기 때문이다.

제품-시장 성장 프레임워크

제품-시장 성장 프레임워크(앤소프 매트릭스라고도 함)는 기업이 제공하는 고객 세분시장을 기업의 제품 개발 기회와 연결함으로써 4가지 주요 매출 성장 전략을 요약한다. 이 프레임워크는 일반적으로 제품 유형(현재 제품 또는 신규 제품)을 나타내는 요인과, 고객 유형(현재 고객 또는 신규 고객)을 나타내는 요인으로 표시된다. 그 결과 1) 시장 침투(market penetration), 2) 시장 개발(market development), 3) 제품 개발(product development), 그리고 4) 다각화(diversification) 등 네 가지 제품 전략이 도출되며, 아래 그림 3에 자세히 설명되어 있다.

그림 3. 제품-시장 성장 프레임워크

- **시장 침투**는 기업의 현재 고객에 대한 기존 제공물의 판매를 증가시키는 것을 목표로 한다. 일반적인 시장 침투 전략에는 제공물의 사용률을 높이는 것이 포함된다. 예를 들어, 항공사들은 단골 탑승자 프로그램을 채택함으로써 현재 고객들의 수요를 자극하고, 시리얼 생산사들은 그들의 제공물에 재구매 쿠폰을 동봉하며, 오렌지 주스 생산자들은 아침 식사뿐만 아니라 하루 종일 오렌지 주스를 마시도록 촉진한다. 시장 침투 전략을 따르는 기업은 1) 제품의 가치를 높이고(가격을 낮추고, 판촉을 실행함), 2) 제품에 대한 인지도를 높이며(광고와 인적판매를 증대 시킴), 그리고 3) 제품의 가용성을 개선하는(유통 채널의 밀도를 증대시키고, 제공물을 출시하는 프로세스를 더욱 편리하게 함) 등 현재 고객을 겨냥한 다양한 전술을 사용한다.
- **시장 개발**은 신규 고객에게 기존 제공물을 촉진하여 매출을 증대하는 것을 목표로 한다. 예를 들어, 특정 지역(예: 도시, 주, 또는 국가)에서 제품과 서비스를 제공하고 있는 기업은 새로운 시장에 진입하

부록 G. 관련된 마케팅 프레임워크

여, 운영을 확장하기로 선택할 수 있다. 시장 확대를 지리적 관점에서만 정의할 필요는 없다. 나이, 성별, 인종 등의 인구통계학적 특성으로도 정의될 수 있다. 비즈니스 시장에서 기업은 규모, 산업, 성장 잠재력 등의 요인들을 바탕으로 다른 유형의 기업을 인수하는 방안을 모색하여 운영 규모를 확장할 수 있다. 시장 개발 전략을 따르는 기업이 사용하는 전술은, 시장 침투 전략을 따르는 기업이 사용하는 전술과 유사하며, 중요한 차이점은 현재 고객에게 집중하는 대신 현재 대응하지 않는 (새로운) 고객에게 노력을 집중한다는 것이다.

- **제품 개발**은 기존 고객을 위해 신규 제공물을 개발함으로써 매출을 증대하는 것을 목표로 한다. 이 전략은 기업의 현재 고객의 니즈를 충족시키는 것을 목표로 한다는 점에서 시장 침투 전략과 유사하다. 이 두 가지 전략은 고객 니즈를 충족시키는 방법에 따라 나뉘게 된다: 제품 개발 전략을 따르는 기업들은 현재 고객에게 현재의 제공물을 더 많이 팔기 위해 노력하기 보다는 신규 제공물을 개발하는 데 그들의 노력의 초점을 맞춘다. 따라서 일부 기업은 현재 제품 포트폴리오와 상당히 다른 신규 제공물을 개발하는 반면, 다른 기업은 기존 제공물을 수정하여 현재 제품 라인을 확장한다. 시장 침투 및 시장 개발 전략을 따르는 기업들이 전술 중에서 프라이싱, 인센티브, 커뮤니케이션, 그리고 유통 등에 노력을 집중하는 것과 달리, 제품 개발 전략을 따르는 기업들은 일반적으로 새로운 제품, 서비스, 그리고 브랜드를 만드는 데 노력을 집중한다.

- **다각화**는 새로운 고객에게 새로운 제공물을 선보여 매출을 늘리는 것을 목표로 한다. 이러한 접근 방식이 다른 세 가지 시장 확장 전략과 다른 점은 이 기업이 (기존의) 고객 기반과 (기존의) 제공물의 포트폴리오라는 두 가지 핵심적 자원에 의존하지 않는다는 것이다. 이 접근 방식은 기업에게 있어서 제공물과 고객 모두 새롭기 때문에, 다른 제품-시장 성장 전략보다 더 리스크가 큰 경향이 있다. 다각화를 사용하는 일반적인 근거는 기업이 존재감이 없는 분야에서 성장 기회를 활용하는 것이다. 또한, 기존 제품을 쓸모없게 만들어(퇴화 시켜) 고객기반을 잠식하는 새로운 테크놀로지의 등장으로 인해 기업이 다각화의 압박을 받을 수도 있다. 또한, 일부 기업은 다양한 고객 세분시장들의 독특한 니즈를 충족함으로써 달성할 수 있는 보다 일정한 매출 흐름을 보장받기 위해 다각화한다.

제품-시장 성장 프레임워크에 의해 정의된 네 가지 전략이 서로 배타적이지는 않다. 어떤 기업은 매출을 늘리고 시장 포지션을 개선하기 위해 복수의 시장 확장 전략을 추진할 수 있다. 그러나 복수의 성장 전략을 사용하는 기업은, 이러한 전략들이 기업의 전략적 목표를 얼마나 잘 달성 시켜 줄 수 있느냐에 따라 전략들의 우선순위를 정하고 자원을 할당해야 한다.

전술적 프레임워크

타겟 시장의 선택과 기업이 이 시장에서 창출하고자 하는 가치와 관련된 문제에 초점을 맞추는 전략적 프레임워크와 달리, 전술적 프레임워크는 궁극적으로 타겟 시장에서 가치를 제공하게 될 제공물을 정의하는 속성에 초점을 맞춘다. 아래에 설명된 두 가지 프레임워크, 즉 4P 프레임워크와 제품수명주기 프레임워크는 2장에서 논의한 7T 마케팅 믹스 프레임워크를 보완한다.

4P 프레임워크

1960년대에 소개된 4P 프레임워크는 주어진 마케팅 전략의 실행을 계획하고 분석하기 위한 도구를 제공한다. 이 프레임워크는 주어진 제공물에 대해 매니저들이 반드시 내려야 하는 다음과 같은 네 가지 핵심적인 의사결정을 나타낸다: 1) **제품**에 어떤 특징을 포함할 것인가, 2) 제품을 **가격**을 어떻게 할 것인가, 3) 제품의 **프로모션**은 어떻게 할 것인가, 그리고 4) 어떤 소매점에 제품을 **위치**시킬(유통시킬) 것인가. 종종 마케팅 믹스라고 불리는 이 네 가지 의사결정은 제품(product), 가격(price), 프로모션(promotion), 그리고 장소(place)라는 네 가지 P로 표현된다.

4P 프레임워크는 단순하고 직관적이며 기억하기 쉽다. 이 덕분에 많은 인기를 누렸다. 4P 프레임워크는 그 단순성에도 불구하고 현대 비즈니스 환경에서의 적합성을 크게 제한하는 여러 가지 한계를 갖고 있다. 그러한 한계 중 하나는 제공물의 제품 측면과 서비스 측면을 구분하지 않는다는 것이다. 4P 프레임워크가 제품의 서비스 요소를 명확하게 설명하지 않는다는 점은, 4P 프레임워크가 제품 기반에서 서비스 기반 비즈니스 모델로 전환하는 기업이 증가하고 있는 오늘날의 서비스 지향 비즈니스 환경에서 주된 단점이다.

4P 프레임워크의 또 다른 중요한 한계는 브랜드가 별도의 요소로 정의되지 않고 대신 제품의 일부로 간주된다는 것이다. 제품과 브랜드는 제공물의 다른 측면이며 서로 독립적으로 존재할 수 있다. 라코스테, 프라다, 디즈니와 같은 점점 더 많은 기업들이 그들의 브랜드를 만들고 관리하는 데 그들의 노력을 집중하기 위해 그들의 제품 생산을 아웃소싱하고 있다.

4P 프레임워크는 또한 프로모션이라는 용어를 정의하는 데도 부족함이 있다. 프로모션은 인센티브(예: 가격 프로모션, 쿠폰, 거래 프로모션)와 커뮤니케이션(예: 광고, PR, 소셜 미디어, 그리고 인적 판매)의 두 가지 유형의 활동을 포함하는 광범위한 개념이다. 이 두 가지 활동은 가치 창출 프로세스에서 각각 다른 역할을 한다. 인센티브는 제공물의 가치를 높여 준다. 반면에 커뮤니케이션은 반드시 제공물의 가치를 높이지는 않고 고객에게 제공물에 대해 알려주는 역할만 한다. 단일한 용어를 사용하여 이러한 개별 활동을 언급하는 것은 시장 가치를 창출하는 데 있어 이들이 수행하는 고유한 역할을 뒤섞어버린다.

4P 프레임워크의 한계는 2장에서 논의한 7T 마케팅 믹스 프레임워크에서 설명한 것처럼, 4가지 요소가 아닌 제품, 서비스, 브랜드, 가격, 인센티브, 커뮤니케이션, 그리고 유통이라는 7가지 요소로 시장 제품을 정의함으로써 극복할 수 있다. 4개의 P는 시장 제공물을 정의하는 7가지 속성에 쉽게 매핑될 수 있다. 첫 번째 P는 제품, 서비스, 그리고 브랜드로 구성된다; 가격은 두 번째 P이다; 인센티브와 커뮤니케이션은 세 번째 P이고; 그리고 유통은 네 번째 P이다(그림 4).

그림 4. 4P 및 7T 마케팅 믹스 프레임워크

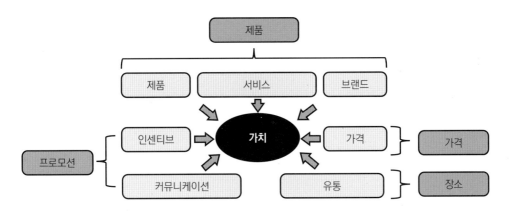

시장 가치를 창출하는 데 있어 정밀성(precision)과 다목적성(versatility)이 더 높기 때문에, 7T 프레임 워크는 4P 프레임워크의 정교화된 버전이라고 할 수 있으며, 기업의 제공물을 설계하는 데 있어 더 정확하고 실행 가능한 접근 방식을 제공한다.

제품 수명 주기 프레임워크

제품 수명 주기(product life cycle: PLC)의 개념은 제품과 제품 카테고리가 도입, 성장, 성숙, 쇠퇴라는 네 가지 뚜렷한 단계를 거치는 유한한 수명을 가지고 있다는 생각에 기초한다. 이러한 단계는 시장에서 제품 제공물의 개수, 커뮤니케이션의 특징, 시장의 규모와 성장률, 시장의 경쟁 강도, 그리고 각 단계에서 창출되는 매출과 수익을 포함한 몇 가지 차원에 따라 달라진다. 네 단계에 걸친 제품의 재무적 성과에 대한 전반적인 패턴은 그림 5에 나타나 있으며 아래에 더 자세히 설명되어 있다.

그림 5. 제품 수명 주기 프레임워크

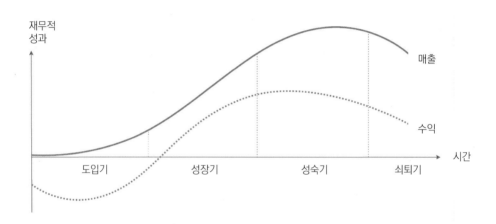

● **도입기.** 도입기(시장 개발 단계라고도 함)에서 기업은 일반적으로 가장 가능성 높은 수용자들에게 단일한 제품을 제공한다. 이 초기 단계에서 커뮤니케이션은 주로 얼리 어답터들 사이에서 제공물에 대한 인지도를 창출하는 것을 목표로 한다. 시장 전체 규모는 다소 작고 상대적으로 느린 속도로 성장한다. 제품의 시장성이 불확실하기 때문에 시장에 진입하는 경쟁자가 상대적으로 적다. 작지만 성장하고 있는 시장을 고려할 때, 수익은 상승 추세를 보이고 있지만 상대적으로 적은 편이다. 신제품 개발에는 일반적으로 상당한 비용이 수반되기 때문에, 이 단계의 수익은 대개 마이너스이며, 이는 기업이 손해를 보면서 운영한다는 것을 의미한다.

- **성장기.** 제품이 성장기에 접어들수록 고객 수용(첫 구매) 건수가 증가하고, 고객 니즈의 다양성도 증가한다. 타겟 고객의 다양한 니즈를 해결하기 위해, 기업들은 다양한 고객 세분시장의 니즈를 더 잘 충족하도록 설계된 변형 제품들을 출시하기 시작한다. 성장기에 제품 판매가 급증하면서, 시장 잠재력을 깨닫는 기업이 많아지면서 시장에 진입하는 경쟁자도 늘어난다. 시장의 규모는 계속 커지고, 성장률도 크게 가속된다. 경쟁자의 수가 증가하고 있음에도 불구하고 시장의 경쟁 강도는 상대적으로 안정적인데, 시장 성장이 기업들로 하여금 서로의 몫을 훔치려 하지 않고 새로운 고객들을 시장에 끌어들이는 데 그들의 노력을 집중하기 때문이기도 하다. 빠르게 성장하는 시장과 제한된 경쟁은 네 가지 수명 주기 단계 중 가장 큰 매출 및 이익 증가율에 기여한다. 이 단계에서 수익이 흑자로 전환되는 경향이 있고, 수익 성장률은 최고점에 도달한다. 이 지점이 바로 변곡점이며, 수익 곡선이 '아래로 볼록한(convex)' 곡선에서 '위로 볼록한(concave)' 곡선으로 변하는 지점이다.

- **성숙기.** 성숙기 단계 동안, 기업이 다양한 세분시장에 어필하는 제공물을 개발함에 따라, 제품 변형품의 수는 일반적으로 가장 많은 수준에 이른다. 대다수의 고객이 이미 제품 혜택을 알고 있고 많은 고객이 제품을 경험하는 기회를 가졌기 때문에, 커뮤니케이션은 본원적 수요를 구축하는 것에서 경쟁자 대비 혜택을 강조함으로써 기업의 제공물을 차별화하는 것으로 변화한다. 시장 규모는 정점에 달하지만 성장률은 둔화되기 시작한다. 제품 카테고리로 신규 고객 유입이 둔화되면서 경쟁이 치열해지고 기업들이 직접 경쟁해 고객을 뺏고 시장점유율을 키우기 시작한다. 게다가, 제품과 경쟁자의 수가 최고점에 도달하는 경향이 있기 때문에, 시장은 포화 상태가 되고, 경쟁 심화는 시장 매출과 수익의 정체와 감소로 이어진다.

- **쇠퇴기.** 이 단계는 시장이 위축되고 제품의 수요가 감소하는 것을 특징으로 한다. 제품이 쇠퇴기에 접어들고, 이익률이 줄어들고, 기업들이 베스트셀링 제품에 집중하면서 변형 제품의 수가 줄어들기 시작하며, 수익 목표를 달성하기엔 판매량이 부족한 변형 제품들은 단계적으로 퇴출된다. 해당 카테고리가 쇠퇴기에 들어섬에 따라 커뮤니케이션은 계속해서 차별화를 강조한다. 그러나 이 시점에서 전반적인 커뮤니케이션 지출은 감소하는 경향이 있다. 경쟁은 덜 치열해 지기도 하는데, 이는 사업 합병과 시장 철수로 인해 경쟁자 수가 줄어들기 때문이다. 전반적인 시장 성장은 마이너스이며, 매출과 수익 모두 하락을 지속한다.

제품수명주기에 대한 논의는 특정 기업의 관점보다는 제품 카테고리의 관점에서 제품 수명 주기를 검토한다는 점에 유의하라. 어떤 기업이 주어진 제품 카테고리의 최초 진입자가 아닐 수 있고, 제품 수명 주기의 후반 단계에서 시장에 진입할 수도 있기 때문에 이러한 구별은 중요하다. 시장에 진입하는 시기와 상관없이, 그 기업의 성과는 제품 카테고리의 특정 수명 주기 단계로 정의된 시장의 역동성에 영향을 받을 가능성이 높다(한 기업의 제품이 시장에 바로 뛰어들었다고 해서 도입기가 되는 것이 아니라, 그 제품 카테고리가 이미 성숙기라면 성숙기 시장에 뛰어든 것이다).

프로젝트 관리 프레임워크

마케팅 플랜 실행의 중요한 측면은 1) 마케팅 플랜에서 규정한 특정한 활동들의 최적의 순서 와 2) 이러한 활동들을 달성하기 위한 시간표를 결정하는 것이다. 이를 위해, 매니저는 기업의 활동 순서를 정하고, 실행의 타임라인을 결정하고, 이러한 활동을 이행하기 위한 책임을 할당하기 위해 만들어진 접근 방식을 활용함으로써 혜택을 볼 수 있다. 마케팅 플랜의 실행을 용이하게 해 줄 수 있는 세 가지 널리 사용되는 접근 방식이 아래에 요약되어 있다.

결정적 경로 방법(CPM: Critical Path Method)

결정적 경로 방법(CPM)은 프로젝트 활동을 스케줄링하기 위해 수학적으로 유도된 알고리즘이다. CPM은 프로젝트의 실행이 '활동 네트워크를 통과하는 데 가장 많은 시간이 소요되는' 일련의 상대적으로 적은 수의 활동들에 의해 통제된다는 개념에 기반을 두고 있다. 따라서 CPM의 목표는 이러한 "결정적인" 활동들을 파악하고, 이를 프로젝트 일정의 백본(결정적 경로)으로 사용하는 것이다. 이를 위해 CPM은 프로젝트의 시작부터 종료까지 계획된 활동의 가장 긴 경로를 계산하고, 프로젝트를 일정대로 유지하면서 각 활동을 시작하고 끝낼 수 있는 가장 빠른 시간과 가장 늦은 시간을 계산한다. 이를 통해 중요도가 낮은 다른 활동들을 결정적 경로를 구성하는 활동 주변에서 계획할 수 있다.

결정적 경로를 알아내는 프로세스는 그림 6에 설명되어 있다. 여기서 특정한 결과는 원으로 표시되고, 개별적 활동은 화살표로 표시된다. 각 화살표에 연관된 숫자는 해당 활동의 소요시간(예: 주)을 나타낸다. 여러가지 결과 간의 관계를 분석하면 다음과 같다: 원하는 결과 E를 달성하기 전에 결과 C와 D를 완료해야 하고, 결과 C를 달성하기 전에 결과 A와 B를 달성해야 하며, 결과 D를 달성하기 전에 결과 A를 달성해야 한다. 각 개별 활동을 완료하는 데 필요한 시간을 추가로 분석하면 네트워크를 통과하는 가장 긴 경로는 A-C-E(12주)이다. 따라서, A-C-E는 나머지 활동을 스케줄링하기 위한 백본으로 사용되어야 하는 결정적 경로이다.

그림 6. 결정적 경로 방법

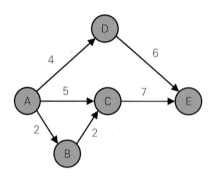

CPM 모델의 잠재적인 한계는, 프로젝트 완료에 필요한 개별 활동의 상호 의존성과 상대적 완료 시간을 추정하는 데 있어서, 매니저의 능력에 의존할 수 밖에 없다는 것이다. CPM 모델의 이러한 한계는 프로젝트 평가 및 검토 기법(PERT)이라고 불리는 대안적 접근법으로 해결되며, 이를 통해 각 활동에 대해 소요시간의 범위를 구체화할 수 있다. 따라서, 두 모델 모두 결정적 경로라는 개념을 채택하고 동일한 실행 단계를 갖는다는 점에서, PERT와 CPM은 매우 유사하다. 이 둘 사이의 중요한 차이점은 주어진 활동의 소요시간을 추정하는 방법이다. 단 하나의 소요시간 추정치에 의존하는 CPM과 달리, PERT는 예상 완료 시간의 세 가지 다른 추정치(낙관적, 일반적, 그리고 비관적)의 가중 평균을 계산한다.

책임 할당 매트릭스

책임 할당 매트릭스(RAM: Responsibility Assignment Matrix)은 비즈니스 프로세스를 기업의 조직 인프라에 연결하고 조직 내의 특정 실체(개인 또는 팀)들에게 프로젝트 관련 활동을 할당하는 데에 일반적으로 사용되는 접근 방식이다. RAM은 1) 프로젝트의 주요 구성 요소를 나열하고, 2) 기능적 역할(예: 프로젝트 매니저, 제품 엔지니어, 영업조직 매니저)과 각각의 과업의 실행을 책임지는 특정 실체를 지정한다. 이 매트릭스는 일반적으로 수직 축에 주요 비즈니스 과업을 나열하고, 수평 축에는 그에 대응하는 역할을 나열한다(그림 7). 각각의 역할은 개인 또는 팀에 의해 수행될 수 있으며, 각 개인/팀은 복수의 역할을 수행할 수 있다.

그림 7. 책임 할당 매트릭스

활동	책임			
	역할/팀 1	역할/팀 2	역할/팀 3	역할/팀 4
활동 A	████████████			
활동 B		████████████		
활동 C	██████		████████████	

책임 할당 매트릭스는 RACI로도 불리며, 이는 행동 플래닝에 관련되는 다음과 같은 핵심적인 역할을 나타내는 단어의 약자이다: 1) 결과에 대해 책임지는(responsible), 2) 과정에 대해 책임지는 (account-able), 3) 자문하는(consulted), 그리고 4) 정보적인(informed). 여기서 1) "결과에 대해 책임지는"이란 과제 완수에 책임이 있는 실체(예: 제품 엔지니어)를 의미하고, 2) "과정에 대해 책임지는"이란 과업을 정확하고 제시간에 완수하는 것에 대한 설명할 수 있는 실체(예: 프로젝트 매니저)를 의미하고, 3) "자문하는"은 프로젝트에 대한 정보를 제공하고 쌍방향 커뮤니케이션 (예: 회계, 법률, 그리고 IT부서의 기능적 전문가)을 하는 실체를 의미하며, 그리고 4) "정보적인"은 단방향 커뮤니케이션을 통해서만 진척 상황에 대해 계속 정보를 제공받는 실체(예: 프로젝트 결과물에 영향을 받는 교차기능적인 팀)을 의미 안나.

갠트 매트릭스

갠트 매트릭스는 각각의 작업들과 그들 작업의 타임라인을 매핑한 것이다. 이는 전체 프로젝트의 맥락에서 과업의 최적의 순서와 소요시간을 매니저가 쉽게 파악할 수 있도록 하는 형식으로 만들어진다. 미국의 기계공학자이자 경영 컨설턴트인 헨리 갠트의 이름을 딴 이 차트는 일반적으로 주요 프로젝트 작업의 시작 일자와 종료 일자를 나타낸다(그림 8).

그림 8. 갠트 매트릭스

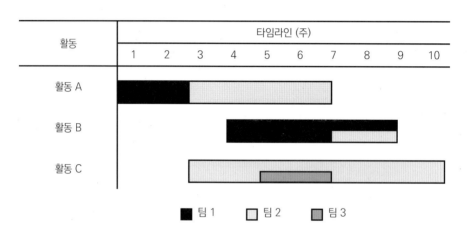

갠트 매트릭스는 실행 플랜을 나타내는 일반적인 방법으로 막대를 사용하여 각 개별 작업의 타임라인과 소요시간을 시각적으로 표현한다. 갠트 매트릭스의 약간 더 복잡한 버전은, 각각의 과업에 대해 예정된 시간 소비를 표시하는 것 외에도, 각 과업을 담당하는 특정 팀 또는 개인을 지정할 수 있다.

> > > 부록 H < < <

필수 마케팅 개념

- ATL 커뮤니케이션(above-the-line communication): 기업의 커뮤니케이션은 종종 두 가지 카테고리로 나뉜다. 텔레비전, 라디오 광고, 인쇄 광고와 같은 매스미디어광고를 포괄하는 ATL 커뮤니케이션과, PR, 이벤트 후원, 인적 판매, 그리고 직접 우편을 포함하는 BTL(below-the-Line) 커뮤니케이션이 그것이다. 역사적으로 ATL이라는 용어는 광고 대행사가 매스미디어에 게시하기 위해 수수료를 부과한 커뮤니케이션을 지칭하는 데 사용된 반면, BTL이라는 용어는 수수료가 아닌 표준 요금을 지불하는 커뮤니케이션을 지칭하는 데 사용되었다. 현재 ATL과 BTL이라는 용어는 매스 미디어(ATL) 대 일대일 마케팅(BTL)의 대비를 나타내는 데에 느슨하게 사용된다. BTL의 현재 사용 사례로는 고객 인센티브와 트레이드(업자) 인센티브가 있다.

- 광고 수당(advertising allowance): 트레이드(업자) 프로모션의 한 형태로서, 소매업자들이 제조업자의 제품을 광고해 주는 것에 대한 대가로 받는 할인. (예: 가전 제품 소매업자가 가전 제조업체의 제품 광고를 해 주면, 가전 제조업체가 그 소매업체에게 할인된 가격으로 납품해 주기도 한다)

- BTL 커뮤니케이션(below-the-line communication): ATL 커뮤니케이션을 참고할 것

- 브랜드 확장(brand extension): 다른 컨텍스트(다른 제품 카테고리 또는 다른 가격 계층)에서 같은 브랜드 이름을 사용하는 전략이다. 브랜드 확장에는 두 가지 주요 유형이 있다: 카테고리 내 확장과 카테고리 간 확장이다. 카테고리 내 브랜드 확장에서는 같은 제품 카테고리 내의 여러 제품에 같은 브랜드 이름이 적용된다. 반면, 카테고리 간 브랜드 확장에서는 같은 브랜드 이름이 다른 카테고리의 제품에 적용된다. 예를 들어, 스타벅스라는 이름을 다른 커피 맛으로 확장하는 것은 카테고리 내 브랜드 확장인 반면, 아이스크림으로 확장하는 것은 카테고리 간 브랜드 확장으로 간주된다.

- 브랜디드 하우스(branded house): 우산 브랜딩을 참조하라.

- 자가잠식(cannibalization): 새로 출시된 제공물이 같은 기업 내의 다른 제공물의 점유율을 빼앗아 가는 사례. (즉, 신제품이 팔리면서 기존 제품의 매출이 떨어지는 사례) 자가잠식이 전반적인 긍정적 영향을 미치는 경우도 많이 있다(예: 점유율이 잠식된 제품보다 신규 제공물의 이윤이 더 높거나, 신규 제공물이 다른 전략적 목표를 달성하고자 할 때).

- 광고의 이월 효과(carryover effect in advertising): 캠페인의 시간 프레임을 넘어서는 광고 캠페인의 영향. (정해진 캠페인 기간이 지난 후에도 나타나는 광고 효과) 예를 들어, 특정 기간동안 집행된 광고 노력은 광고가 끝난 이후에도 매출을 창출할 수 있다.

- 채널 갈등(channel conflict): 유통 채널 멤버(예: 제조업체와 소매업체) 간의 긴장 관계(tension)는 종종 각 채널 멤버의 서로 다른 수익 최적화 전략으로 인해 발생한다. 수평적 채널 갈등 및 수직적 채널 갈등을 참조하라.

- 공동 브랜딩(cobranding): 나이키와 아이팟, 타이드와 페브리즈, 마이크로소프트와 인텔과 같이 두 개 이상의 브랜드를 결합하는 브랜딩 전략.

- 비교 광고(comparative advertising): 주어진 제공물을 다른 제공물과 직접적으로 비교하는 광고 전략.

- 경쟁자 동등 예산 설정(competitive parity budgeting): (1) 경쟁자의 절대적인 지출 수준 또는 (2) 시장 점유율 당 비율에 따른 예산 할당 전략.

- 보완적 프라이싱(complementary pricing): 독점적으로 호환되고, 본제품과 소모품이 분리된 제공물에 적용할 수 있는 프라이싱 전략으로, 기업은 제공물의 첫 부분(본 제품)은 비교적 낮은 도입형 가격을, 다른 부분(소모품)은 더 높은 가격을 부과한다. (보완적 프라이싱은 종속형 프라이싱 또는 captive pricing이라고도 불린다) 대표적인 예로는 면도기와 면도날, 프린터와 카트리지(잉크 또는 토너), 휴대폰과 휴대폰 서비스(통신사)가 있다.

- 소비자 패키지 제품(consumer packaged goods: CPG): 휴대용 용기에 포장된 소비자 제품(음식, 음료, 건강, 그리고 미용 보조, 담배, 그리고 세제 제품 등)을 설명하는 데 사용되는 용어이다.

- **소비자 프로모션(consumer promotions):** 소매업자가 아닌 소비자를 목표로 하는 프로모션 활동. 일반적인 소비자 프로모션 활동에는 무료 샘플, 쿠폰, 리베이트, 그리고 구매 시점(POP) 디스플레이 등이 포함된다.

- **협동 광고(cooperative advertising):** 제조업자와 소매업자가 공동으로 소비자에게 제공물을 광고하는 광고 전략. 이 경우, 제조업자는 제품, 서비스, 그리고 브랜드를 내세워 준 소매업자에 대한 보답으로 그 소매업자가 집행한 광고 비용의 일부를 지불해 준다.

- **협동 광고 수당(cooperative advertising allowance):** 제조업자가 소매업자의 광고에 제공물을 게재하는 대가로 유통업자에게 지급하는 인센티브. 이 수당의 크기는 유통업자의 광고 비용의 비율 또는 고정된 개당 매출로 결정될 수 있다.

- **원가 가산 프라이싱(cost-plus pricing):** 제품 원가에 고정 마크업(마진)을 추가하여 최종 가격을 결정하는 프라이싱 방법이다. 이러한 계산하기 쉬운 방식은 이익률이 상대적으로 안정적인 업종에서 많이 쓰인다. 이 방식의 주요 단점은 고객의 수요와 경쟁자의 프라이싱을 고려하지 않는다는 것이다. (고객과 경쟁자의 상황을 고려하지 않고 특정한 원가 대비 수익을 내겠다는 판매자의 의지만 반영한 전략임)

- **교차 가격 탄력성(cross-price elasticity):** 다른 제공물 가격의 변화율로 인해 발생한 특정 제공물의 판매 수량 변화율.

- **기만적 프라이싱(deceptive pricing):** 의도적으로 고객에게 잘못된 이해를 일으키는 방식으로, 고객에게 제공물의 가격을 제시하는 관행. 기만적 프라이싱은 미국 내에서 불법이다.

- **디테일러(detailers):** 치과의사, 의사, 약사에게 의약품을 알리고 그들이 차례로 소비자에게 브랜드를 추천하도록 하게 촉진하는 간접 영업사원을 말한다. (일반적으로 제약업체의 영업사원을 지칭하는 용어이다)

- **직접 채널(direct channel):** 제조업자와 최종 고객이 중간상 없이 직접 상호 작용하는 유통 전략

272

부록 H. 필수 마케팅 개념

- 디스플레이 수당(display allowance): 제품이나 서비스를 잘 보이도록 디스플레이 해 주는 유통업체에게 제조업자가 그 대가로서 지급하는 인센티브.

- 매일 낮은 프라이싱(everyday low pricing: EDLP): 소매업체가 잦은 가격 프로모션 없이 낮은 가격을 유지하는 가격 전략. (즉, 가격 프로모션을 알리는 비용을 아껴서 그 절감된 돈을 최저가 유지를 위해 사용하는 전략을 말한다)

- 경험 곡선 프라이싱(experience curve pricing): 규모의 경제 및 경험 곡선 효과로 인해 예상되는 미래의 낮은 비용 구조에 기초한 프라이싱 전략.

- 파이팅 브랜드(fighting brand): 저가 경쟁자로부터 주요 브랜드를 보호하기 위해 도입된 다운스케일(저가격) 브랜드.

- 사전 구매(forward buying): 채널 재고를 늘리는 행위를 말하며, 대개 제조업체의 프로모션(예: 미리 구매하는 업체에게 제조업체가 할인을 지급하는 등)을 이용하거나 향후 가격 상승 기회를 이용하기 위한 것이다.

- 출시 플랜(go-to-market plan): 마케팅 플랜의 일종으로, 일반적으로 마케팅 플랜의 커뮤니케이션 및 유통 측면에 초점을 맞춘 신제품 출시 플랜을 말한다.

- 회색 시장(grey market): 공인되지 않은 채널을 통해 제품을 판매하는 시장.

- 이질적 시장(heterogeneous market): 기업의 제공물에 대한 대응이 다양한(즉 이질적인) 고객들로 구성된 시장이다.

- 고-저 프라이싱(high-low pricing): 소매업체의 가격이 시간에 따라 변동하는 프라이싱으로, 일반적으로 판매 촉진에 크게 의존한다. (평소에는 높은 가격에 팔다가, 특정 기간 동안 판촉을 위해 낮은 가격에 파는 행위) 매일 낮은 프라이싱을 참조할 것.

- **균질적 시장(homogeneous market)**: 기업의 제공물에 대해 유사한 방식으로 반응할 가능성이 높은 고객으로 구성된 시장(예: 그들은 같은 혜택을 추구하며, 비슷한 금전적 자원을 가지고 있으며, 동일한 커뮤니케이션 수단을 통해 도달할 수 있으며, 동일한 유통 채널을 통해 제공물에 접근할 수 있다).

- **수평적 채널 갈등(horizontal channel conflict)**: 유통 채널의 동일한 수준 내 구성원(예: 두 소매업체) 간의 갈등이다. 수평적 갈등은 서로 다른 채널이 동일하거나 대체가능한 제공물을 가진 동일한 고객 세분시장을 타겟으로 할 때 발생한다(예: 동일한 고객에게 동일한 제품을 판매하는 다른 소매업체).

- **수평적 차별화(horizontal differentiation)**: 혜택에 따라 제공물을 다양하게 하는 제품 라인 전략. 다만 여기서의 혜택이 보편적인 선호 등급을 의미하지는 않음. 예를 들어, 다양한 종류의 청량음료 같은 제품(일반, 체리, 바닐라, 다이어트, 또는 무카페인), 다양한 요구르트 맛, 다양한 제품 색상 등이 수평적으로 차별화된 제품라인을 구성한다. 가격은 수평적으로 차별화된 제공물에 따라 다를 수 있지만, (가격이) 주요 차별화 요소는 아니다. 자세한 내용은 수직적 차별화를 참조하라.

- **수평적 가격 담합(horizontal price fixing)**: 경쟁자들이 가격을 정하기 위해 명시적으로 또는 암묵적으로 협력(모의)하는 관행이다. 가격 담합은 미국에서 불법이다.

- **하우스 오브 브랜드(house of brands)**: 기업이 개별적이고 일반적으로 서로 관계되어 있지 않은 브랜드들의 포트폴리오를 보유하는 브랜딩 전략을 가리키는 용어다. 이 전략을 사용하는 기업으로는 피앤지, 유니레버, 디아지오 등이 있다. 우산 브랜딩 참조.

- **하이브리드 채널(hybrid channel)**: 제조업자와 최종 고객이 다수의 채널을 통해 (직접적으로 또는 중간상을 통해) 상호 작용하는 유통 전략이다.

- **이미지 프라이싱(image pricing)**: 가격 시그널링을 참조할 것.

- **간접 채널(indirect channel)**: 제조업자와 최종 고객이 중간상을 통해 상호 작용하는 유통 전략이다.

- **성분 브랜딩(ingredient branding)**: 제품의 성분이나 구성요소가 테플론 표면 보호제, 고어텍스 원단, 뉴트라스위트, 그리고 스플래너 감미료, 그리고 인텔 마이크로프로세서와 같이 자체 브랜드 아이덴티티를 갖는 브랜딩 전략이다.

- **기관 광고(institutional advertising)**: (특정 제공물을 알리기보다는) 조직(기업)을 위한 호의(goodwill)나 이미지를 구축하기 위해 고안된 광고 전략.

- **학습 곡선(learning curve)**: 시간이 지나며 누적 생산량이 증가함에 따라 생산 비용이 어떻게 감소하는지를 설명하는 곡선이다. 이 개념의 이면에는 반복적인 작업을 통해 단위당 노동시간이 감소한다는 논리가 깔려 있다. 학습 곡선이라는 용어는 경험 곡선이라는 개념과 동의어로 사용된다.

- **로스 리더(loss leader)**: 다른 제품 및 서비스의 판매를 증가시키기 위한 시도로서 제공물에 낮은 가격(원가에 맞추거나 원가보다 낮은)을 설정하는 프라이싱. 예를 들어, 소매업자는 매장 트래픽을 구축하기 위한 시도로, 인기 있는 품목에 대해 낮은 가격을 설정함으로써 다른 더 수익성이 높은 품목의 판매를 증가시킬 수 있다.

- **시장 성장 전략(market-growth strategy)**: (현재 카테고리 사용자를 선별적으로 타겟팅하는 것이 아니라) 새로운 사용자를 우리의 카테고리로 끌어들이기 위한 마케팅 전략이다. 전체 카테고리 수요를 증가시키는 데 초점을 맞추기 때문에 시장 성장 전략을 "1차 수요 촉진(primary demand stimulation)"이라고 부르기도 한다. 점유율 빼앗기 전략을 참조하라.

- **머천다이저(merchandisers)**: 소매점에 선반 위치, 프라이싱, 특수 프로그램과 같은 매장 내 활동을 지원하는 간접 영업조직.

- **틈새 전략(niche strategy)**: 독특하고 상대적으로 소규모인 세분시장을 목표로 하는 마케팅 전략.

- 상황 기반 타겟팅(occasion-based targeting): 구매 및 소비 상황을 기준으로 고객을 그룹화하는 타겟팅 전략. 상황 기반 타겟팅은 구매 시마다 고객 니즈가 다르고, 동일한 고객이 서로 다른 시간에 서로 다른 사용 기반 세분시장에 속할 가능성이 있는 경우에 유용하다. 예를 들어 와인을 구매할 때 고객의 선호는 상황에 따라 달라질 수 있다(요리, 일상적 소비, 특별한 경우, 또는 선물). 고객의 개별적 특성보다는 사용 상황에 초점을 맞춤으로써, 동일한 고객이 상황에 따라 다른 니즈를 표시할 가능성이 높다는 사실을 설명한다. 구매 시마다 고객 니즈가 다르지 않다고 가정하는 사용자 기반 타겟팅과 달리, 상황 기반 타겟팅은 그러한 가정을 하지 않으며, 개별 고객들(또는 세분시장)이 다른 구매 상황에 따라 다른 니즈를 가질 수 있음을 암시한다.

- 오프-인보이스 인센티브(off-invoice incentive): 제조업자가 유통업자에 제공하는 모든 일시적 가격 할인.

- 침투 프라이싱(penetration pricing): 시장 점유율을 빠르게 획득하는 것을 목표로 하는 가격 전략이다. 이 전략은 마진은 낮지만 판매량은 늘게 한다.

- 성과 갭(performance gap): 목표와 실제 사이에 존재하는 원하는 상태와 실제 상태의 불일치. 성과 갭에는 원하는 그리고 실제의 총매출 및 순매출, 이익률, 그리고 시장점유율 사이에 존재하는 불일치가 포함된다.

- POP 광고(point-of-purchase advertising): 구매 시점(예: 소매점)에 디스플레이 되는 판촉물.

- 약탈적 프라이싱(predatory pricing): 경쟁자들을 비즈니스에서 몰아내기 위한 목적으로, 원가 이하로 판매하는 전략. 약탈적 프라이싱은 미국 내에서 불법이다.

- 프리스티지 프라이싱(prestige pricing): 제공물을 위한 독보적(exclusive) 이미지를 만들기 위해 상대적으로 높은 수준으로 가격을 설정하는 프라이싱 전략.

- 가격 차별(price discrimination): 동일한 등급과 품질의 제품에 대해 다른 구매자에게 다른 가격을 부과하는 전략

- 가격 담합(price fixing): 기업들이 특정 제품이나 서비스에 대해 가격을 설정하기 위해 모의하는 관행. 가격 담합은 미국에서 불법이다.

- 가격 세분화(price segmentation): 가격 차별을 참조하라.

- 가격 시그널링(price signaling): (1) 가격-품질 추론(고가의 제품이 품질이 높을 것이라는 생각)을 활용하기 위한 프라이싱 전략, 주로 실제 제품 편익을 쉽게 관찰할 수 없을 때 사용됨(프리스티지 프라이싱이라고도 함), (2) 기업들의 프라이싱 전략에 대하여 그들의 의도를 나타내는 것을 목표로 하는 기업들 사이의 간접적인 커뮤니케이션(직접적인 가격 모의는 법으로 금지됨).

- 가격 스키밍(price skimming): 기업이 이익률을 극대화하기 위해 높은 초기 가격을 책정하는 프라이싱으로, 일반적으로 시장 점유율을 희생한다.

- 프라이빗 레이블(private label): 소매업체에 의해 제공물이 브랜드화 되는 브랜딩 전략(코스트코의 프라이빗 브랜드인 커클랜드 시그니처; 시어스의 가정용 백색 가전 브랜드인 켄모어; 월마트의 세탁 세제 프라이빗 레이블인 화이트클라우드 등). 프라이빗 레이블(스토어 브랜드라고도 불림)은 소매업자가 아닌 제조업자나 제3자에 의해 브랜드화 된 내셔널 브랜드(예: 코카콜라, GE, 나이키)와 대비된다. 일반적으로 고급 소매업체(노드스트롬 및 막스앤스펜서)가 제공하는 프라이빗 레이블과 같은 많은 예외가 있지만, 프라이빗 레이블은 내셔널 브랜드보다 가격이 덜 비싼 경향이 있다.

- 제품 라인 프라이싱(product-line pricing): 각 개별 제공물의 가격이, 그 제공물이 속한 제품 라인 내에서 제공물이 차지한 위치에 따라 결정되는 프라이싱 전략.

- **풀 및 푸시 전략**(push and pull strategies): 제조업체에서 타겟 고객으로의 프로모션의 흐름(인센티브와 커뮤니케이션)을 보여주는 프로모션 전략(푸시 전략과 풀 전략은 프로모션의 흐름 상에서 둘 다 사용될 수 있으며, 인센티브는 주로 푸시 전략에서, 소비자 대상 커뮤니케이션은 주로 풀 전략에서 사용된다). **풀 전략**은 최종 사용자에게 직접 제공물을 알려 기업의 제공물의 수요를 창출하는 방식. 여기서 최종 사용자는 중간상으로부터 제공물에 대한 수요를 나타내게 되며, 결국 채널을 통해 제공물을 "당긴다(pull)". 예를 들어, 제조업자는 최종 사용자에게 제품 및 서비스를 광범위하게 광고하거나, 직접 우편, 쿠폰, 콘테스트 등과 같은 수단을 사용하여 제공물을 프로모션 할 수 있다. 이와는 대조적으로, **푸시 전략**은 최종 사용자에게 제품을 위에서 아래로 밀어주도록 채널 멤버들에게 인센티브를 줌으로써 기업의 제공물에 대한 수요를 창출하는 방식을 말한다. 예를 들어, 제조업자는 소매업자들이 그들의 제품과 서비스를 판매할 때 동기부여가 될 수 있도록 그들의 제품과 서비스에 높은 마진을 제공할 수 있다. 제조업자는 또한 소매업자의 영업조직에게 자신의 제공물의 혜택에 대해 교육하고, 판매 프로세스를 촉진하게 하기 위해 소매업자에게 판촉물을 제공할 수 있다.

그림 1. 푸시 및 풀 프로모션

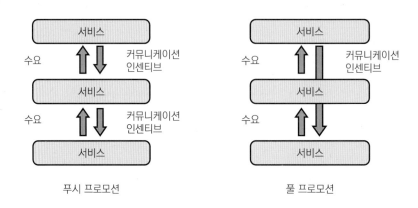

부록 H. 필수 마케팅 개념

- 리마인더 광고(reminder advertising): 인지도를 유지하고 이미 시장에 정착된 제공물의 재구매를 촉진하기 위해 설계된 광고 전략.

- 리포지셔닝(repositioning): 주어진 제공물에 대한 포지셔닝을 변경시키는 것

- 역 로지스틱스(reverse logistics): 수리, 재생산, 또는 폐기를 위해 재활용 및 재사용 가능한 자재와 반환물을 회수하는 프로세스.

- 도난 손실(shrinkage): 소매업자가 고객과 직원의 제품 도난을 설명하기 위해 사용하는 용어.

- 매대 진열 수당(slotting allowance): 신제품에 대한 선반 공간을 할당 받기 위해 유통업자에게 지급되는 인센티브.

- 스피프(spiffs): 특정 품목의 판매에 대한 보상으로 영업사원(유통업자가 아닌)에게 직접 지급되는, 현금 프리미엄, 포상, 또는 추가 커미션과 같은 인센티브. 소매업자의 판매 담당자가 고객에게 제품을 "푸시 하도록" 권장하기 때문에 스피프는 종종 "푸시 머니"라고 불린다.

- 점유율 훔치기 전략(steal-share strategy): 전체 시장의 규모를 늘리기보다는 경쟁자의 고객을 끌어들이기 위한 기업의 활동을 지칭하는 마케팅 전략. 이미 경쟁자 제품을 사용하고 있는 고객만 유치하는 데 초점을 맞추고 있기 때문에, 점유율 훔치기 전략은 선택적 수요 자극이라고도 불린다. 시장-성장 전략을 참조하라.

- 재고 관리 단위(stock keeping unit: SKU): 각 개별 제품 또는 서비스에 할당된 고유 식별자이다.

- 재고 보유 수당(stocking allowance): 수요가 증가할 것으로 예상하여, 추가 재고를 보유하도록 하기 위해 유통업체에 지급되는 인센티브.

- 매장 브랜드(store brand): 프라이빗 레이블을 참조할 것.

- 전략적 비즈니스 단위(strategic business unit: SBU): 식별 가능한 고객 그룹에 판매되는 개별적인 제공물들을 가지고 명확히 정의된 경쟁 업체들과 경쟁하는 기업의 운영 단위.

- 하위 브랜드(sub-brand): 직접적인 브랜드 확장의 잠재적 단점을 완화하는 동시에 핵심 브랜드를 활용하여 확장을 지원하는 데 자주 사용되는 2차(second-tier) 브랜드 이름 (예: 코트야드 바이 매리어트, 포드의 머스탱, 그리고 포르셰의 카이엔 등).

- 티저 광고(teaser advertising): 제공물에 대한 정보를 거의 또는 전혀 제공하지 않으면서 제품에 대한 관심을 유발하도록 설계된 커뮤니케이션 전략.

- 트레이드 수당(trade allowance): 제조업자를 대신하여 판촉 활동을 수행하는 것에 대한 보상으로 제공되는 광범위한 트레이드(업자) 인센티브(예: 매대 확보 수당, 재고 보유 수당, 광고 수당). 트레이드 수당은 일반적으로 별도의 판촉비 지불이 아닌 도매 가격에서 할인된 금액으로 시행된다. 회계적 관점에서, 그것들은 종종 별도의 마케팅 비용이라기 보다는 채널에 대한 할인으로 간주된다.

- 이원화 프라이싱(two-part pricing): 보완적 프라이싱을 참조할 것.

- 우산 브랜딩(umbrella branding) (= 브랜디드 하우스 전략): 기업의 모든 제품에 단일 브랜드를 사용하는 브랜딩 전략이다. 예를 들어, GE, 하인즈, 그리고 버진은 거의 모든 제품에 단일한 브랜드를 사용한다.

- 사용자 기반 타겟팅(user-based targeting): 비교적 안정적인 개별 특성을 기반으로 고객을 그룹화하는 타겟팅 전략으로, 다양한 구매 및 소비 상황에서 고객의 니즈와 행동을 결정할 수 있다. 사용자 기반 타겟팅은 사용자들의 선호가 사용 상황에 따라 일정하다는 것을 가정하여 개별 고객에 초점을 맞추는 반면, 상황 기반 타겟팅은 개별 고객보다는 사용 상황에 중점을 둔다. 사용자 기반 타겟팅은 구매 시마다 고객의 니즈가 달라지지 않으며, 따라서 하나의 제공물로 개인의 니즈를 충족시킬 수 있다고 가정한다. 따라서 사용자 기반 타겟팅은 고객의 니즈가 상대적으로 안정적인 환경에서 적절하

며 특정 구매 시 고객의 행동을 예측하는 신뢰할 수 있는 예측 도구로 사용될 수 있다. 예를 들어, 일반 청량음료 대 저칼로리(다이어트) 청량음료에 대한 선호도는 개인에 따라 상당히 안정적이며 사용자 기반 타겟팅이 요구된다. 사용자 기반 타겟팅은 보다 일반적인 접근법이라고 할 수 있는 니즈 기반 타겟팅의 특별한 경우(고객의 선호가 사용 상황에 따라 일정하다고 가정하는 경우)로 볼 수 있다.

● **수직적 채널 갈등(vertical channel conflict):** 동일한 채널의 서로 다른 수준(예: 제조업자-소매업자) 간에 발생하며 종종 수익 최적화 전략의 차이(불일치)로 인해 발생한다.

● **수직적 차별화(vertical differentiation):** 혜택과 비용의 상대적 매력이라는 측면에서 제공물들을 쉽게 순위 매길 수 있는 제품 라인 전략으로, 이러한 선호 순위는 모든 타겟 고객에 대해 동일하게 적용된다. 예를 들어, 대부분의 메리어트 고객들은 리츠칼튼 호텔을 메리어트 호텔보다 우수하다고 평가하며, 메리어트 호텔은 "코트야드 호텔 바이 메리어트"보다 우수하다고 평가된다. 일반적으로 더 나은 성과는 더 높은 가격에 제공되므로 수직적으로 차별화된 제품과 서비스는 일반적으로 서로 다른 가격 계층(그래서 수직적 차별화라는 이름이 나온 것이다)에 속한다

● **수량 할인(volume discount):** 구매 수량에 따른 가격 인하.

● **수량 리베이트(volume rebate = volume bonus):** 제조업자가 특정 구매 수량 기준(예: 분기당 1,000대 판매)의 달성에 대한 보상으로 유통업자에게 지급하는 인센티브.

● **웨어아웃(wearout):** 메시지에 대한 소비자의 관심 감소로 인해 발생하는 커뮤니케이션 캠페인의 효과 감소, 주로 반복적 노출로 인해 발생한다.

● **수율 관리 프라이싱(yield-management pricing):** 정해진 시간 프레임 내의 고정된 수용 능력 하에서 수익을 극대화하기 위해 가격을 설정하는 프라이싱 전략 (항공사와 호텔에서 주로 사용).